博雅民法典译丛

대한민국민법 조선민법
韩国民法典 朝鲜民法

| 金玉珍 译

图书在版编目(CIP)数据

韩国民法典　朝鲜民法/金玉珍译.—北京:北京大学出版社,2009.9
(博雅民法典译丛)
ISBN 978-7-301-15711-4

Ⅰ.韩…　Ⅱ.金…　Ⅲ.①民法-法典-韩国 ②民法-法典-朝鲜　Ⅳ.D931.263 D931.23

中国版本图书馆 CIP 数据核字(2009)第 157034 号

书　　　名:韩国民法典　朝鲜民法
著作责任者:金玉珍　译
策 划 编 辑:周　菲
责 任 编 辑:周　菲
标 准 书 号:ISBN 978-7-301-15711-4/D·2398
出 版 发 行:北京大学出版社
地　　　址:北京市海淀区成府路 205 号　100871
网　　　址:http://www.pup.cn　电子邮箱:law@pup.pku.edu.cn
电　　　话:邮购部 62752015　发行部 62750672　编辑部 62752027
　　　　　　出版部 62754962
印 刷 者:北京山润国际印务有限公司
经 销 者:新华书店
　　　　　　650 毫米×980 毫米　16 开本　24.5 印张　340 千字
　　　　　　2009 年 9 月第 1 版　2009 年 9 月第 1 次印刷
定　　　价:40.00 元

未经许可,不得以任何方式复制或抄袭本书之部分或全部内容。
版权所有,侵权必究
举报电话:010-62752024　电子邮箱:fd@pup.pku.edu.cn

目　录

《韩国民法典》说明 …………………………………… 1
《朝鲜民法》说明 ……………………………………… 7

韩国民法典 …………………………………………… 1
朝鲜民法 ……………………………………………… 195

附录

韩国不动产登记法 …………………………………… 237
韩国集合建筑物所有与管理法 ……………………… 303
韩国假登记担保法 …………………………………… 324
韩国工厂抵押法 ……………………………………… 331
韩国建设机械抵押法 ………………………………… 346
韩国公益法人设立、运营法 ………………………… 349
朝鲜亲属法 …………………………………………… 358
朝鲜损害补偿法 ……………………………………… 367

《韩国民法典》说明

一、引言

韩国将民法、商法、民事诉讼法统称为民事法。民法的制定、修订和变迁是与民事法并行的。民法是民事法的下位概念,民法与人们的日常生活密切相关,因此其修订较行政法或其他法律要困难许多,尤其民法是整个民事关系的基干之一,一旦制定和施行稳定,其修订引起的冲击就会比其他法律更大、更持久,因此大动干戈的修订难度非常大。基于此,这些民事法律关系在制定初始就应经过慎重的研究和讨论,即使修订也要考虑到法律关系的稳定性,使其效力持久。但是在民法中有在一定时间、一定事物及人的范围内承认特例的特别法,也有为灵活处理新的立法需要按部门制定的单行法,补充民法的不足。这些特别法及单行法的修订要比民法典的修订容易得多。

二、日本法律制度的沿用①

韩国继受近代民事法是以日本占领时期《朝鲜民事令》(《朝鲜民事令》是根据1911年3月25日总督府法律第30号《朝鲜应于施行的法律》第4条,于1912年颁布的〈朝鲜总督令第7号〉,此后进行了多次修订)沿用的日本民法为开端,《朝鲜民事令》有规定的则依照其规定,亲属法领

---

① 韩国称为"依用"。

域则以韩国的习惯为法源,只有技术性强的部分沿用日本民法的规定。

1945年韩国解放后到1960年旧法令的完全整理,日本民法一直有效,原因在于民法不具有短时间内可以修改的特点。韩国于1945年11月12日颁布了第21号军政法令,只废止了日本占领时期对于韩国人具有歧视规定的法律,政府建立后在制宪宪法附则第100条中规定,与宪法不抵触的法律将继续有效,《朝鲜民事令》和日本民法继续成为韩国法律体系的组成部分。但是民法作为一个国家的基本法律之一,是构成一个国家法律生活的核心法,如果继续沿用日本民法将伤害到作为一个独立国家的尊严和民族情感,而且社会经济已经发生变化,与此相应的立法需求促使韩国政府必须尽快制定出台一部民法。

其实韩国政府很早就认识到制定民法的重要性,因此在建立政府不久就颁布"法典编纂委员会编制"(1948年9月15日总统令第4号),委托法律界人士和法学界的教授起草民法典。由于民法典的制定需要庞大的立法资源,加之其重要性,因此需要长时间的立法过程,直到20世纪60年代初韩国才完成民法典的制定。基于韩国所沿用的日本民事法的种类较多,在1961年韩国制定《关于整理旧法律的特别措施法》(1961.7.15法律第659号),同一年在法制处设立"旧法律整顿委员会",基本完成了对于《朝鲜民事令》等旧法律的清理工作。

三、韩国民法典的制定与修订

1. 民法典的制定

1948年韩国政府成立"法典编撰委员会",1950年制定《民法草案编撰提纲》,1953年提出民法草案,1954年作为法律案提交国会。国会的法司委员会为审议民法草案,专设"民法草案审议小委员会",对民法草案的所有条文逐条审议。1957年小委员会将由审议结果构成的修订案分成《民法审议录》上下册出版,并召开听证会。同年,民法学者在研究民法草案和修订案的基础上,以民事法研究会的名义出版了《民法草案建议稿》。民法草案经过国会的通过,于1958年2月22日公布(法律第471

号),依据其附则第1条自1960年1月1日施行。

韩国民法虽以德国、法国、日本等国家的民法法律体系为基础,但在具体的应用过程中,通过法律的本土化使这些国家的法律理论整合为韩国特有的法律理论。因此在1958年的韩国民法典中,最具有韩国特色的部分为其物权编部分,与原来依用的民法相比,体现出很大的差异。如在其不动产物权部分,既有对于日本民法的继受,也有韩国传统习惯的规定,如墓地地基权、关于水的习惯法上的权利等。而且根据需要还规定了让与担保权、假登记担保权等新的物权。

契约法的规定,与日本民法相比没有大的不同,因为契约法从原则上来看是以承认契约自由为前提的,因此契约当事人可不拘于法律的规定,缔结传统的契约关系。但随着经济的发展和法律意识的变化,契约法的作用也发生了变化,如通过一些特别法的制定限制了契约自由,从整体上看契约部分的规定也发生了较大变化。

2. 民法典的修订

韩国民法典自1960年施行,最后一次修订为2009年5月8日。通过陆续的修订和完善,韩国民法典不断适应时代的发展和社会的变化,发展成为具有韩国特色的优秀的民法典。施行和修改的具体过程如下:

施行:1960年1月1日,法律第471号,1958年2月22日制定。

修改过程:

法律第1237号,1962年12月29日,部分修订,1963年3月1日施行。

法律第1250号,1962年12月31日,部分修订,1963年1月1日施行。

法律第1668号,1964年12月31日,部分修订,1965年1月1日施行。

法律第2200号,1970年6月18日,部分修订,1970年6月18日施行。

法律第3051号,1977年12月31日,部分修订,1977年1月1日施行。

法律第3723号,1984年4月10日,部分修订,1984年9月1日施行。

法律第4199号,1990年1月13日,部分修订,1991年1月1日施行。

法律第5431号,1997年12月13日,其他法律修订,1998年6月14日施行。

法律第5454号,1997年12月13日,其他法律修订,1998年1月1日施行。

法律第6544号,2001年12月29日,部分修订,2002年7月1日施行。

法律第6591号,2002年1月14日,部分修订,2002年1月14日施行。

法律第7427号,2005年3月31日,其他法律修订,2005年3月31日施行。

法律第7428号,2005年3月31日,其他法律修订,2006年4月1日施行。

法律第7765号,2005年12月29日,部分修订,2005年12月29日施行。

法律第8435号,2007年5月17日,其他法律修订,2008年1月1日施行。

法律第8720号,2007年12月21日,部分修订,2007年12月21日施行。

法律第9650号,2009年5月8日,部分修订,2009年8月9日施行。

法律第1237号至法律第8720号的内容已经在法典(译文)中,不予赘述,以下将补充法律第9650号的内容。法律第9650号新增第5款,同时增加第9650号附则:

"第836b条 离婚程序

5. 家庭法院应拟定确认当事人之间关于负担抚养费的抚养费负担协议书。于此情形,关于抚养费负担协议书的效力,准用《家事诉讼法》第41条。"

"附则 第9650号,2009年5月8日

1. (施行日)本法自公布后经过3个月之日起施行。

2. (抚养费负担协议书拟定的适用例)第836b条第5款的修改规定,亦适用于本法施行当时进行中的离婚案件。"

四、民法典的构成与基本原则

1. 民法典的构成

《韩国民法典》由5编1118条构成,具体为:总则、物权、债权、亲属与

继承,没有民法与家族法之分。在构成体系上,《韩国民法典》采取编章体系,属于潘德克吞体系。从体例上看,韩国采取民商分立体系,将属于商事关系的内容规定在商法中。

2. 基本原则

(1) 私法自治与公共利益相协调原则。《韩国民法典》克服了近代民法原理的弊端和矛盾,并将其重点放在现代民法原理的发展上。

(2) 作为人格平等、私法自治原则的体现,《韩国民法典》规定了所有权自由原则、契约自由原则、过失责任原则;作为公共利益原则的体现,规定了诚实信用原则和禁止权力滥用的原则。

《朝鲜民法》说明

从历史层面上来看,在朝鲜半岛分为南北朝鲜之前,朝鲜半岛具有统一的法律体系。虽然自北朝鲜建立政权以来独立制定实行了一系列法律法规,但从其范畴上,仍维持着分裂前的法律传统。① 从比较法学的层面来看,法律体系的理论形成了多种领域和范畴。但一般来讲法律体系可分为大陆法系和英美法系以及社会主义法系和伊斯兰法系,北朝鲜法律则符合社会主义法系的特征。② 社会主义法系中的社会主义国家大部分曾属于大陆法系,北朝鲜不区分大陆法系和英美法系,而是将其统称为资本主义法系,与社会主义法系相对立,因此从总体来看北朝鲜的法系体系应属于社会主义法系。

民法是规范财产所有制度与契约自由的法律,它亦为北朝鲜的主要法律领域之一,经过多年的发展,它已形成具有朝鲜特色的民法理论。随着朝鲜有限度的改革开放,在维持社会主义体制的前提下,朝鲜逐渐承认部分领域的私人所有(如对生活用品的个人所有权),同时在社会主义计划经济体系中导入了部分市场经济因素。朝鲜于建立政权后一直延用马克思列宁主义思想指导下的苏联的法律理论,但自东欧解体后,朝鲜开始强调其法律的独立性,作为法律整备的一环,于1990年制定了统一民法

---

① 如北朝鲜法使用的语言为朝鲜语,强调法律主体以及研究分裂前的传统法史等。
② 〔日〕稻子恒夫:《亚洲社会主义与法》,载社会主义法律研究会编:《亚洲社会主义法》,东京法律文化社1989年版,第4—5页。

典。按照朝鲜民事法律辞典的解释,民法是规制相互独立的当事人之间财产关系的法律。而民法的规定,是通过各种形式的单行法调整实际社会生活。① 受到苏联民法的影响,朝鲜民法否认了生产资料的个人所有。民法作为调整经济关系的法律,其内容以苏联民法为蓝本。②

一、朝鲜民法的沿革

朝鲜于1950年和1958年均出现过民法草案。1950年民法草案,即第一草案,又称为"旧草案"或"50年草案",由总则、物权、债权、继承4编组成。该草案与苏联1922年民法典的内容相似,采用潘德克吞体系。此后于1958年2月1日采纳了《关于朝鲜民主主义人民共和国民法与民事诉讼法草案的准备》,此为第二草案。③ 第二草案从其体系上与第一草案有明显的区别。第二草案由总则、所有法、债务法、著作权法、发明专利法④、继承法等6个编组成。即增加了著作权法与发明专利法,反应出当时经济关系领域的社会主义改革。上述两种民法草案是基于朝鲜当时发展的需要而形成的。但是因朝鲜经济状况的急速变化,上述两种草案无法适应经济部分(决定民事关系)而不断变动。其原因在于社会主义民法理论尚未确立,且其经济结构和政策并未形成一个框架。

而且朝鲜因顾虑制定民法典会影响到自己的经济发展,因此推迟了民法的法典化工作。⑤ 虽然朝鲜民法未发展为民法典,但民法作为民事审判的标准,实际上已成为朝鲜民事法的重要法源。

1986年出于审判实务的需要,朝鲜出台了《民事规定》(中央人民委

---

① 〔朝〕《民事法律辞典》,平壤社会安全部出版社1997年版,第229页。
② 如,关于经济关系的调整,苏联、匈牙利、波兰民法调整国营企业等社会主义机关之间的关系,原东德及捷克斯洛伐克民法则调整个人间或个人与社会机关之间的关系,社会主义机关之间的关系由经济法及契约法调整。参照〔韩〕崔达坤:《北韩民法的体系与特色》,世宗研究所1994年版,第14页。
③ 朝鲜内阁决定第16号。
④ 原文直译为创意考案权。
⑤ 〔韩〕崔达坤:《朝鲜民法的制定与其变化——以比较分析试研究为中心》,载《朝鲜法律行政论丛》第9集,第95—96页。

员会政令,1986年1月30日)。① 《民事规定》由一般规定、结婚与家庭关系、民事交易行为、侵权行为的损害赔偿及不当得利的处理等4章72条组成。但这些规定是以家事案件为对象,不适用于机关、企业、团体之间的经济交易关系,严格来说与民法典不同。直到1990年,朝鲜颁布了独立的综合性民法。②

二、朝鲜民法的原则

朝鲜民法的基本原则,《法规解释》③中指出民法规定应体现以下几个方面:1. 在财产关系上,不断巩固社会主义经济制度;2. 在财产关系的设定和实现上应完成计划任务;3. 在财产关系的设定和实现中,应反映事业体系的要求,把国家的惠民政策贯彻到劳动人民中去,为人们更广泛参与财产关系提供一切条件;4. 在财产关系的设定和实现中发扬集体主义精神,以国家和社会利益为先,同时保障机关、企业、团体和公民的利益。

结合《法规解释》以及朝鲜民法的规定,朝鲜民法的基本原则可归纳为以下几项:

1. 巩固和强化社会主义经济制度。巩固和强化社会主义经济制度是朝鲜《民法》第1条的规定,因此生产资料的社会主义所有、对于社会主义所有的特别保护、民主主义保护中央集权制、集体主义、社会主义适法性等是强化社会主义经济制度衍生出来的原则。

2. 生产资料的社会主义所有原则。朝鲜《宪法》第20条规定:"生产资料由国家和合作社所有。"与此相应,《民法》第3条规定:"生产资料的社会主义所有是朝鲜民主主义人民共和国的经济基础。"

---

① 在此之前试行1982年12月27日的《民事规定(暂行)》(中央人民委员会政令第247号)和1983年3月19日的《民事规定暂行规则》(中央裁判所指示第2号)。1986年的《民事规定》应该是1982年《民事规定(暂行)》的正式实行。
② 最高人民会常设会决定第4号,1990年9月5日。
③ 载《民主朝鲜》(朝鲜民主主义人民共和国政府刊物)1991年4月23日、4月26日、5月8日、5月10日刊。

3. 社会主义所有的特别保护原则。①《金日成选集》中指出:"国家的财产和社会的财产属于全体人民的共同财产,因此比个人财产更贵重。"因此朝鲜民法规定,关于国家所有财产的返还请求,不适用消灭时效的规定。

4. 民主主义中央集权制原则。朝鲜《宪法》第 34 条规定,朝鲜的"人民经济是计划经济"。为此《民法》第 4 条规定:"有计划的财产交易关系,依据以人民经济计划为基础的契约形成。为机关、企业、团体及时履行计划和任务,国家保护财产交易关系的缔结和实现。"

5. 集体主义原则,即国家、社会利益优先的原则。《民法》第 8 条规定:"集体主义是社会主义社会生活的基础。国家保护机关、企业、团体、公民在相互合作和帮助的集体主义原则下,设定和实现财产关系。"因此国家、社会的利益并不矛盾,而是具有密切关系,只有在优先实现国家、社会利益的前提下才能实现个人的利益。

6. 服务为民的原则。《民法》第 6 条规定:"负责和照顾人民的生活是社会主义国家的本质要求。国家更关心机关、企业、团体在与公民设定和实现财产关系的过程中,增进人民福利的政策在劳动者之间得到更好的贯彻。"第 7 条规定:"公民参加的财产关系,由契约等行为和事件组成。国家为劳动者经常和广泛参与财产关系,提供一切便利条件。"

三、朝鲜民法的特点

朝鲜民法由一般制度(第 1 编)、所有权制度(第 2 编)、债权债务制度(第 3 编)、民事责任和民事时效制度(第 4 编)构成。关于民事责任的规定从债权债务制度中分离出来,与时效制度一起被规定在第 4 篇中。具体如下:

1. 将时效制度分离出来单独规定(第 259 条—第 271 条),除了确定机关、企业、团体之间的法律关系之外,还在于为各主体之间的独立核算

---

① 《金日成选集》第 3 卷,朝鲜劳动党出版社 1963 年版,第 214 页。

和计划经济制度服务。

2. 将继承法从民法中分离出来,单独规定到家族法典中是朝鲜民法的鲜明特征。之所以继承法单独分离出来,是因为朝鲜将财产的继承和家庭的维系视为一项重要资源[①],也是对于潘德克吞体系的还原[②]。在一般情况下,为了解决一个民事案件,潘德克吞体系将解释和适用抽象或一般的民法规范,朝鲜也相同。但是如何解释和适用民法规范,则有朝鲜的特点,这也是与传统大陆法系民法解释论的不同之处。在技术上,朝鲜基本上适用大陆法系民法的解释方法和技术,具体的解释和适用则有其特定的标准。

首先,朝鲜劳动党的政策。法律是实现国家政策的重要武器,国家的政策就是党的政策,如果不知道党的政治路线和政策,就无法执行法律。法律是政治的表现,因此应服从政治,且不得远离[③],这表明党的政策占优先地位。即适用成分法规就等于服从党的政策,如果党的政策与法律不一致时,应根据党的政策解决具体的民事纠纷。

其次,无产阶级专政的立场。法律应从党要求的阶级立场,即无产阶级专政的立场正确解释和适用。[④]

最后,类推适用。朝鲜的民法相关法律数目不多,因此在解决具体民事案件时,没有对应的成文法规可适用的,就使用类推方法,类推适用民法的一般原则。

3. 民法内容广泛。朝鲜民法将民法、商法、经济法相关内容统一规定在民法之中。

---

① 〔韩〕崔达坤:《朝鲜民法的制定及其变化——以比较分析式研究为中心》,载《朝鲜法律体系的考察(1)——民事关系法》,世宗研究所1994年版,第48页。
② 同上书,第266页。
③ 《金日成选集》第2卷,劳动出版社1968年版,第144页。
④ 转引〔韩〕崔达坤:《朝鲜民法的制定及其变化——以比较分析式研究为中心》,载《朝鲜法律体系的考察(1)——民事关系法》,世宗研究所1994年版,第273页。

四、朝鲜民法的构成

1990 年民法由 4 编 13 章 271 条构成。

1. 第 1 编规定了民法的一般制度,如民法的调整对象、使命、基本原则(第 1 章)、民事权利能力(第 2 章)、民事法律行为(第 3 章)等,以上相当于民法的总则部分。

2. 第 2 编包括所有权制度的一般规定(第 1 章)、国家所有权(第 2 章)、合作社所有权(第 3 章)、个人所有权(第 4 章)等。其中国家所有权优于其他所有权,强调国家所有权的重要性。

3. 第 3 编是关于债权债务制度的规定,分为一般规定(第 1 章)、计划契约制度(第 2 章)、一般契约制度(第 3 章)、不当得利(第 4 章)等。

4. 第 4 编规定了民事责任(第 1 章)和民事时效(第 2 章)制度。

1990 年民法将民法草案及民事规定中包含的继承制度部分从民法中分离出来,编入家族法之中,著作权、创意研制权亦在民法的调整之外,民法仅调整财产关系。

韩国民法典[1]

(部分修订于 2007 年 12 月 21 日　法律第 8720 号)

第 1 编　总　　则

第 1 章　通　　则

第 1 条　法源

关于民事,如无法律规定,依习惯法;如无习惯法依法理。

第 2 条　信义诚实

1. 权利的行使及义务的履行,应恪守信义,诚实履行。
2. 权利不得滥用。

第 2 章　人

第 1 节　能　　力

第 3 条　权利能力的存续期间

---

[1] 本法原文载于韩国"法制处"网站。

人于其生存期间,为权利和义务的主体。

第 4 条　成年期

满 20 岁为成年。

第 5 条　未成年人的能力

1. 未成年人实施法律行为,须经法定代理人的同意。但单纯取得权利或免除义务的行为,不在此限。
2. 违反前款规定的行为,可以撤销。

第 6 条　许可处分的财产

法定代理人确定的一定范围内许可处分的财产,未成年人可任意处分。

第 7 条　同意与许可的撤销

法定代理人于未成年人尚未实施法律行为前,可撤销前 2 条的同意与许可。

第 8 条　经营的许可

1. 未成年人得到法定代理人的许可而从事特定经营的,就其经营,具有与成年人相同的行为能力。
2. 法定代理人可以撤销或限制前款许可。但不得对抗善意第三人。

第 9 条　限定治产宣告

对于身心耗弱或因浪费财产,而有可能使自己或家庭生活变贫困之虞者,法院应根据本人、配偶、4 亲等内的亲属、监护人或检察官的请求,宣告限定治产。(修订于 1990 年 1 月 3 日)

第 10 条　限定治产人的能力

第 5 条至第 8 条的规定,准用于限定治产人。

第 11 条　限定治产的撤销

限定治产的原因消灭的,法院应根据本法第 9 条的规定,撤销此宣告。

第 12 条 禁治产宣告

对于处于丧失身心状况之人,法院应根据第 9 条所定者的请求,宣告禁治产。

第 13 条 禁治产人的能力

禁治产人的法律行为,可撤销。

第 14 条 禁治产宣告的撤销

第 11 条规定,准用禁治产人。

第 15 条 无行为能力人①的相对人的催告权

1. 无行为能力人的相对人,于无行为能力人变成行为能力人后,可定 1 个月以上的期间,催告其于该期间内作出是否追认其可撤销行为的确答。如后者于该期间内未作出确答的,视为追认其行为。

2. 于无行为能力人尚未成为行为能力人的情形,可向其法定代理人为前款催告,该法定代理人于该期间内未作出确答时,视为追认其行为。

3. 须经特别程序的行为,于其期间内未依其程序作出确答时,视为撤销。

第 16 条 无行为能力人之相对人的撤销权与拒绝权

1. 与无行为能力人订立的契约,于被追认之前相对人可以撤销。但相对人于契约当时知道相对人为无行为能力人的,不得撤销。

2. 对于无行为能力人的单独行为,相对人可于被追认之前拒绝。

3. 前 2 款的撤销或拒绝的意思表示,亦可适用于无行为能力人。

第 17 条 无行为能力人的诈术

1. 无行为能力人为使人相信其为行为能力人而使用诈术时,不得撤销其行为。

2. 未成年人或限定治产人使用诈术,使相对人相信其有法定代理人的同意时,与前款相同。

---

① 韩文原文为"无能力人",我国一般称为"无行为能力人"。以下相同。

第 2 节　住　　所

第 18 条　住所

1．生活根据之地为住所。

2．住所,可同时有两个以上。

第 19 条　居所

住所不明时,视其居所为住所。

第 20 条　居所

国内无住所者,视其国内居所为住所。

第 21 条　临时住所

就某一行为确定临时住所时,与该行为有关的临时住所,视为住所。

第 3 节　不在与失踪

第 22 条　不在人的财产管理

1．离开其原住所或居所者未设财产管理人时,法院应根据利害关系人或检察官的请求,命令就财产管理实施必要的处分。本人不在期间,财产管理人的权限消灭时,亦同。

2．本人于日后设置财产管理人时,法院可根据本人、财产管理人、利害关系人或检察官的请求,撤销前款命令。

第 23 条　管理人的改任

不在人已设置财产管理人,且生死不明的,法院可根据财产管理人、利害关系人或检察官的请求改任财产管理人。

第 24 条　管理人的职务

1．法院选任的财产管理人,应制作财产管理目录。

2．法院可命令被选任的财产管理人,为保存不在人的财产为必要的处分。

3．不在人生死不明,经利害关系人或检察官请求,法院可令不在人设置的财产管理人实施前 2 款处分。

4．于前 3 款情形,所需费用从不在人的财产中支付。

第 25 条 管理人的权限

法院选任的财产管理人,实施超越本法第 118 条所定权限的行为时,须经法院的许可。于不在人生死不明的情形,不在人设置的财产管理人实施超出不在人所定权限的行为时,亦同。

第 26 条 管理人提供担保及报酬

1．法院可责令该选任财产管理人,就财产的管理及返还提供相应的担保。

2．法院可向该选任财产管理人,自不在人的财产中支付相应的报酬。

3．前 2 款规定,准用不在人生死不明时由不在人所定的财产管理人。

第 27 条 宣告失踪

1．不在人生死不明满 5 年的,法院应根据利害关系人或检察官的请求宣告失踪。

2．临战场者、沉没船舶中者、坠落航空器者或遭遇其他致死危难者,于战争停止或船舶沉没、航空器坠落或其他危难消灭后 1 年内生死不明的,亦与第 1 款相同。(修订于 1984 年 4 月 10 日)

第 28 条 宣告失踪的效力

受失踪宣告者,视为于前条期间届满时死亡。

第 29 条 失踪宣告的撤销

1．有失踪人尚存的事实,或有失踪人不同于前条所定时间死亡的证明时,法院应根据本人、利害关系人或检察官的申请,撤销失踪宣告。但其效力不溯及于在宣告失踪后至宣告失踪撤销前所为的善意行为。

2．撤销失踪宣告，以宣告失踪为直接原因而取得财产的人为善意时，于其现存利益范围内负返还义务；于恶意情形，应附加所得利益及利息，如有损害的，应赔偿损失。

第30条　同时死亡

二人以上因同一危难而死亡时，推定同时死亡。

第3章　法　人

第1节　总　则

第31条　法人成立的准则

法人非依法律规定，不得成立。

第32条　非营利法人的设立及许可

以学术、宗教、慈善、技艺、社交及其他非营利性事业为目的的社团或财团，经主管机关的许可，视其为法人。

第33条　法人的设立登记

法人因在其主办事处所在地登记设立而成立。

第34条　法人的权利能力

法人按照法律规定，于章程所定目的范围内，为权利和义务的主体。

第35条　法人的侵权行为能力

1．法人对董事或其他代表人，因执行职务相关行为造成他人的损害负赔偿责任。董事或其他代表人不得因此而免除自己的损害赔偿责任。

2．因法人目的范围外的行为对他人造成损害的，赞成该事项的表决或执行该表决的社员、董事或其他代表人，负连带赔偿责任。

第36条　法人的住所

法人以主办事处所在地为其住所。

第 37 条　法人业务的检查、监督

法人业务由主管机关检查、监督。

第 38 条　法人设立许可的撤销

法人进行目的之外的业务或实施其他侵害公共利益的行为时,主务官厅可撤销其许可。

第 39 条　营利法人

1. 以营利为目的的社团,可依商事公司的设立条件成为法人。
2. 前款社团法人,准用所有商事公司的规定。

第 2 节　设　　立

第 40 条　社团法人的章程

社团法人的设立人,应制作记载下列各项事项的章程,并签名盖章。

1. 目的;
2. 名称;
3. 办事处所在地;
4. 有关资产的规定;
5. 有关董事任免的规定;
6. 有关取得、丧失社员资格的规定;
7. 定有存续期间和解散事由者,其期间或事由。

第 41 条　董事代表权的限制

对于董事代表权的限制,如未记载于章程中时,不发生其效力。

第 42 条　社团法人章程的变更

1. 社团法人的章程,以全体社员 2/3 以上同意为限,可变更。但就其定数,如章程另有其他规定的,从其规定。
2. 章程的变更,非经主管机关的许可,不发生其效力。

第 43 条　财团法人的章程

财团法人的设立人应募集一定的财产,并制作第40条第1项至第5项所定事项的章程,签名盖章。

第44条 财团法人章程的补充

财团法人的设立人,未确定其名称、办事处所在地或董事的任免方法而死亡时,法院应根据利害关系人或检察官的请求确定。

第45条 财团法人章程的变更

1. 财团法人的章程,仅在章程规定变更方法时,可以变更。

2. 为达到财团法人的目的或保存其财产,适当时可不拘于前款规定,变更名称或办事处的所在地。

3. 第42条第2款的规定,准用前2款情形。

第46条 财团法人的目的及其他变更

于达不到财团法人目的的情形,设立人或董事可经主管机关的许可,斟酌设立宗旨,变更其目的或章程的其他规定。

第47条 有关赠与、遗赠规定的准用

1. 以生前处分设立财团法人的,准用有关赠与的规定。

2. 以遗嘱设立财团法人的,准用有关遗赠的规定。

第48条 捐助财产的归属时期

1. 以生前处分设立财产法人的,自法人成立时起捐助财产构成法人财产。

2. 以遗嘱方式设立财团法人的,捐助财产自遗嘱生效时起,归属于法人。

第49条 法人的登记事项

1. 有法人设立许可的,应于3周内,于其主办事处所在地办理设立登记。

2. 前款登记事项如下:

(1)目的;

（2）名称；

（3）办事处；

（4）设立许可的年、月、日；

（5）定有存立时期或解散事由者,其时期或事由；

（6）资产总额；

（7）定有出资方法时,其方法；

（8）董事的姓名、住所；

（9）定有限制董事代表权时,其限制。

第 50 条　办事处分处的设置登记

1. 法人设置办事处分处的,应在主办事处所在地,于 3 周内登记分办事处的设立；在该分办事处所在地,则应于同一期间内登记前条第 2 款事项；在其他办事处所在地,则应于同一期间内登记其分办事处的设置。

2. 在主办事处或分办事处所在地登记所的管辖区域内设立分办事处的,于前款所定期间内,只需登记其办事处的设置。

第 51 条　办事处的迁移登记

1. 法人迁移其办事处的,应在原所在地于 3 周内办理移转登记,在新所在地,则应于同一期间内办理第 49 条第 2 款所载事项的登记。

2. 在同一登记所管辖的区域内迁移办事处时,只需登记其移转。

第 52 条　变更登记

在第 49 条第 2 款的规定事项发生变更时,应于 3 周内办理变更登记。

第 52b 条　职务执行停止等临时处分登记

终止董事的职务执行或实施选任职务代理人的临时处分,或变更、撤销其临时处分情形,应于主办事处及分办事处所在地的登记所登记。

第 53 条　登记期间的起算

根据前 3 条规定,登记事项须经主管机关许可的,自其许可书到达之日起起算登记期间。

第 54 条 设立登记以外的登记的效力与登记事项的公告

1. 设立登记以外的本节的登记事项,非于登记之后,不得以其对抗第三人。

2. 登记事项,法院应立即公告。

第 55 条 财产目录及社员名簿

1. 法人应于其成立时及每年的 3 月以前,制作财产目录,并备置于其办事处。设定事业年度的法人,应于其成立时及其年度终了时制作财产目录。

2. 社团法人应备置社员名簿。如社员发生变更情形,应予记载。

第 56 条 社员权的转让、继承的禁止

社团法人的社员地位,不得转让或继承。

第 3 节 机 关

第 57 条 理事

法人应设置理事。

第 58 条 理事的事务执行

1. 理事执行法人事务。

2. 理事为数人时,如章程无另行规定,法人的事务执行以理事的过半数决定。

第 59 条 理事的代表权

1. 理事就法人事务,各自代表法人。但不得违反章程的宗旨,尤其是社团法人,应服从社团法人大会的决议。

2. 关于法人代表,准用代理的规定。

第 60 条 理事代表权限制的对抗要件

对理事代表权的限制,非经登记,不得对抗第三人。

第 60b 条　职务代理人的权限

1. 第 52b 条的职务代理人,除临时处分命令另有规定外,不得实施不属于通常事务的行为。

2. 职务代理人实施违反第 1 款规定的行为时,法人亦应对善意第三人负责任。

(本条新设于 2001 年 12 月 29 日)

第 61 条　理事的注意义务

理事应以善良管理人的注意执行其职责。

第 62 条　理事的代表人选任

理事限于章程及或大会决议未予禁止的事项为限,可使他人代理特定的行为。

第 63 条　临时理事的选任

因无理事或理事缺员将发生损害之虞时,法院应根据利害关系人或检察官的请求,选任临时理事。

第 64 条　特别代表人的选任

关于法人与理事之间的利益相悖事项,理事无代表权。于此情形,应根据前条规定,选任特别代表人。

第 65 条　理事的任务懈怠

理事懈怠其任务时,该理事对法人负有连带损害赔偿责任。

第 66 条　监事

法人可根据章程或大会的决议设置监事。

第 67 条　监事的职务

监事的职务如下:

1. 监察法人的财产状况;

2. 监察理事的业务执行状况;

3. 发现财产状况或业务执行中有违法或可疑事实时,向大会或主务

官厅报告;

4．为了进行前款报告,必要时可召集大会。

第 68 条　大会的权限

社团法人的事务,除章程委任于理事或其他任职人员的事项外,依大会决议。

第 69 条　定期大会

社团法人的理事,每年应召集一次以上的定期大会。

第 70 条　临时大会

1．社团法人的理事,认为必要时,可召集临时大会。

2．社员总数 1/5 以上的人提出会议目的事项,请求召集时,理事应召集临时大会。该比例可以通过章程增加或减少。

3．于前款请求后 2 周内,董事未办理大会召集手续的,提出要求的社员可经法院的许可召集大会。

第 71 条　大会的召集

大会的召集,应于 1 周前发布载有会议目的事项的通知,并依其他章程所定方法进行。

第 72 条　大会的决议事项

大会可仅就前条所定通知事项进行决议。但章程另有规定时,依其规定。

第 73 条　社员的表决权

1．各社员的表决权平等。

2．社员可以以书面或由代表人行使表决权。

3．前 2 款规定,不适用于章程另有约定的情形。

第 74 条　社员无表决权情形

就社团法人与某社员关系的事项进行表决时,该社员无表决权。

第 75 条　大会的决议方法

1. 大会的决议,如本法或章程无另行规定,以社员过半数的出席及出席社员表决权的过半数决定。

2. 于第 73 条第 2 款情形,视为该社员出席。

第 76 条 大会的议事录

1. 关于大会的议事,应制作议事录。

2. 议事录应记载议事经过、主要内容及结果,并由大会主席或出席理事签名盖章。

3. 理事应将议事录备置于主办事处。

第 4 节 解　　散

第 77 条 解散事由

1. 法人因存立期间的届满、法人目的的达成或不能达成,及其他章程所定解散事由的发生、破产或设立许可被撤销而解散。

2. 社团法人,因没有社员或以大会的决议而解散。

第 78 条 社团法人的解散决议

社团法人非经总社员 3/4 以上的同意,不得作出解散决议。但章程另有约定时,依其规定。

第 79 条 破产申请

法人不能完全清偿债务时,理事应立即申请破产。

第 80 条 剩余财产的归属

1. 解散法人的财产,归属于章程指定的人。

2. 未以章程指定归属权利人,或未规定指定归属权利人的方法时,理事或清算人经主管机关的许可,可为实现与该法人目的类似的目的而处分其财产。但社团法人,须经其大会决议。

3. 根据前 2 款规定未被处分的财产,归属于国库。

第 81 条 清算法人

解散的法人,仅于清算目的范围内,享有权利和承担义务。

第 82 条　清算人

法人解散时除破产情形外,理事为清算人。但章程或以大会决议另行约定时,依其约定。

第 83 条　法院选任的清算人

无前条所定清算人,或因清算人的缺员而有产生损害之虞时,法院可依职权或因利害关系人或检察官的请求,选任清算人。

第 84 条　法院对清算人的解任

有重要事由时,法院可依职权或依利害关系人或检察官的请求,解任清算人。

第 85 条　解散的登记

1. 除破产情形外,清算人应于其就任后的 3 周内,将解散事由及年月日,清算人的姓名、住所以及限制清算人的代表权时,将限制的内容登记于主办事处及分办事处所在地。

2. 第 52 条的规定,准用前款登记。

第 86 条　解散的申报

1. 除破产情形外,清算人应于其就任后 3 周内,就前条第 1 款事项向主务官厅申报。

2. 于清算中就任的清算人,只申报其姓名及住所即可。

第 87 条　清算人的职务

1. 清算人的职务如下:

(1) 了结现有事务;

(2) 债权的追偿及债务的清偿;

(3) 移交剩余财产。

2. 清算人为执行前款职务,可实施一切必要的行为。

第 88 条　债权申报的公告

1. 清算人自其就任之日起 2 个月内,应以 3 次以上的公告,催告债权人于一定期间内申报其债权。其期间应为 2 个月以上。

2. 前款公告中,应附记债权人如不于期间内申报,则将其债权从清算中除斥的意旨。

3. 第 1 款公告,应以与法院对登记事项的公告相同的方法进行。

第 89 条 债权申报的催告

清算人对已知的债权人,应分别催告其申报。不得将其知道的债权人排除于清算之外。

第 90 条 债权申报期间内的清偿禁止

清算人于第 88 条第 1 款的债权申报期间内,不得向债权人清偿。但不得免除法人对债权人所负迟延赔偿义务。

第 91 条 债权清偿的特例

1. 清算中的法人,亦可对未届清偿期的债权清偿。

2. 于前款情形,对于附条件的债权、存续期间不确定的债权及其他价金不确定的债权,应根据法院选任的鉴定人的估价清偿。

第 92 条 清算中被除斥的债权

清算中被除斥的债权人,仅就完全清偿法人债务后未交付于归属权利人的财产,可请求清偿。

第 93 条 清算中的破产

1. 清算中,法人的财产明显不足以清偿其债务时,清算人应立即申请破产宣告,并予以公告。

2. 清算人因将其事务移交于破产管理人而完成其任务。

3. 第 88 条第 3 款的规定,准用第 1 款的公告。

第 94 条 清算终结的登记与申报

清算终结时,清算人应于 3 周内登记此事,并向主管机关申报。

第 95 条 解散、清算的检查、监督法人的解散及清算,由法院检查、监督。

第 96 条　准用规定

第 58 条第 2 款、第 59 条至第 62 条、第 65 条及第 70 条的规定,准用于清算人。

第 5 节　罚　　则

第 97 条　罚则

法人的董事、监事或清算人,于下列各项情形,处 500 万韩元以下的罚款:(修订于 2007 年 12 月 21 日)

(1)怠为本章所定登记;

(2)违反第 55 条的规定,或于财产目录或社员名簿上进行违规记载;

(3)妨碍第 37 条、第 95 条规定的检查、监督;

(4)向主务官厅或大会进行不实申报或隐瞒事实;

(5)违反第 76 条及第 90 条的规定;

(6)违反第 79 条、第 93 条的规定,怠为破产宣告的请求;

(7)怠为第 88 条、第 93 条所定公告或进行违规公告。

第 4 章　物

第 98 条　物的定义

本法所称物,为有体物、电及其他可管理的自然力。

第 99 条　不动产、动产

1. 土地及其定着物为不动产。

2. 不动产以外的物为动产。

第 100 条　主物、从物

1. 物的所有人,为达到通常使用目的,而将属于自己所有的其他物附属于其物时,该附属物为从物。

2. 从物随主物处分。

第 101 条　天然孳息、法定孳息

1. 根据物的使用方法收取的产出物,为天然孳息。

2. 作为物的使用对价而受领的金钱或其他物,为法定孳息。

第 102 条　孳息的取得

1. 天然孳息,自其与原物分离时起属于收取权利人。

2. 法定孳息,按应收取权利存续期间的日数之比例取得。

第 5 章　法 律 行 为

第 1 节　总　　则

第 103 条　违反社会秩序的法律行为

以违反善良风俗及其他社会秩序事项为内容的法律行为,无效。

第 104 条　不公正的法律行为

因当事人的窘迫、轻率或无经验而引起的显失公平的法律行为,无效。

第 105 条　任意规定

法律行为的当事人表示的意思与法令中无关公序良俗的规定相异时,从其意思。

第 106 条　事实上的习惯

存在与法令中无关公序良俗的规定相异的习惯时,从其习惯。

第 2 节 意思表示

第 107 条 非真意意思表示

1. 意思表示,表意人虽明知非出其真意而作出,亦发生其效力。但相对人知道或应当知道表意人非真意时,无效。

2. 前款意思表示的无效,不得对抗善意第三人。

第 108 条 通谋的虚伪意思表示

1. 与相对人通谋的虚伪意思表示无效。

2. 前款意思表示的无效,不得对抗善意第三人。

第 109 条 基于错误而为的意思表示

1. 意思表示,在法律行为内容的重要部分有错误时,可以撤销。但该错误因表意人的重大过失而引起时,不得撤销。

2. 前款意思表示的撤销,不得对抗善意第三人。

第 110 条 基于欺诈、胁迫而为的意思表示

1. 因欺诈或胁迫而为的意思表示,可以撤销。

2. 对于有相对人的意思表示,第三人实施欺诈或胁迫时,以相对人知道或应当知道该事实的情形为限,可撤销其意思表示。

3. 前 2 款意思表示的撤销,不得对抗善意第三人。

第 111 条 意思表示的效力发生时期

1. 有相对人的意思表示,自其通知到达相对人时起发生效力。

2. 表意人于发出通知后死亡或丧失行为能力时,不影响意思表示的效力。

第 112 条 意思表示的受领能力

意思表示相对人受领意思表示时为无行为能力人的,不得以其意思表示对抗相对人。但法定代理人知道其意思表示以后,不在此限。

第 113 条　意思表示的公示送达

表意人不知相对人或不知相对人的所在地为无过失时,可根据民事诉讼法的公示送达规定送达。

第 3 节　代　　理

第 114 条　代理行为的效力

1. 代理人于其权限内表示为本人而进行的意思表示,直接对本人发生效力。

2. 前款规定,准用第三人对代理人所实施的意思表示。

第 115 条　未表示为本人的行为

代理人未表示为本人时,视其意思表示为为自己而为。但相对人知道或应当知道作为代理人而作出时,准用前条第 1 款的规定。

第 116 条　代理行为的瑕疵

1. 意思表示的效力,因意思欠缺、欺诈、胁迫,或知道某情事,或因过失不知道而受影响时,其事实的有无,应以代理人为标准决定。

2. 委托实施特定法律行为,代理人按本人的指示实施该法律行为时,本人不得就自己知道的事由或因过失而不知的事由,主张代理人的不知。

第 117 条　代理人的行为能力

代理人,不需要是行为能力人。

第 118 条　代理权的范围

未确定权限的代理人,只能实施下列各项行为:

1. 保存行为;

2. 不改变代理标的物或权利性质范围内的利用或改良行为。

第 119 条　各自代理

代理人为数人时,各自代理本人。但法律或授权行为中另有规定时,不在此限。

第 120 条 意定代理人的复任权

代理权依据法律行为而授予时,代理人非经本人同意或因不得已事由,不得选任复代理人。

第 121 条 意定代理人选任复代理人的责任

1. 代理人根据前条规定选任复代理人时,就选任及监督对本人负责。

2. 代理人按本人的指名选任复代理人,除非知其不适任或不诚实而怠于通知本人或将其解任情形,不负责任。

第 122 条 法定代理人的复任权及其责任

法定代理人可以以其责任选任复代理人。但因不得已的事由而选任时,只负前条第 1 款所定责任。

第 123 条 复代理人的权限

1. 复代理人于其权限内,代理本人。

2. 复代理人对本人或第三人,负有与代理人相同的权利义务。

第 124 条 自己契约、双方代理

代理人非经本人的许诺,不得为本人与自己实施法律行为,或就同一法律行为代理双方当事人。但可以履行债务。

第 125 条 因代理权授予表示产生的表见代理

对第三人表示授予他人以代理权者,于其代理权范围内,就该他人与第三人之间实施的行为,承担责任。但第三人知道或应当知道该他人无代理权时,不在此限。

第 126 条 逾越权限的表见代理

代理人实施其权限外的法律行为,如第三人有正当理由相信有其权限时,本人应对其行为负责。

第 127 条 代理权的消灭事由

代理权因下列事由而消灭：

（1）本人死亡；

（2）代理人死亡、禁治产或破产。

第 128 条　意定代理的消灭

由法律行为授予的代理权，除前条情形外，因原因法律关系的终结而消灭。于法律关系终结前，本人撤回授权行为，亦同。

第 129 条　代理权消灭后的表见代理

代理权的消灭，不得对抗善意第三人。但第三人因过失而不知其事实时，不在此限。

第 130 条　无权代理

无代理权人作为他人的代理人而缔结的契约，非经本人追认，对本人不发生效力。

第 131 条　相对人的催告权

无权代理人作为他人的代理人而缔结契约情形，相对人可定适当的期间，催告本人于该期间内作出是否追认的确答。如本人于该期间内未作确答时，视为拒绝追认。

第 132 条　追认、拒绝的相对人

追认或拒绝的意思表示，除非向相对人作出，否则不得对抗该相对人。但相对人知其事实时，不在此限。

第 133 条　追认的效力

追认，如无其他意思表示，溯及于契约缔结之始发生其效力。但不得侵害第三人的权利。

第 134 条　相对人的撤回权

无权代理人缔结的契约，于本人作出追认之前，相对人可向本人或其代理人撤销契约。但缔约当时相对人知道无代理权的，不在此限。

第 135 条　无权代理人对相对人的责任

1. 作为他人的代理人缔结契约,如不能证明其代理权且得不到本人追认时,应根据相对人的选择,履行契约或承担损害赔偿责任。

2. 相对人知道或应当知道无代理权,或作为代理人的契约缔结人为无行为能力人情形,不适用前款规定。

第 136 条 单独行为与无权代理

单独行为以其行为当时,相对人对自称代理人的无权代理行为表示同意或对其代理权没有争议为限,准用前 6 条的规定。对无代理权人实施的、经其同意的单独行为,亦同。

第 4 节 无效与撤销

第 137 条 法律行为的部分无效

法律行为的一部分无效时,视其全部无效。但即使没有其无效部分,亦可认定可能会实施法律行为的,余下部分不得无效。

第 138 条 无效行为的转换

无效法律行为具备其他法律行为的要件,可以认为若当事人知其无效就会实施其他法律行为时,作为其他法律行为具有效力。

第 139 条 无效行为的追认

无效的法律行为,即使追认,亦不发生其效力。但当事人知其无效而予追认时,视为新法律行为。

第 140 条 法律行为的撤销权人

可撤销的法律行为,以无行为能力人、实施有瑕疵意思表示的人及其代理人或承继人为限,可以撤销。

第 141 条 撤销的效果

撤销的法律行为,视为自始无效。但无行为能力人只于因其行为而得到的现存利益范围内,承担偿还责任。

第 142 条　撤销的相对人

可撤销法律行为的相对人确定的,其撤销应以其对相对人的意思表示进行。

第 143 条　追认方法、效果

1. 可撤销的法律行为,可由第 140 条规定的人予以追认,追认之后不得撤销。

2. 前条规定,准用前款情形。

第 144 条　追认的要件

1. 追认非于撤销原因终止之后实施,不发生效力。

2. 前款规定,不适用于法定代理人追认的情形。

第 145 条　法定追认

就可撤销的法律行为,除根据前条规定可予追认之外,如有下列事由,视为追认。但保留异议者,不在此限。

（1）全部或部分履行；

（2）请求履行；

（3）变更；

（4）提供担保；

（5）因可撤销行为而取得的权利的全部或部分转让；

（6）强制执行。

第 146 条　撤销权的消灭

撤销权,应于可追认之日起 3 年内,自实施法律行为之日起 10 年内行使。

第 5 节　条件与期限

第 147 条　条件成就的效果

1. 附停止条件的法律行为,自条件成就时起发生效力。

2. 附解除条件的法律行为,自条件成就时起丧失效力。

3. 当事人表示将条件成就的效果溯及于其成就之前的意思时,从其意思。

第 148 条 对附条件权利侵害的禁止

附条件的法律行为的当事人,于条件成就与否未定期间,不得侵害因条件成就而产生的相对人的利益。

第 149 条 附条件权利的处分等

条件成就与否未确定的权利义务,可根据一般规定予以处分、继承、保存或担保。

第 150 条 条件成就、不成就的反信义行为

1. 因条件成就而蒙受不利的当事人,因违反信义诚实而妨碍条件成就时,相对人可主张该条件的成就。

2. 因条件的成就而应获得利益的当事人,因违反信义诚实而使条件成就时,相对人可主张该条件的不成就。

第 151 条 不法条件、既成条件

1. 条件违反善良风俗及其他社会秩序时,视为其法律行为无效。

2. 条件于法律行为当时已成就时,若该条件系停止条件,视为无条件的法律行为;若系解除条件,则视为该法律行为无效。

3. 条件于法律行为当时已不可能成就时,若该条件为解除条件,视为无条件的法律行为,若为停止条件,视该法律行为无效。

第 152 条 期限届至的效果

1. 附始期的法律行为,自期限届至时起,发生其效力。

2. 附终期的法律行为,自期限届至时起,丧失其效力。

第 153 条 期限利益及其放弃

1. 期限,推定系为债务人的利益。

2. 期限利益,可以放弃。但不得损害相对人的利益。

第 154 条 附期限权利与准用规定

第 148 条及第 149 条的规定,准用于附期限的法律行为。

第 6 章 期　　间

第 155 条 本章的适用范围

期间的计算,如无法律、裁判上的处分或法律行为的另外规定,适用本章的规定。

第 156 条 期间的起算点

以时、分、秒定期间者,立即起算。

第 157 条 期间的起算点

以日、周、月或年定期间者,不算入期间之始日。但其期间自上午零时开始时,不在此限。

第 158 条 年龄的起算点

年龄计算,算入出生日。

第 159 条 期间的终止点

期间以日、星期、月或年定期间时,以期间末日的终止为期间的届满。

第 160 条 历法计算

1. 期间以星期、月或年确定时,按历法计算。

2. 不以星期、月或年之始起算期间时,以最后星期、月或年的、相当于起算日相对应之日的前一日,为期间的末日。

3. 以月或年确定者,于最后月无相对应的日时,以该月的末日为期间的终止。

第 161 条 公休日与期间的终止点(修订于 2007 年 12 月 21 日)

期间的末日值星期六或公休日时,期间于其次日终止。(修订于

2007 年 12 月 21 日）

第 7 章 消灭时效

第 162 条 债权、财产权的消灭时效

1. 债权，因 10 年未予行使而完成消灭时效。

2. 债权及所有权以外的财产权，因 20 年未予行使而完成消灭时效。

第 163 条 3 年短期时效

下列各项债权，于 3 年内不行使，消灭时效完成。（修订于 1997 年 12 月 13 日）

（1）利息、扶养费、报酬、使用费及其他定为 1 年以内期间，以金钱或物的给付为标的的债权；

（2）医师、助产员、护士及药剂师，关于治疗、护理及配制的债权；

（3）承揽人、技师及其他从事工程设计或监督的人，关于工程的债权；

（4）请求律师、会计师、公证人、公认会计师及法务士[①]，返还其因职务而保管的书面文件的债权；

（5）与律师、会计师、公证人、公认会计师及法务士职务相关的债权；

（6）生产者及商人出售的产品及商品的价款；

（7）手工业者及制造者的债权。

第 164 条 1 年的短期消灭时效

下列各项债权于 1 年未予行使的，消灭时效完成：

（1）旅馆、餐饮店、席位租赁，娱乐场所的住宿费、饮食费、席位费、入场费、消费物的价款及垫款；

（2）衣服、寝具、葬具及其他动产的使用费；

---

① 英文为"judicial scrivener"，又称司法代书人，是指以收取一定报酬代理他人制作呈交于法院、检察院的材料为业的人。

（3）提供劳务的人、艺人的报酬及其供给物的价金；

（4）校长、塾长、教师关于学生及学徒工的教育、衣食、住宿费的债权。

第 165 条　依判决确定的债权的消灭时效

1. 依判决确定的债权，即使符合短期消灭时效的规定，其消灭时效亦为 10 年。

2. 依破产程序确定的债权及依裁判上的和解、调解及其他与判决具有同一效力的程序确定的债权，亦同。

3. 前 2 款规定，不适用于判决当时未届清偿期的债权。

第 166 条　消灭时效的起算点

1. 消灭时效，自权利可以行使之时起进行。

2. 以不作为为标的的债权的消灭时效，自实施违反行为时起进行。

第 167 条　消灭时效的溯及效力

消灭时效溯及于其起算日，发生效力。

第 168 条　消灭时效的中断事由

消灭时效，因下列各项事由而中断：

（1）请求；

（2）扣押或假扣押、假处分；

（3）承认。

第 169 条　时效中断的效力

时效中断，仅于当事人与其承继人之间具有效力。

第 170 条　裁判上的请求及时效中断

1. 裁判上的请求于诉讼被驳回、拒绝或撤回情形，不发生时效中断的效力。

2. 前款情形，如于 6 个月内提出裁判上的请求，参加破产程序、扣押或假扣押、假处分时，视为时效因最初裁判上的请求而被中断。

第 171 条 破产程序的参加与时效中断

破产程序的参加人,如于债权人撤销或其请求被驳回情形,不发生时效中断的效力。

第 172 条 支付命令与时效中断

支付命令,因债权人未于法定期间内申请临时执行而丧失其效力时,不发生时效中断的效力。

第 173 条 和解传唤、任意出庭及时效中断

为和解而进行的传唤,于相对人不到庭或和解不成时,若未于 1 个月内起诉,不发生时效中断的效力。于任意出庭情形,和解不成立时,亦同。

第 174 条 催告与时效中断

催告,若未于 6 个月内提出裁判上的请求,参加破产程序、和解传唤、任意出庭、扣押或假扣押、假处分,则不发生时效中断的效力。

第 175 条 扣押、假扣押、假处分及时效中断

扣押、假扣押及假处分,因权利人的请求或未依法律规定而被撤销时,不发生时效中断的效力。

第 176 条 扣押、假扣押、假处分及时效中断

扣押、假扣押、假处分,如不向取得时效利益的人作出,非于通知取得时效利益的人之后,不发生时效中断的效力。

第 177 条 承认与时效中断

作时效中断的效力的承认,无须相对人对权利有处分能力或有权限。

第 178 条 中断后的时效进行

1. 于时效中断情形,中断过程中的时效期间不予计算,自中断事由消灭时起重新进行。

2. 因裁判上的请求而中断的时效,依前款规定,自裁判确定之时起重新进行。

第 179 条 无行为能力人与时效停止

于消灭时效的期间终止前6个月内,无行为能力人的法定代理人不存在时,自其成为行为能力人或自法定代理人就任时起6个月内,时效不完成。①

第180条 无行为能力人对财产管理人的权利、夫妻间的权利与时效停止

1．无行为能力人对管理财产的父、母,或监护人享有的权利,自其成为行为能力人或后任法定代理人就任时起6个月内,时效不完成。

2．夫妻一方对他方的权利,自婚姻关系解除时起6个月内,时效不完成。

第181条 与继承财产相关的权利与时效停止

属于继承财产的权利或对继承财产的权利,自确定继承人、选任管理人或宣告破产时起6个月内,消灭时效不完成。

第182条 天灾及其他事变与时效停止

因天灾及其他事变,无法中断消灭时效时,自该事由消灭之时起1个月内,时效不完成。

第183条 消灭时效对从权利的效力

主权利的消灭时效完成时,其效力及于从权利。

第184条 时效利益的放弃及其他

1．消灭时效的利益,不得提前放弃。

2．消灭时效虽不能因法律行为而排除、延长或加重,但可缩短或减轻。

---

① 依史尚宽先生的界定,时效的不完成是指在时效完成之际,因一定事由的发生,于其事由存在的期间及其事由消灭后一定的期间,阻止时效完成。韩国民法只认同时效的完成因一定事由停止的情形,并称之为时效不完成。

第 2 编 物 权

第 1 章 总 则

第 185 条 物权的种类

物权,除依法律或习惯法外,不得任意创设。

第 186 条 不动产物权变动的效力

因不动产相关法律行为产生的物权的取得、丧失和变更,经登记始能发生其效力。

第 187 条 无须登记的不动产物权的取得

继承、公用征收、判决、拍卖及根据其他法律所定相关不动产物权的取得,无须登记。但非经登记不得处分。

第 188 条 动产物权转让的效力、简易交付

1. 动产物权的转让以动产交付而发生效力。
2. 于受让人已占有该动产的情形,仅依当事人的意思表示即可发生效力。

第 189 条 占有改定

于转让动产相关物权的情形,依当事人之间的契约,由出让人继续占

有动产时,视为受让人已经受让。

第 190 条　标的物返还请求权的转让

于转让第三人占有的相关动产物权情形,以转让人转让对第三人的返还请求权于受让人而视为交付动产。

第 191 条　因混同而产生的物权的消灭

1. 同一物的所有权及其他物权归属于同一人时,其他物权消灭。但该物权为第三人的权利标的时,则不消灭。

2. 前款规定,准用于所有权以外的物权,以及以此为标的的其他权利归属于同一人的情形。

3. 关于占有权,不适用前 2 款的规定。

第 2 章　占　有　权

第 192 条　占有权的取得与消灭

1. 事实上支配物的人,具有占有权。

2. 占有人丧失对物的事实上的支配时,占有权消灭。但根据第 204 条的规定收回占有时,不在此限。

第 193 条　因继承产生的占有权的移转

占有权,移转于继承人。

第 194 条　间接占有

因地上权、传贳权①、质权、使用借贷、租赁、保管及其他关系,使他人占有物的,具有间接占有权。

第 195 条　占有辅助人

基于家事、经营及依其他类似关系得到他人的指示而实施事实上支

---

① 类似于我国的典权,其定义可参照第 303 条。

配时,只以该他人为占有人。

第 196 条　占有权的转让

1. 占有权的转让,因交付占有物而发生其效力。

2. 前款占有权的转让,准用第 188 条第 2 款、第 189 条、第 190 条的规定。

第 197 条　占有的样态

1. 对于占有人,推定其以所有的意思,善意、平稳及公然实行占有。

2. 即使为善意占有人,于本权相关诉讼中败诉时,自被提起诉讼时起,视为恶意占有人。

第 198 条　继续占有的推定

于前后两个时间均有实行占有的事实时,推定其继续占有。

第 199 条　占有的承继主张与其效果

1. 占有人的承继人可主张仅为自己的占有,或一并主张自己占有和前占有人占有。

2. 一并主张前占有人的占有时,亦承继其瑕疵。

第 200 条　权利合法的推定

占有人于占有物上行使的权利,推定为合法保有。

第 201 条　占有人与孳息

1. 善意占有人,取得孳息。

2. 恶意占有人应返还其得到的孳息,如已消费或因过失而毁损时,应补偿其孳息的对价。

3. 前款规定,准用于以暴力或隐秘实施占有之人。

第 202 条　占有人对恢复人的责任

占有物因可归责于占有人的事由而灭失或毁损时,恶意占有人应赔偿其全部损害;善意占有人应于现存利益范围内赔偿。无所有意思的占有人即使为善意,亦应赔偿损失的全部。

第 203 条　占有人的偿还请求权

1. 占有人返还占有物的,可请求恢复人支付为保存占有物所支出的费用及其他必要费用。但占有人取得孳息时,不得请求通常的必要费用。

2. 关于占有人为改良占有物而支出的费用及其他必要费用,以现存价值增加为限,依恢复人的选择请求偿还其支出费用或增加额。

3. 于前款情形,法院可根据恢复人的请求,许以适当的偿还期限。

第 204 条　占有的回收

1. 占有人于其占有遭侵夺时,可请求返还其物和损害赔偿。

2. 前款请求权,不得向侵夺人的特别承继人行使。但承继人为恶意时,不在此限。

3. 第 1 款请求权,应自被侵夺之日起 1 年内行使。

第 205 条　占有的保有

1. 占有人的占有受到妨害时,可请求排除此妨害和请求损害赔偿。

2. 前款请求权,应自妨害终止之日起 1 年内行使。

3. 因工程而受到占有妨害的,工程开工后 1 年或工程已完成时,不得请求排除妨害。

第 206 条　占有的保全

1. 占有人的占有有受到妨害之虞时,可请求预防妨害或提供损害赔偿的担保。

2. 因工程使占有有受到妨害之虞时,准用前条第 3 款的规定。

第 207 条　间接占有的保护

1. 前 3 条请求权,亦可由第 194 条所定间接占有人行使。

2. 占有人的占有遭侵夺时,间接占有人可请求侵夺人将物返还于占有人。占有人不能或不希望受领占有物的返还时,可请求向自己返还。

第 208 条　占有之诉与本权之诉之间的关系

1. 以占有权为起因的诉讼及以本权为起因的诉讼,互不影响。

2. 以占有权为起因的诉讼,不得依据与本权相关的理由进行裁判。

第 209 条　自力救济

1. 占有人可对不当侵夺或妨害其占有的行为,以自力予以防卫。

2. 占有物被侵夺,被侵夺物为不动产时,占有人可于被侵夺后立即排除加害人并予夺回;被侵夺物为动产时,占有人可在现场或尾随加害人夺回占有物。

第 210 条　准占有

本章规定,准用于财产权事实上的行使。

第 3 章　所　有　权

第 1 节　所有权的界限

第 211 条　所有权的内容

所有人于法律规定的范围内,有使用、收益、处分其所有物的权利。

第 212 条　土地所有权的范围

土地所有权于其正当利益范围内,及于土地之上下。

第 213 条　所有物返还请求权

所有人可向占有其所有物的占有人,请求返还其物。但占有人对物有占有权时,可拒绝返还。

第 214 条　所有物的妨害排除、妨害预防请求权

所有人可请求妨害所有权的人排除妨害;可向实施对所有权有妨害之虞的行为者,请求预防或提供损害赔偿的担保。

第 215 条　建筑物的区分所有

1. 数人区分一栋建筑物而各自所有其一部分时,建筑物及其附属物的共用部分,推定为共有。

2. 有关保存共用部分的费用及其他负担,可按各自所有部分价值的比例分担。

第 216 条 邻地利用请求权

1. 土地所有人于疆界或其附近,建造、修缮墙壁或建筑物时,于必要范围内可请求利用邻地。但未经邻人允许,不得进入其住宅。

2. 于前款情形,邻人受损害时可请求补偿。

第 217 条 禁止煤烟等对邻地的妨害

1. 土地所有人不得以煤烟、热气体、液体、音响、振动及其他类似事物妨害邻地使用,或为避免对邻人生活造成痛苦,负有采取适当措施的义务。

2. 邻人于前款事态符合土地的通常用途情形,负有容忍义务。

第 218 条 水管等安设权

1. 土地所有人,非通过他人土地,不能安设必要的水管、疏水管、煤气管、电线等设施或所需费用过巨时,得通过他人的土地安设。但应选择使其受损最小的场所及方法进行,并依他土地所有人的请求赔偿损失。

2. 根据前款所定安设,情事发生变更时,他土地所有人得请求变更其安设。变更安设的费用由土地所有人负担。

第 219 条 周围土地通行权

1. 在某土地与公路之间无发挥土地用途所必要的通路,如该土地所有人非通过周围土地作为通路,则不能出入公路或需过巨费用时,得通行其周围土地,必要时可开设通路。但应选择使其损失最小的场所与方法。

2. 前款通行权人,应补偿通行地所有人的损失。

第 220 条 分割、部分转让和周围通行权

1. 因分割产生不能通向公路的土地时,该土地所有人为出入公路,可通行其他分割人的土地。于此情形,不负补偿义务。

2. 前款规定,准用土地所有人转让其土地之一部分的情形。

第 221 条 自然流水的承水义务及权利

1. 土地所有人不得阻挡自邻地自然流出的水。

2. 高地所有人不得超越自己的正当使用范围,阻碍向邻地自然流入的、为低地邻人所必要的水。

第 222 条 疏通工事权

流水于低地被堵塞的,高地所有人可自费进行为疏通所必要的工事。

第 223 条 蓄水、排水、引水相关工作物的工程请求权

土地所有人为蓄水、排水或引水而设置工作物,因工作物的破损或阻塞,给他人的土地造成损害或有造成损失之虞时,他人可为工作物的保修、阻塞的疏通或预防提出必要的请求。

第 224 条 习惯上的费用负担

于前 2 条情形,有相关费用负担的习惯时,从其习惯。

第 225 条 对房檐滴水的设置义务

土地所有人为防止房檐滴水不直接滴于邻人,应设置适当的设施。

第 226 条 余水疏通权

1. 高地所有人为干涸地浸水或为疏通家用或农、工业用的污水,可在公路、公共流水或下水道之间,让水通过低地。

2. 于前款情形,应选择对低地所有人损害最小的场所和方法,并应赔偿损失。

第 227 条 流水用工作物的使用权

1. 土地所有人为疏通其所有地的水,可使用相邻土地所有人设置的工作物。

2. 使用前款所定工作物的人,应按其受益比例,分担工作物的设置与保管的费用。

第 228 条 余水供给请求权

土地所有人非以过巨费用或劳力,不能得到为家用或土地利用所必

要之水时,可向邻地所有人补偿,请求邻地所有人供给余水。

第 229 条 水流的变更

1．沟渠及其他水流地的所有人,于对岸土地属于他人所有时,不得变更其水路或水流宽度。

2．两岸土地为水流地所有人所有时,该所有人可变更水路及流水的宽度。但下游应与自然水路一致。

3．前 2 款规定,另有习惯时,从其习惯。

第 230 条 堰的设置、使用权

1．流水地的所有人有设置堰的必要时,可使堰附着于对岸。但应补偿对岸的土地所有人因此而受到的损失。

2．对岸的土地所有人,于流水地的一部为其自己所有时,可使用其堰。但应按其受益比例负担堰的设置、保存费用。

第 231 条 公有河川用水权

1．于公有河川的沿岸经营农、工业者,于其使用不妨害他人用水的范围内,可予必要的引水。

2．为前款引水,可设置必要的工作物。

第 232 条 下游沿岸用水权的保护

因前条引水或工作物而妨害下游沿岸的用水权时,该用水权人可提起去除妨害及损害赔偿的请求。

第 233 条 用水权的承继

使用于经营农、工业的水路及其他工作物的所有人或获利者的特别承继人,承继与该用水相关的前所有人或获利人的权利义务。

第 234 条 关于用水权的其他习惯

前 3 条规定有其他习惯时,从其习惯。

第 235 条 共用水的用水权

相邻人根据各自的需要程度,于不妨害他人用水范围内,就属于共用的泉源或自来水,享有各自用水的权利。

第 236 条 障碍用水的工程与损害赔偿、恢复原状

1. 有必要的用途或有收益的泉源或自来水,因他人的建筑或其他工程而断水、减水及其他用途发生障碍时,用水权人可请求损害赔偿。

2. 因前款工程使饮水或其他为生活所必要的用水发生障碍时,可请求恢复原状。

第 237 条 界标、围墙设置权

1. 相邻土地所有人,可以以共同费用设置通常的界标或围墙。

2. 前款费用,由双方各负担一半。但测量费用应根据土地面积的比例负担。

3. 前 2 款的规定,另有习惯者,从其习惯。

第 238 条 围墙的特殊设置权

邻地所有人可以以自己的费用,使用比通常更好的材料设置围墙,使其高度比通常更高,或设置防火墙及其他特殊设施。

第 239 条 界标等的共有推定

设在疆界的界标、围墙、沟渠等,推定为相邻人共有。但界标、围墙、沟渠等,以相邻人一方的单独费用设置或围墙为建筑物的一部分时,不在此限。

第 240 条 树枝、木根的刈除权

1. 邻地的树枝逾越疆界时,可向该所有人请求刈除树枝。

2. 就前款请求未予应答时,可由请求人去除该树枝。

3. 邻地的树木根逾越疆界时,可任意刈除。

第 241 条 深挖土地的禁止

土地所有人不得深挖土地,以至邻地地基崩溃。但若进行充分的防御工程的,不在此限。

第 242 条 疆界线附近的建筑

1. 筑造建筑物,如无特别习惯,应自疆界线起保留半米以上的距离。

2. 对违反前款规定者,邻地所有人可请求变更或撤除建筑物。但施工起经过 1 年或于建筑物竣工之后,则只能请求损害赔偿。

第 243 条　设置遮面的义务

离疆界线起 2 米内,设置可观望到相邻人住宅内部的窗或地板时,应设置适当的遮面设施。

第 244 条　对地下设施等的限制

1. 挖掘水井或设置储藏用水、地下水或污水等地下设施时,应自疆界起保留 2 米以上的距离;水库、沟渠或地下室工程,应自疆界起保留其深度的一半以上的距离。

2. 进行前款工程,应为防止土沙崩溃或地下水或污水流入相邻人的建筑物,采取适当的措施。

第 2 节　所有权的取得

第 245 条　基于占有的不动产所有权的取得期间

1. 20 年间,以所有的意思平稳、公然占有不动产者,经登记取得所有权。

2. 登记为不动产所有人者,于 10 年间以所有的意思平稳、公然、善意且无过失占有该不动产的,取得所有权。

第 246 条　基于占有的动产所有权的取得期间

1. 10 年间以所有的意思平稳、公然占有动产者,取得该所有权。

2. 前款占有以善意且无过失开始的,经 5 年取得其所有权。

第 247 条　取得所有权的溯及效力、中断事由

1. 根据前 2 款规定取得的所有权的效力,溯及于占有开始之时。

2. 有关消灭时效中断的规定,准用前 2 条关于所有权取得期间的规定。

第 248 条　所有权以外的财产权的取得时效

前 3 条规定,准用于所有权以外的财产权的取得。

第 249 条　善意取得

平稳、公然受让动产者,善意且无过失占有其动产时,即使出让人为非正当所有人,亦立即取得其动产所有权。

第 250 条　关于盗窃物、遗失物的特例

于前款情形,该动产为盗窃物或遗失物时,被害人或遗失人自被盗或遗失之日起 2 年内可请求返还其物。但盗窃物或遗失物为金钱时,不在此限。

第 251 条　关于盗窃物、遗失物的特例

受让人自拍卖盗窃物或遗失物处,或自公开市场或出售同种类物的商人处善意买受的,被害人或遗失人可偿付受让人给付的价金,请求返还其物。

第 252 条　无主物的归属

1. 就无主动产以所有的意思占有者,取得该物。
2. 无主不动产,归国家所有。
3. 野生动物视为无主物,饲养的野生动物重返野生状态的,亦视为无主物。

第 253 条　遗失物的所有权取得

关于遗失物,根据法律规定经公告后 1 年内,其所有人不主张权利的,由拾得人取得该所有权。

第 254 条　埋藏物的所有权取得

关于埋藏物,根据法律规定经公告后 1 年内,其所有人不主张权利的,由发现人取得其所有权。但于他人土地或其他物内发现埋藏物时,应与该土地或其他物的所有人折半取得。

第 255 条　文化财产的国有

1．对学术、技艺或可作为考古重要材料之物,不适用第 252 条第 1 款及前 2 条的规定,而应归为国有。

2．于前款情形,拾得人、发现人及发现埋藏物的土地所有人或其他物的所有人,可向国家请求适当的报酬。

第 256 条　不动产的附合

不动产的所有人,取得附合于该不动产之上的物的所有权。但因他人的权原而附属时,不在此限。

第 257 条　动产之间的附合

动产与动产附合,非经毁损不能分割或为分割所需费用过巨时,该合成物的所有权归主动产的所有人所有。于不能区分动产主从的情形,动产的所有人以附合当时价额的比例共有合成物。

第 258 条　混合

前条规定,准用于动产与动产混合致使不能识别的情形。

第 259 条　加工

1．在他人的动产之上进行加工时,该物的所有权归应为材料的所有人所有。但因加工而增加的价值明显比材料的价值大时,归加工人所有。

2．加工人提供部分材料时,其价格加算于前款的增加额中。

第 260 条　添附的效果

1．依前 4 条规定动产的所有权消灭的,以该动产为标的的其他权利,亦将消灭。

2．动产的所有人成为合成物、混合物或加工物的单独所有人时,前款权利存续于合成物、混合物或加工物之上;成为共有物的共有人时,存续于其持有份上。

第 261 条　因添附而产生的求偿权

于前 5 条情形,受损失者可依不当得利的相关规定,请求补偿。

第 3 节　共 同 所 有

第 262 条　物的共有

1. 物因持份而成为数人所有时,为共有。
2. 共有人的持有份,推定为均等。

第 263 条　共有持有份的处分与共有物的使用、收益

共有人可处分其持有份,亦可按其持有份的比例使用、收益共有物的全部。

第 264 条　共有物的处分、变更

共有人非经其他共有人的同意,不得处分或变更共有物。

第 265 条　共有物的管理、保存

共有物的管理相关事项,以共有人持有份的过半数决定。但保存行为,可各自实施。

第 266 条　共有物的负担

1. 共有人根据其持有份比例,负担共有物的管理费用及承担其他义务。
2. 共有人于 1 年以上迟延履行前款义务时,其他共有人可给付适当的价款买受持有份。

第 267 条　放弃持有份等情形下的归属

共有人放弃其持有份或无继承人而死亡时,其持有份按各持有份的比例归属于其他共有人。

第 268 条　共有物的分割请求

1. 共有人可请求分割共有物。但可约定 5 年内不能实行分割。
2. 更新前款契约时,其契约期间自更新之日起不得超过 5 年。
3. 前 2 款规定,不适用于第 215 条、第 239 条的共有物。

第 269 条 分割方法

1. 就分割方法达不成一致协议时,共有人可向法院请求分割。

2. 不能实物分割或因分割将使其价值有明显减少之虞时,法院可命其拍卖。

第 270 条 因分割产生的担保责任

共有人就其他共有人因分割而取得之物,按其持有份比例,具有与出卖人相同的担保责任。

第 271 条 物的合有

1. 根据法律或契约,作为数人之组合体而所有物时,视为合有。合有人的权利及于合有物的全部。

2. 就合有,除依前款规定或契约外,根据以下 3 条规定。

第 272 条 合有物的处分、变更与保存

处分或变更合有物时,须经全体合有人的同意。但保存行为可各自实施。

第 273 条 对合有持有份的处分及合有物的禁止分割

1. 合有人非经全体合有人的同意,不得处分对合有物的持有份。

2. 合有人不得请求合有物的分割。

第 274 条 合有的终止

1. 合有因组合体的解散或合有物的转让而终止。

2. 于前款情形,有关合有物的分割,准用关于共有物的规定。

第 275 条 物的总有

1. 非法人社团的社员,作为集合体而所有物时,为总有。

2. 就总有,除根据社团的条款及其他条款外,依下列 2 条规定。

第 276 条 总有物的管理、处分与使用、收益

1. 总有物的管理与处分,依据社员大会决议。

2. 各社员根据章程或其他条款,可使用、收益总有物。

第 277 条 对于总有物的权利义务的取得与丧失

总有物相关社员的权利义务,随社员地位的取得丧失而取得丧失。

第 278 条 准共同共有

本节规定,准用所有权以外的财产权。但其他法律有特别规定时,从其规定。

第 4 章 地 上 权

第 279 条 地上权的内容

地上权人,为所有他人土地上的建筑物或其他工作物或树木,有使用该土地的权利。

第 280 条 约定存续期限的地上权

1. 以契约设定地上权的存续期间时,其期间不得短于下列年限:

(1)以石材、石灰、砖瓦建造的建筑物或与此类似的坚固的建筑物或以树木的所有为标的时,为 30 年;

(2)以前项之外的建筑物的所有为标的时,为 15 年;

(3)以建筑物以外的工作物的所有为标的时,为 5 年。

2. 设定期间比前款期间更短时,延长至前款期间。

第 281 条 未设定存续期间的地上权

1. 未以契约设定地上权的存续期间时,其期间为前条所定的最短期间。

2. 设定地上权当时未规定工作物的种类与构造时,视为地上权以前条第 1 款第 2 项所定建筑物的所有为标的。

第 282 条 地上权的转让、租赁

地上权人可将其权利转让于他人或于其权利存续期间内,出租该土地。

第 283 条 地上权人的更新请求权、买受请求权

1. 地上权消灭,建筑物或其他工作物或树木仍实际存在的,地上权人可请求更新契约。

2. 地上权的设定人不希望更新契约时,地上权人可以请求其以适当的价格买受前款工作物或树木。

第 284 条 更新和存续期间

当事人更新契约时,地上权的存续期间,自更新之日起不得短于第 280 条所定的最短存续期间。但当事人可约定比其更长的期间。

第 285 条 撤除义务、买受请求权

1. 地上权消灭时,地上权人应撤除建筑物或其他工作物或树木,并将土地恢复原状。

2. 于前款情形,地上权的设定人提出适当价格,请求买受其工作物或树木时,地上权人无正当理由不得拒绝。

第 286 条 地费增减请求权

地费因与土地相关的租税及其他负担的增加或地价的变更而变得不恰当时,当事人可请求其增减。

第 287 条 地上权消灭请求权

地上权人于 2 年以上未支付地费的,地上权设定人可请求消灭地上权。

第 288 条 请求消灭地上权及对抵押权人的通知

以地上权为抵押权的标的,或以该土地之上的建筑物或树木为抵押权标的的情形,前条请求,自通知抵押权人后经适当的期间,发生其效力。

第 289 条 强制规定

违反第 280 条至第 287 条规定订立的契约,不利于地上权人时,不发生其效力。

第 289b 条　区分地上权

1. 地下或地上空间,定上下范围,可为建筑物及其他工作物所有而作为地上权的标的。于此情形,可以以设定行为,为行使地上权而限制土地的使用。

2. 依第 1 款所定区分地上权,即使第三人有使用、收益该土地的权利,其权利人或以该权利为标的的权利人,只须经全员同意,即可设定。于此情形,有使用、收益土地权利的第三人,不得妨碍该地上权的行使。

(本条新设于 1984 年 4 月 10 日)

第 290 条　准用规定

1. 第 213 条、第 214 条、第 216 条至第 244 条的规定,准用于地上权人之间或地上权人与邻地所有人之间。

2. 第 280 条至第 289 条第 1 款的规定,准用于依第 289 条第 2 款所定的区分地上权。

(本条新设于 1984 年 4 月 10 日)

第 5 章　地　役　权

第 291 条　地役权的内容

地役权人为一定目的,享有为自己土地之便利而利用他人土地的权利。

第 292 条　从属性

1. 地役权附从于需役地的所有权而移转,或作为对需役地的所有权以外的权利的标的。但另有约定的,依其约定。

2. 地役权不得与需役地分离而转让,或作为其他权利的标的。

第 293 条　共有关系、部分转让及不可分性

1. 土地共有人中的一人,就其所持份额,不得使为其土地设置的地役权或其土地负担的地役权消灭。

2. 于分割土地或转让部分土地的情形,地役权存续于需役地的各部分或供役地的各部分。但地役权仅涉及为土地的一部分时,就其他部分,不在此限。

第 294 条　地役权的取得期间

地役权限于继续且表见情形,准用第 245 条的规定。

第 295 条　取得与不可分性

1. 共有人中的一人取得地役权时,其他共有人亦取得之。

2. 因占有而发生的地役权的取得期间的中断,如非对于行使地役权的全体共有人的事由,不发生其效力。

第 296 条　消灭时效的中断、终止及不可分性

需役地为数人共有的情形,就其中一人发生的地役权消灭时效的中断或终止,亦对其他共有人发生效力。

第 297 条　用水地役权

1. 用水供役地的水量不能满足供役地及需役地的需要时,根据其需要程度,先供给家用后,用于其他用途。但设定行为有约定时,依其约定。

2. 供役地上设定数个用水地役权的,后顺位的地役权人不得妨害先顺位的地役权人的用水。

第 298 条　供役地所有人的义务与承继

根据契约,供役地的所有人以自己的费用,为行使地役权而设置工作物或负担修缮义务时,需役地所有人的特别承继人亦应负担此义务。

第 299 条　因放弃而产生的负担免除

供役地的所有人,可放弃对地役权必要部分土地的所有权,将其转让给地役权人,而免除前条负担。

第 300 条　工作物的共同使用

1. 需役地的所有人,在不妨害行使地役权的范围内,可使用地役权人为行使地役权而于供役地上设置的工作物。

2. 于前款情形，供役地的所有人需按照受益程度的比例，分担工作物的设置、保存费用。

第 301 条　准用规定

第 214 条的规定，准用于地役权的规定。

第 302 条　特殊地役权

某一地域的居民，因集合体的关系，各自享有在他人土地上采集草木、放牧野生物或行使其他收益权利等情形，除依习惯外，准用本章规定。

第 6 章　传 贳 权

第 303 条　传贳权的内容

1. 传贳权人因支付传贳金而占有他人的不动产，并根据该不动产的用途进行使用、收益。就该不动产的全部，后顺位的权利人有先于其他债权人得到清偿的权利。（修订于 1984 年 4 月 10 日）

2. 农耕地不得为传贳权的标的。

第 304 条　对建筑物的传贳权、地上权、租赁权的效力

1. 于他人土地之建筑物上设定传贳权时，传贳权的效力及于以该建筑物的所有为标的的地上权或传贳权。

2. 于前款情形，传贳权设定人未经传贳权人同意，不得实施使地上权或租赁权消灭的行为。

第 305 条　建筑物的传贳权及法定地上权

1. 地基及建筑物属于同一所有人，于建筑物上设定传贳权时，视该地基所有权的特别承继人与传贳权设定人设定地上权。但地价则根据当事人的请求，由法院确定。

2. 于前款情形，地基所有人不得向他人出租或设定以其为标的的地上权或传贳权。

第 306 条 传贳权的转让、租赁等

传贳权人可将传贳权转让或向他人提供担保,于其存续期间内可将其标的物转传贳或租赁于他人。但以设定行为来禁止时,不在此限。

第 307 条 转让传贳权的效力

传贳权的受让人对传贳权的设定人,具有与传贳权转让人相同的权利义务。

第 308 条 转传贳等的责任

转传贳或租赁传贳权的标的物时,可以认为传贳权人未转传贳或租赁就可避免不可抗力的,对此造成的损害,承担责任。

第 309 条 传贳权人的维持、修缮义务

传贳权人应维持标的物的现状,并应进行属于通常管理的修缮。

第 310 条 传贳权人的偿还请求权

1. 关于传贳权人为改良标的物所支出的费用及其他有益费,可限于现存价值的增加范围内,依所有人的选择,请求清偿其支出额或增加额。

2. 于前款情形,法院可根据所有人的请求许以适当的清偿期限。

第 311 条 传贳权的消灭请求

1. 传贳权人未根据传贳权设定契约,或未按照由该标的物性质所定方法使用、收益的情形,传贳权设定人可请求消灭传贳权。

2. 于前款情形,传贳权设定人可向传贳权人请求恢复原状或损害赔偿。

第 312 条 传贳权的存续期限

1. 传贳权的存续期限不得超过 10 年。当事人的约定期限超过 10 年时,应缩短为 10 年。

2. 建筑物的传贳权存续期限规定不满 1 年时,视为 1 年。

3. 传贳权的设定可以更新。其期限自更新之日起不得超过 10 年。

4. 建筑物的传贳权设定人于传贳权存续期间届满前的 6 个月至 1 个月间,未向传贳权人作出拒绝更新的通知,或未作出不变更条件就不得更新之意的通知的,视为以其期间届满时,以与传贳权相同的条件,重新设定传贳权。于此情形,视为无传贳权存续期间的规定。

(本条新设于 1984 年 4 月 10 日)

第 312b 条　传贳金增减请求权

传贳金因相关标的不动产的租税、公共费用及其他负担的增减,或经济事由的变动而变得不适当的,当事人可就将来请求增减。但于价额增加情形,不得超出总统令所定的标准比例。

(本条新设于 1984 年 4 月 10 日)

第 313 条　传贳权的消灭通知

未就传贳权的存续期限进行约定的,各当事人可随时通知相对人传贳权的消灭。相对人自收到通知之日起经过 6 个月,传贳权消灭。

第 314 条　因不可抗力产生的灭失

1. 传贳权标的物的全部或一部分因不可抗力而灭失时,其灭失部分的传贳权消灭。

2. 于前款部分灭失情形,以其剩余部分不能达到传贳权的目的的,可向传贳权的设定人通知全部传贳权的消灭,并请求返还传贳金。

第 315 条　传贳权人的损害赔偿责任

1. 传贳权标的物的全部或一部分因可归责于传贳权人的事由而灭失时,传贳权人负损害赔偿责任。

2. 于前款情形,传贳权的设定人于传贳权消灭后,可以传贳金抵销所受损害的赔偿,如有剩余时,应予返还,如有不足,可再次请求。

第 316 条　恢复原状义务、买受请求权

1. 传贳权因其存续期间的届满而消灭时,传贳权人应将该标的物恢复原状,并可取回附属于该标的物之物。但传贳权设定人请求买受其附属物的,传贳权人无正当理由不得拒绝。

2. 于前款情形,如该附属物为经传贳权设定人的同意而附加时,传贳权人可请求传贳权设定人买受其附属物。自传贳权设定人处买受该附属物的情形,亦同。

第 317 条　传贳权的消灭及同时履行

传贳权消灭的,传贳权设定人应于受领传贳权人的交付及得到传贳权设定登记的涂销登记所必需的文件交付的同时,返还传贳金。

第 318 条　传贳权人的拍卖请求权

传贳权设定人迟延返还传贳金时,传贳权人可根据拍卖法的规定,请求拍卖传贳权的标的物。

第 319 条　准用规定

第 213 条、第 214 条、第 216 条至第 244 条的规定,准用于传贳权人之间或传贳权人与邻地所有人及地上权人之间的相关权利义务关系。

第 7 章　留　置　权

第 320 条　留置权的内容

1. 占有他人之物或有价证券之人,于其物或有价证券产生的债权届清偿期时,在债权得到清偿之前,有留置该物或有价证券的权利。

2. 前款规定,不适用于不法占有的情形。

第 321 条　留置权的不可分性

留置权人于其债权全部得到清偿之前,对留置物的全部行使其权利。

第 322 条　拍卖、简易清偿抵充

1. 留置权人为使债权得到清偿,可拍卖留置物。

2. 有正当理由的,留置权人可根据鉴定人的估价,请求法院直接以留置物抵充。此时留置权人应事先通知债务人。

第 323 条　取得孳息权

1. 留置权人可收取孳息,并以之先于其他债权的清偿抵充其债权。但于其孳息为非金钱情形,应予拍卖。

2. 孳息应先抵充债权的利息,有剩余时抵充本金。

第 324 条　留置权人的善管义务

1. 留置权人应以善良管理人的注意占有留置物。

2. 留置权人非经债务人的同意不得使用、租赁留置物或用其提供担保。但为保存留置物所必要的使用,不在此限。

3. 于留置权人违反前 2 款规定的情形,债务人可请求消灭留置权。

第 325 条　留置权人的偿还请求权

1. 留置权人为留置物支出必要费用时,可请求所有人予以偿还。

2. 留置权人为留置物支出有益费用时,于其现存增加价值范围内,依所有人的选择,请求偿还其支出的金额或增加的费用。但法院可根据所有人的请求,许以适当的偿还期限。

第 326 条　被担保债权的消灭时效

留置权的行使,不影响债权消灭时效的进行。

第 327 条　他担保的提供及留置权的消灭

债务人可提供相应的担保,请求消灭留置权。

第 328 条　丧失占有及留置权消灭

留置权,因丧失占有而消灭。

第 8 章　质　　权

第 1 节　动产质权

第 329 条　动产质权的内容

动产质权人,可占有债务人或第三人作为债权担保提供的动产,且就该动产,享有先于其他债权人就自己的债权得到清偿的权利。

第 330 条　设定契约的要物性

质权的设定,因向质权人交付标的物而发生其效力。

第 331 条　质权的标的物

质权,不得以不可转让物为标的。

第 332 条　出质人代理占有的禁止

质权人,不得使出质人占有质物。

第 333 条　动产质权的顺位

为担保数个债权而于同一动产上设定数个质权时,其顺位依设定的先后而定。

第 334 条　被担保债权的范围

质权,担保本金、利息、违约金、实施质权的费用,及因债务不履行或质物瑕疵而产生的损害赔偿债权。但另有约定时,依其约定。

第 335 条　留置效力

质权人于得到前款清偿之前,可留置质物。但不得对抗较自己有优先权的债权人。

第 336 条　转质权

质权人可于其权利范围内,以自己的责任转质其质物。于此情形,应对若不予转质就可避免的、因不可抗力产生的损害承担责任。

第 337 条　转质权的对抗要件

1. 于前条情形,如质权人未通知债务人转质的事实或未经债务人的同意,不得以转质对抗债务人、保证人、出质人及其承继人。

2. 债务人收到前款通知或同意时,虽未经转质权人的同意向质权人清偿债务,亦不得以其对抗转质权人。

第 338 条　拍卖、简易清偿的抵充

1. 质权人为其债权得到清偿,可拍卖质物。

2. 如有正当理由,质权人可根据鉴定人的估价,请求法院直接以质物抵充。于此情形,质权人应事先通知债务人及出质人。

第 339 条　流质契约的禁止

出质人,不得以债务清偿期前的契约约定,代替清偿使质权人取得质物的所有权或不依法律所定方法,处分质物。

第 340 条　质物外的财产清偿

1. 质权人,限于依质物未得到清偿部分的债权,可从债务人的其他财产中得到清偿。

2. 前款规定,于先于质物实施其他财产相关的分配时,不得适用。但其他债权人可请求质权人提存此分配金额。

第 341 条　物上保证人的求偿权

出质人为担保他人债务而清偿其债务,或因质权的实行而丧失质物的所有权时,根据相关债务保证的规定,对债务人有求偿权。

第 342 条　物上代位

质权,亦可就出质人因质物的灭失、毁损或公用征收,而得到的金钱或其他物行使。于此情形,应于支付或于交付前抵押。

第 343 条　准用规定

第 249 条至第 251 条、第 321 条至第 325 条的规定,准用于动产质权。

第 344 条　其他法定质权

本节规定,准用于依其他法律规定设定的质权。

第 2 节　权利质权

第 345 条　权利质权的标的

质权,可以以财产权为其标的。但以不动产的使用、收益为标的的权利,不在此限。

第346条　权利质权的设定方法

权利质权的设定,如法律无另行规定,应依有关其权利转让的方法。

第347条　设定契约的要物性

以债权为质权标的的情形,如有债权证书,质权的设定因证书交付质权人而发生其效力。

第348条　抵押债权质权及附记登记

以担保抵押权的债权为质权标的时,需于该抵押权登记上进行质权的附记登记,其效力始能及于抵押权。

第349条　质权对记名债权的对抗要件

1. 以记名债权为标的设定的质权,出质人未依第450条的规定,通知第三债务人质权设定的事实或第三债务人未同意的,不得以其对抗第三债务人或其他第三人。

2. 第451条的规定,准用前款情形。

第350条　指示债权质权的设定方法

以指示债权为质权标的而设定的质权,因证书背书并交付于质权人而发生其效力。

第351条　无记名债权质权的设定方法

以无记名债权为标的而设定的债权,因将证书交付于质权人而发生其效力。

第352条　出质人的限制

出质人非经质权人的同意,不得消灭作为质权标的的权利或实施有损于质权人利益的变更。

第353条　质权标的债权的实行方法

1. 质权人,可直接请求作为质权标的的债权。

2. 债权的标的物为金钱情形,质权人可仅以自己对出质人的债权为限,直接请求。

3. 前款债权的清偿期,先于对质权人债权的清偿期届满时,质权人可请求第三债务人提存该清偿金额。于此情形,质权存在于其提存金上。

4. 债权标的物为金钱以外的物时,质权人可就其得到清偿之物行使质权。

第354条　同上

质权人除根据前条规定外,可依民事执行法所定执行方法行使质权。
(修订于2001年12月29日)

第355条　准用规定

权利质权除依据本节规定外,准用有关动产质权的规定。

第9章　抵　押　权

第356条　抵押权的内容

抵押权人,就债务人或第三人不移转占有而作为债务担保提供的不动产,有先于其他债权人而使自己债权优先受偿的权利。

第357条　最高额抵押

1. 最高额抵押权可只规定其所担保的债务的最高额,并可将债务的确定保留到将来。于此情形,最终债务确定前的债务的消灭或移转不影响抵押权。

2. 于前款情形,债务利息也计入最高额中。

第358条　抵押权的效力范围

抵押权的效力及于附合于不动产上的物与从物。但法律有特别规定或设定行为中另有约定时,不在此限。

第359条　对孳息的效力

抵押权的效力及于抵押不动产被扣押之后,抵押权人从该不动产中收取或可收取的孳息。但抵押权人对于就该不动产取得所有权、地上权或传贳权的第三人,若非于通知扣押之事实之后,则不得对抗。

第 360 条　被担保债权的范围

抵押权担保本金、利息、违约金、因债务不履行而产生的损害赔偿及抵押权的实行费用。但对于迟延赔偿,限于经过本金履行期日后的第一年,可行使抵押权。

第 361 条　抵押权的处分限制

抵押权不得与其担保的债权相分离而转让给他人或担保他人的债权。

第 362 条　抵押物的补充

因可归责于抵押人的事由,使抵押物的价值明显降低时,抵押权人可向抵押人请求恢复原状或提供适当的担保。

第 363 条　抵押权人的拍卖请求权与拍卖人

1. 抵押权人为使其债权得到清偿,可请求拍卖抵押物。
2. 取得抵押物所有权的第三人,亦可成为拍卖人。

第 364 条　第三取得人的清偿

取得抵押不动产的所有权、地上权或传贳权的第三人,可在向抵押权人清偿该不动产所担保的债权之后,请求消灭抵押权。

第 365 条　抵押地上建筑物的拍卖请求权

以土地为标的设定抵押权后,抵押人于抵押土地上建造建筑物时,抵押权人可请求与该土地一起拍卖该建筑物。但就该建筑物的拍卖价金,抵押权人无优先受偿的权利。

第 366 条　法定地上权

因抵押物的拍卖而使土地及该地上建筑物属于其他人所有时,视为土地所有人为建筑物的所有人设定地上权。但地价则根据当事人的请求,由法院确定。

第 367 条　第三取得人的费用偿还请求权

抵押物的第三取得人为该不动产的保存、改良而支付必要费用或有益费用时,可根据第 203 条第 1 款、第 2 款的规定,以抵押物的拍卖价金优先受偿。

第 368 条　共同抵押及价金的分配、次顺位人的代位

1. 为担保同一债权而于数个不动产上设定抵押权,并同时分配该不动产的拍卖价金时,根据各不动产的拍卖价金的比例,确定其债权的负担。

2. 前款抵押不动产中先分配部分拍卖价款的,可就债权的全部从该价款中得到清偿。于此情形,拍卖不动产的次顺位抵押权人,在先顺位抵押权人依前款规定自其他不动产拍卖价款中可受偿的金额限度内,代位先顺位人行使抵押权。

第 369 条　从属性

以抵押权担保的债权,因时效完成及其他事由而消灭时,抵押权亦消灭。

第 370 条　准用规定

第 214 条、第 321 条、第 333 条、第 340 条、第 341 条及第 342 条的规定,准用于抵押权。

第 371 条　以地上权、传贳权为标的的抵押权

1. 本章规定,准用于以地上权或传贳权为抵押权标的的情形。

2. 以地上权或传贳权为标的设定抵押权者,非经抵押权人的同意,不得实施使地上权或传贳权消灭的行为。

第 372 条　依其他法律设定的抵押权

本章规定,准用于依其他法律设定的抵押权。

第3编 债　　权

第1章 总　　则

第1节 债权的标的

第373条　债权的标的

即使不能以金钱计算价格,亦可作为债权的标的。

第374条　交付特定物之债务人的善管义务

以特定物的交付为债权标的时,债务人于交付物之前,应以善良管理人的注意保存此物。

第375条　种类债权

1. 仅指定债权标的的种类,依法律行为的性质或当事人的意思不能确定质量时,债务人应以中等质量之物履行。

2. 前款情形,债务人自完成履行所必要的行为,或经债权人的同意指定履行物时起,以该物为债权的标的物。

第376条　金钱债权

债权标的为给付某一种类货币的情形,如该货币于清偿期丧失其强制通用力时,债务人应以其他货币清偿。

第377条　外币债权

1. 指定以其他国家的货币的给付为债权标的时,债务人可以其选择国的各种货币清偿。

2. 指定以某一种类的其他国家的货币的给付为债权标的时,该货币于清偿期丧失其强制通用力的,应以该国的其他货币清偿。

第378条　同上

债权额被指定为其他国家的货币时,债务人可根据给付时履行地的兑换市价,以我国货币清偿。

第379条　法定利率

附利息债权的利率,无其他法律规定或当事人约定时,年利率为5分。

第380条　选择债权

债权的标的可于数行为中依选择而定时,如无其他法律规定或当事人的约定,选择权属于债务人。

第381条　选择权的移转

1. 有选择权行使期间的情形,选择权人于其期间内未行使选择权时,相对人可定适当的期间催告其选择,选择权人于其期间内仍未进行选择的,选择权属于相对人。

2. 无选择权行使期间的情形,债权的期限届至后,相对人虽定适当的期间催告其选择,选择权人于该期限内仍未选择时,亦与前款相同。

第382条　当事人选择权的行使

1. 由债权人或债务人选择的情形,其选择通过对相对人的意思表示进行。

2. 前款意思表示,非经相对人的同意,不得撤回。

第383条　第三人选择权的行使

1. 第三人进行选择时,其选择通过对债务人及债权人的意思表示进行。

2. 前款意思表示,非经债权人及债务人的同意,不得撤回。

第384条　第三人选择权的移转

1. 第三人不能选择时,选择权属于债务人。

2. 第三人不选择时,债权人或债务人可定适当的期间催告其选择,第三人于该期间内未进行选择时,选择权属于债务人。

第385条　因不能而产生的选择债权的特定

1. 作为债权标的的可选择的数行为中,有自始不能或嗣后不能履行的行为时,债权标的存在于剩余部分。

2. 因无选择权的当事人的过失致使履行不能时,不适用前款规定。

第386条　选择的溯及效力

选择的效力溯及于该债权发生之时。但不得侵害第三人的权利。

第 2 节　债权的效力

第387条　履行期与履行迟延

1. 债务履行有确定期限的,债务人自期限届至时起,负迟延责任。债务履行期限不确定的,债务人自知道期限届至时起,负迟延责任。

2. 债务履行无期限的,债务人自受履行请求之时起,负迟延责任。

第388条　期限利益的丧失

债务人于下列各项情形时,不得主张期限利益:

1. 债务人损伤、减少或灭失担保的;

2. 债务人不履行提供担保义务的。

第389条　强制履行

1. 债务人随意不履行债务时,债权人可向法院请求其强制履行。但根据债务性质不能强制履行时,不在此限。

2. 前款债务以法律行为为标的时,可请求以裁判代替债务人的意思表示;以非专属于债务人本人的作为为标的时,可向法院请求以债务人费用,使第三人为之。

3. 该债务以不作为为标的,债务人违反时,债权人可向法院请求以债务人的费用消除违反行为,并为将来作出适当的处分。

4. 前3款规定,不影响损害赔偿的请求。

第390条 债务不履行与损害赔偿

债务人未依债务内容履行债务时,债权人可请求损害赔偿。但非因债务人的故意或过失而不能履行时,不在此限。

第391条 履行辅助人的故意、过失

债务人的法定代理人为债务人而履行或债务人使用他人履行时,法定代理人或被用人的故意或过失视为债务人的故意或过失。

第392条 履行迟延中的损害赔偿

债务人无过失,亦应赔偿其履行迟延中产生的损失。但债务人虽于履行期内履行,亦不能避免损失的,不在此限。

第393条 损害赔偿的范围

1. 因债务不履行而产生的损害赔偿,以通常损害为限。

2. 因特别情况产生的损害赔偿,以债务人知道或应当知道该情况为限,负损害赔偿的责任。

第394条 损害赔偿的方法

无其他意思表示时,损害以金钱赔偿。

第395条 履行迟延及填补赔偿

债务人履行债务迟延时,债权人虽定适当的期间催告其履行,但债务人仍未于其期间内履行的,或迟延后的履行不能为债权人带来利益的,债权人可以拒绝受领,以请求损害赔偿代替履行。

第396条 过失相抵

就债务不履行债权人有过失的,法院确定损害赔偿责任及其金额时,应予斟酌。

第 397 条　对于金钱债务不履行的特则

1．金钱债务不履行的损害赔偿额,依法定利率确定。但有不违反法律限制的约定利率时,依此利率。

2．关于前款损害赔偿,债权人无须提出损害证明,债务人亦不得抗辩其无过失。

第 398 条　赔偿额的预定

1．当事人可预定关于债务不履行的损害赔偿额。

2．损害赔偿的预定额不当过多时,法院可适当减少。

3．损害赔偿的预定,不得影响履行的请求或契约的解除。

4．违约金的约定,推定为损害赔偿金的预定。

5．当事人虽预定以非金钱赔偿损害,亦准用前 4 款的规定。

第 399 条　损害赔偿人的代位

债权人将债权标的物或权利价金的全部作为损害赔偿而受领时,债务人就该物或权利当然代位债权人。

第 400 条　债权人迟延

债权人不能接受履行或拒绝履行时,自债务人提供履行之时起,负迟延责任。

第 401 条　债权人迟延及债务人的责任

在债权人迟延中,债务人如无故意或重大过失时,不负因不履行产生的所有责任。

第 402 条　同上

在债权人迟延中,即使为利息债权,债务人亦无给付利息的义务。

第 403 条　债权人迟延及债权人的责任

因债权人的迟延致使标的物的保管或清偿费用增加时,该增加额由债权人负担。

第 404 条 债权人的代位权

1. 债权人为保全自己的债权,可行使债务人的权利。但专属于债务人本人的权利,不在此限。

2. 债权人于债权期限届至前非经法院的许可,不得行使前款权利。但保存行为,则例外。

第 405 条 行使债权人代位权的通知

1. 债权人根据前条第 1 款的规定,行使保存行为以外的权利时,应通知债务人。

2. 债务人收到前款通知后,即使处分该权利,亦不得以其对抗债权人。

第 406 条 债权人的撤销权

1. 债务人明知有害于债权人,而实施以财产权为标的的法律行为时,债权人可向法院请求其撤销或恢复原状。但因其行为而受益的人,或转得利益的人于该行为或转得当时不知有害于债权人时,不在此限。

2. 前款诉讼,应于债权人知道撤销原因之日起 1 年内,自实施法律行为之日起 5 个月内提出。

第 407 条 债权人撤销的效力

前条所定撤销及恢复原状,为全体债权人的利益而发生其效力。

第 3 节 多数债权人与多数债务人

第 1 目 总 则

第 408 条 分割债权关系

债权人或债务人为数人时,如无特别意思表示,各债权人或债务人,以相同比例享有权利、负担义务。

第 2 目　不可分债权与不可分债务

第 409 条　不可分债权

　　于债权标的因其性质或当事人的意思表示而不可分情形,债权人为数人时,各债权人可以为全体债权人请求履行,债务人亦可为全体债权人,对各债权人履行。

第 410 条　就一个债权人事项产生的效力

　　1. 根据前条规定,除对全体债权人发生效力的事项外,就不可分债权人中一人的行为或与一人相关的事项,对其他债权人不发生效力。

　　2. 不可分债权人中的一人与债务人之间发生债务的变更或免除的,接受债务全部履行的其他债权人,如该一人未丧失权利,应将他的分得利益偿还于债务人。

第 411 条　不可分债务及准用规定

　　于数人负担不可分债务情形,准用第 413 条至第 415 条、第 422 条、第 424 条至第 427 条及前条规定。

第 412 条　向可分债权、可分债务的变更

　　不可分债权或不可分债务变更为可分债权或可分债务时,各债权人具有就自己部分请求履行的权利,各债务人亦负有只履行自己部分债务的义务。

第 3 目　连 带 债 务

第 413 条　连带债务的内容

　　数债务人负有各自履行全部债务的义务,如因债务人中的一人的履行使其他债务人的义务也免除的,该债务为连带债务。

第 414 条　对各连带债务人的履行请求

　　债权人可对连带债务人中的一人,或同时或依次向全体连带债务人请求履行债务的全部或一部。

第 415 条　对债务人产生的无效、撤销

对一个连带债务人的法律行为无效或撤销的原因,不妨碍其他连带债务人的债务。

第 416 条　履行请求的绝对效力

对一个连带债务人的履行请求,对其他债务人亦发生效力。

第 417 条　变更的绝对效力

一个连带债务人与债权人之间的债务发生变更的,债权为全体连带债务人的利益而消灭。

第 418 条　抵销的绝对效力

1．一个连带债务人对债权人享有债权,该债务人援用抵销时,债权为全体债务人的利益而消灭。

2．有抵销债权的连带债务人不援用抵销时,限于该债务人的负担部分,由其他连带债务人援用抵销。

第 419 条　免除的绝对效力

对一个连带债务人的债务的免除,限于该债务人的负担部分,对其他连带债务人亦发生效力。

第 420 条　混同的绝对效力

一个连带债务人与债权人之间发生混同的情形,限于该债务人的负担部分,其他连带债务人的义务亦可免除。

第 421 条　消灭时效的绝对效力

对一个连带债务人的消灭时效完成,限于其负担部分,其他连带债务人的义务亦可免除。

第 422 条　债权人迟延的绝对效力

债权人对一个连带债务人的迟延,亦对其他连带债务人发生效力。

第 423 条　效力相对性的原则

除前 7 条所定的事项外,关于一个连带债务人的事项,对其他连带债务

人不发生效力。

第 424 条　负担部分的均等

连带债务人的负担部分,推定为均等。

第 425 条　出资债务人的求偿权

1. 因一个连带债务人的清偿或以其他形式的个人出资使债务人获得共同免责情形,该债务人就其他连带债务人的负担部分,可行使求偿权。

2. 前款求偿权,包括自免责之日后的法定利息、不可避免的费用及其他损害赔偿。

第 426 条　作为求偿要件的通知

1. 一个连带债务人未通知其他连带债务人而清偿,或以其他形式的个人出资使债务人获得共同免责的情形,其他连带债务人有可对抗债权人的事由时,限于该部分,以该事由对抗实施免责行为的连带债务人;该对抗事由为抵销的,因抵销而消灭的债权移转于该连带债务人。

2. 一个连带债务人未通知其他连带债务人而清偿,或以其他形式的个人出资使债务人获得共同免责的情形,其他连带债务人以善意向债权人清偿或实施有偿免责行为时,该连带债务人可主张自己的免责行为的有效。

第 427 条　偿还无能力人的负担部分

1. 连带债务人中有无偿还能力人时,该债务人的负担部分由求偿权人及其他有能力的债务人根据其负担比例分担。但求偿权人有过失时,不得向其他连带债务人请求分担。

2. 于前款情形,分担无偿还能力债务人负担部分的其他债务人,债权人免除其连带的,该债务人的分担部分由债权人负担。

第 4 目　保 证 债 务

第 428 条　保证债务的内容

1. 保证人,负有履行主债务人未履行的债务的义务。

2. 保证亦可就未来之债实施。

第 429 条　保证债务的范围

1. 保证债务包括主债务的利息、违约金、损害赔偿金及其他从属于主债务的债务。

2. 保证人可事先约定与保证债务相关的违约金及其他损害赔偿金。

第 430 条　标的、形式上的从属性

保证人的负担与主债务的标的或形式相比较更重时,缩减至主债务的限度之内。

第 431 条　保证人的条件

1. 债务人负有设置保证人义务时,该保证人应为有行为能力及清偿资力之人。

2. 保证人无清偿资力时,债权人可请求变更保证人。

3. 债权人指名保证人时,不适用前 2 款的规定。

第 432 条　其他担保的提供

债务人可提供其他担保,而免除立保证人的义务。

第 433 条　保证人与主债务人的抗辩权

1. 保证人可以以主债务人的抗辩,对抗债权人。

2. 主债务人的抗辩放弃,对保证人不发生效力。

第 434 条　保证人与主债务人的抵销权

保证人可以以主债务人债权的抵销,对抗债权人。

第 435 条　保证人与主债务人的撤销权等

主债务人对债权人享有撤销权、解除权或终止权的期间,保证人可对债权人拒绝履行债务。

第 436 条　可撤销的保证债务

对有撤销原因的债务承担保证的人,于订立保证契约当时知道其撤销原因的,如果发生主债务的不履行或撤销时,视为负担与主债务相同标的的独立债务。

第 437 条　保证人的催告、检索抗辩

债权人请求保证人履行债务时,保证人举证主债务人有清偿资力且容易执行之事实的,债权人应先向主债务人请求并执行其财产。但保证人与主债务人负连带债务时,不在此限。

第 438 条　催告、懈怠检索的效果

虽然保证人依前条规定进行抗辩,但因债权人的懈怠致使未能自债务人处得到全部或部分清偿时,于债权人未懈怠即可得到清偿的限度内,免除保证人的义务。

第 439 条　共同保证的分别利益

数保证人以各自行为负担保证债务的情形,适用第 408 条的规定。

第 440 条　时效中断对保证人的效力

对主债务人的时效中断,亦对保证人发生其效力。

第 441 条　受托保证人的求偿权

1. 受主债务人的委托成为保证人,无过失清偿或以其他出资使主债务消灭的,该保证人对主债务人享有求偿权。

2. 第 425 条第 2 款的规定,准用于前款。

第 442 条　受托保证人的事前求偿权

1. 受主债务人的委托成为保证人的人,于下列各项情形时,可对主债务人行使事前求偿权:

(1) 保证人无过失而受应向债权人清偿的判决宣告时;

(2) 主债务人受破产宣告,而债权人未加入破产财团时;

(3) 债务履行期不确定,亦不能确定其最长期限,自保证契约订立后经过 5 年时;

(4) 债务履行期届满时。

2. 于前款第 4 项情形,订立保证契约后,于债权人许以主债务人的宽限期内,不得对抗保证人。

第 443 条　主债务人的免责请求

根据前条规定,于主债务人向保证人赔偿情形,主债务人可请求保证人让自己免责或向自己提供担保,或提存赔偿金、提供担保、或让保证人获得免责而免除其赔偿义务。

第 444 条　非委托保证人的求偿权

1. 未受主债务人的委托而承担了保证的人,以清偿或其他形式的个人出资使主债务消灭时,主债务人应于其当时受益限度内予以赔偿。

2. 违背主债务人的意思而为保证者,以清偿或其他形式的出资使主债务消灭时,主债务人应于现存利益限度内予以赔偿。

3. 于前款情形,主债务人于求偿日前主张有抵销原因时,因其抵销而消灭的债权移转于保证人。

第 445 条　作为求偿要件的通知

1. 保证人未通知主债务人而进行清偿或以其他个人形式的出资使主债务消灭,且主债务人有可以对抗债权人的事由时,可以以该事由对抗保证人,如以抵销对抗时,因抵销而消灭的债权移转于保证人。

2. 如保证人未将清偿或其他因个人形式的出资而被免责的事实通知于主债务人,主债务人善意向债权人实施清偿及其他有偿免责行为的,主债务人可主张自己免责行为的有效。

第 446 条　主债务人对保证人的免责通知义务

主债务人未将以自己行为免责的事实,通知受其委托而承担保证的人时,保证人善意向债权人清偿或实施其他有偿免责行为的,保证人可主张自己免责行为的有效。

第 447 条　连带、不可分债务保证人的求偿权

作为一个连带债务人或不可分债务人中的一人承担保证的人,对其他连带债务人或其他不可分债务人,限于其负担部分的范围内,享有求偿权。

第 448 条　共同保证人之间的求偿权

1. 在有数个保证人的情形,一个保证人实施超出自己负担部分的清偿时,准用第 444 条的规定。

2. 主债务因不可分或各保证人相互连带,或与主债务人连带负担情形,一个保证人实施超出自己负担部分的清偿时,准用第 425 条至第 427 条的规定。

第 4 节　债权的让与

第 449 条　债权的可让与性

1. 债权可以让与。但债权性质决定不能让与时,不在此限。

2. 债权,如当事人有相反意思表示时,不得让与。但不得以该意思表示对抗善意第三人。

第 450 条　记名债权让与的对抗要件

1. 记名债权的让与,非经让与人通知债务人或非经债务人的同意,不得对抗债务人及其他第三人。

2. 前款通知或同意,非依有确定日期的证书,不得对抗债务人以外的第三人。

第 451 条　同意、通知的效果

1. 债务人不保留异议而作出前条同意的,不得以对抗让与人的事由对抗受让人。但债务人为消灭其债务已向让与人支付时,可以取回。若对让与人负担债务,则可主张其不成立。

2. 让与人只作出让与通知时,债务人可以在接到通知前,以对让与人的事由对抗受让人。

第 452 条　让与通知与禁反言

1. 让与人通知债务人债权让与的,即使未让与或其让与无效,善意

债务人亦可以对抗受让人的事由对抗让与人。

2. 前款通知,如非经受让人的同意,不得撤回。

第 5 节 债务的受领

第 453 条 依与债权人的契约发生的债务受领

1. 第三人可以与债权人的契约受领债务,免除债务人的债务。但依债务性质无法受领时,不在此限。

2. 无利害关系的第三人,不得违背债务人的意思而受领债务。

第 454 条 依与债务人之间的契约发生的债务受领

1. 第三人基于与债务人之间的契约受领债务时,经债权人的同意而发生其效力。

2. 债权人同意或拒绝的相对人为债务人或第三人。

第 455 条 同意与否的催告

1. 于前条情形,第三人或债务人可确定适当的期限,催告债权人作出同意与否的确答。

2. 债权人于该期限内,未作出确答的,视为拒绝。

第 456 条 债务受领的撤回、变更

依第三人与债务人之间的契约发生的债务受领,于债权人作出承诺前,当事人可撤回或变更。

第 457 条 债务受领的溯及效力

债权人对债务受领作出的同意,如无其他意思表示,溯及于债务受领之时发生其效力。但不得侵害第三人的权利。

第 458 条 前债务人的抗辩事由

受领人,可以以对抗前债务人的事由对抗债权人。

第 459 条 债务受领及保证、担保的消灭

对前债务人的债务的保证或第三人提供的担保,因债务的受领而消灭。但保证人或第三人同意受领债务的情形,不在此限。

第 6 节 债权的消灭

第 1 目 清 偿

第 460 条 提供清偿的方法

清偿应根据债务内容,现实提供。但债权人拒绝提前受偿或债务的履行需要债权人的行为的,通知清偿准备完毕后,催告其受领即可。

第 461 条 提供清偿的效果

清偿的提供,自提供时起免除债务不履行的责任。

第 462 条 特定物的现状交付

以特定物的交付为债权标的时,债务人应按履行期的现状,交付其物。

第 463 条 作为清偿交付他人之物

作为清偿交付他人之物的,债务人如不重新进行有效清偿,不得请求返还该物。

第 464 条 无让与能力所有人的物的交付

无让与能力的所有人为清偿债务而交付物时,即使其清偿被撤销,如不重新进行有效清偿,亦不得请求返还该物。

第 465 条 债权人的善意消费、让与求偿权

1. 于前 2 条情形,债权人善意消费受偿物或让与他人时,其清偿发生效力。

2. 于前款情形,债权人收到第三人的赔偿请求时,可向债务人行使求偿权。

第 466 条 代物清偿

债务人经债权人的承诺,以其他给付代替原债务履行的,与清偿具有相同效力。

第 467 条　清偿地点

1. 未根据债务性质或当事人的意思表示确定清偿地点的,特定物的交付应于债权成立当时该物所在地点进行。

2. 于前款情形,特定物交付以外的债务清偿,应于债权人的现住所进行。但与经营相关的债务的清偿,应于债权人的现营业处进行。

第 468 条　清偿期前的清偿

如无当事人的特别意思表示,即使于清偿期前,债务人亦可清偿。但应赔偿相对人因此所受的损失。

第 469 条　第三人的清偿

1. 债务人的清偿,亦可由第三人进行。但由债务性质或当事人的意思表示决定不许第三人清偿时,不在此限。

2. 无利害关系的第三人,不得违背债务人意思而清偿。

第 470 条　对债权准占有人的清偿

对债权准占有人的清偿,限于清偿人善意且无过失的情形。

第 471 条　对受领证书持有人的清偿

对受领证书持有人的清偿,即使持有人无权受领清偿,亦发生其效力。但于清偿人知道或应当知道其无权限的情形,不在此限。

第 472 条　对无权限人的清偿

除前 2 条情形外,对无权受领人的清偿,于债权人受益范围内有效。

第 473 条　清偿费用负担

清偿费用,如无其他意思表示,由债务人负担。但因债权人迁移住所或因其他行为使清偿费用增加的,其增加额由债权人负担。

第 474 条　受领证书请求权

清偿人可以请求清偿受领人,交付受领证书。

第 475 条 债权证书返还请求权

在有债权证书的情形,清偿人清偿全部债务的,可请求返还债权证书。债权因清偿以外的事由全部消灭时,亦同。

第 476 条 指定清偿抵充

1. 债务人对同一债权人负有以同种给付为标的的数个债务时,如提供的清偿不足以使债务全部消灭的,清偿人可于当时指定其清偿抵充的债务。

2. 清偿人未进行前款指定的,清偿受领人可于当时指定其清偿抵充的债务。但清偿人就该抵充陈述异议时,不在此限。

3. 前 2 款的清偿抵充,以向相对人的意思表示实施。

第 477 条 法定清偿抵充

当事人未指定抵充于清偿的债务时,依下列各项规定:

1. 有已届履行期和未届履行期债务时,抵充先届履行期的债务;

2. 债务全部已届履行期或未届履行期时,抵充对债务人的清偿利益大的债务;

3. 债务人的清偿利益相同时,抵充先届履行期的债务或应届履行期的债务;

4. 前 2 项事项相同时,按其债务额的比例抵充各债务。

第 478 条 不足清偿的抵充

同一债务需要数个给付,清偿人的给付不足以使全部债务消灭的,准用前 2 条规定。

第 479 条 抵充费用、利息、本金的顺位

1. 债务人给付一个或数个债务的费用和利息,清偿人的给付不足以使该债务全部消灭的,按费用、利息、本金的顺位抵充清偿。

2. 前款情形,准用第 477 条的规定。

第 480 条 清偿人的任意代位

1. 为债务人进行清偿的人,在清偿的同时经债权人的同意,可以代

位债权人。

2. 前款情形,准用第450条至第452条的规定。

第481条　清偿人的法定代位

就清偿享有正当利益者,因其清偿当然代位债权人。

第482条　清偿人代位的效果、代位人之间的关系

1. 根据前2条规定代位债权人的人,可于自己的权利可以求偿的范围内,行使关于债权及其担保的权利。

2. 行使前款权利,应按下列各项规定:

(1) 保证人如未事先于传贳权或抵押权登记上附记其代位的,不能代位取得传贳物或抵押物权利的第三人。

(2) 第三取得人,对保证人不能代位债权人。

(3) 第三取得人中的一人,按各不动产的价格的比例,对其他第三取得人代位债权人。

(4) 提供自己的财产担保他人债务的人为数人时,准用前项规定。

(5) 提供自己的财产担保他人债务的人与保证人之间,按其人数比例代位债权人。但提供自己的财产担保他人债务的人为数人时,在保证人的负担部分以外,对其剩余额按各财产的价格的比例代位。于此情形,该财产为不动产时,准用第1项的规定。

第483条　部分代位

1. 就债权的一部分作代位清偿时,代位人应按其清偿价格的比例与债权人共同行使该权利。

2. 于前款情形,以债务不履行为原因的契约的终止或解除,只能由债权人实行,债权人应向代位人偿还其清偿的价格及利息。

第484条　代位清偿与债权证书、担保物

1. 全部债权得到代位清偿的债权人,应向代位人交付与该债权相关的证书及占有的担保物。

2. 就部分债权作代位清偿时,债权人应将其代位记入债权证书中,并就自己占有的担保物的保存,接受代位人的监督。

第 485 条 债权人的担保丧失、减少行为与法定代位人的免责

根据第 481 条的规定有可代位的人时,因债权人的故意或过失使担保丧失或减少的,代位人于其因丧失或减少而不能受偿的范围内,免除责任。

第 486 条 清偿以外的债务消灭与代位

第三人因提存及其他个人形式的出资而免除债务人的债务情形,亦准用前 6 条的规定。

第 2 目 提　　存

第 487 条 清偿提存的要件、效果

债权人拒绝受领或不能受领清偿时,清偿人可以为债权人提存清偿标的物而免除其债务。清偿人无过失不知债权人的情形,亦同。

第 488 条 提存方法

1. 提存应于债务履行地的提存所进行。

2. 就提存所法律无特别规定的,法院可根据清偿人的请求指定提存所,并选任提存物保管人。

3. 提存人应立即向债权人发出提存通知。

第 489 条 提存物的取回

1. 债权人于承认提存前,或于通知提存所受领提存物或有效判决确定之前,清偿人可以取回提存物。于此情形,视为未提存。

2. 前款规定,不适用于质权或抵押权因提存而消灭的情形。

第 490 条 拍卖价金的提存

清偿标的物不适于提存或者有灭失或毁损之虞,或为提存所需费用过巨时,清偿人可经法院的许可拍卖该物或以市价出售该物,提存其价金。

第 491 条 受领提存物与相对义务的履行

债务人与债权人履行相对义务的同时清偿时,债权人如不履行其义务,则不得受领提存物。

第 3 目 抵 销

第 492 条 抵销的要件

1. 于双方互负同种类标的的债务情形,其双方债务履行期届满时,各债务人可就对等额抵销债务。但由债务性质决定不能抵销时,不在此限。

2. 前款规定,于当事人实施其他意思表示的情形,不得适用。但不得以该意思表示对抗善意第三人。

第 493 条 抵销的方法、效果

1. 抵销以向相对人的意思表示进行。该意思表示不得附条件或期限。

2. 抵销的意思表示,自各债务适于抵销时起,视相应对等额消灭。

第 494 条 履行地不同的债务的抵销

于各债务履行地不同情形,亦可抵销。但抵销当事人需向相对人赔偿因抵销而产生的损失。

第 495 条 因消灭时效完成产生的债权的抵销

债权于消灭时效完成前适于抵销的,其债权人可以抵销。

第 496 条 禁止将侵权行为作为被动债权的抵销

债务因故意侵权行为而产生时,该债务人不得以抵销对抗债权人。

第 497 条 禁止将扣押债权作为被动债权的抵销

债权不能扣押时,该债务人不得以抵销对抗债权人。

第 498 条 禁止将支付禁止债权作为被动债权的抵销

受支付禁止命令的第三债务人,不得因其后取得的债权的抵销对抗

申请该命令的债权人。

第 499 条　准用规定

第 476 条至第 479 条的规定,准用于抵销。

第 4 目　更　　改

第 500 条　更改的要件、效果

当事人订立更改债务重要部分的契约时,原债务因更改而消灭。

第 501 条　因债务人更迭而产生的更改

因债务人更迭而产生的更改,可以由债权人与新债务人之间订立契约。但不得违背原债务人的意思。

第 502 条　因债权人更迭而产生的更改

因债权人更迭而产生的更改,非以有确定日期的证书,不得以其对抗第三人。

第 503 条　债权人交替的更改与债务人承诺的效果

第 451 条第 1 款的规定,准用于因债权人更迭而产生的更改。

第 504 条　旧债务不消灭的情形

因更改产生的新债务,因不法原因或以当事人不知的理由不成立或被撤销时,原债务不消灭。

第 505 条　向新债务的担保移转

更改当事人,可将原债务的担保于其标的限度内,作为新债务的担保。但由第三人提供的担保,应经其承诺。

第 5 目　免　　除

第 506 条　免除的要件、效果

债权人对债务人表示免除债务的意思表示时,债权消灭。但不得以免除来对抗有正当利益的第三人。

第6目 混　　同

第507条　混同的要件、效果

债权与债务归于同一主体的,债权消灭。但其债权为第三人权利的标的时,不在此限。

第7节　指示债权

第508条　指示债权的转让方式

指示债权可以通过在证书上背书并交付于受让人的方式转让。

第509条　回头背书

1. 指示债权亦可对其债务人,背书转让。
2. 背书受让指示债权的债务人,亦可再次背书转让。

第510条　背书的方式

1. 背书应于证书或其粘单上记载其意,由背书人签名或签名盖章。
2. 背书可以不经被背书人的指定而进行,且只能以背书人签名或签名盖章为之。

第511条　略式背书的处理方式

背书为前条第2款的略式背书时,持有人可按下列各项方式处理:

(1) 可将自己或他人的名称记载为被背书人。
(2) 可以以略式或将他人标示为被背书人后,重新背书于证书上。
(3) 可不记载被背书人,将无背书证书交付于第三人而转让。

第512条　持有人发放背书的效力

持有人发放的背书,与略式背书具有相同效力。

第513条　背书的资格授予效力

1. 证书的占有人以连续背书方式证明其权利的,视为合法持有人。最后背书为略式背书情形的,亦同。

2. 略式背书后如有其他背书,视该背书人以略式背书方式取得证书。

3. 涂消的背书,就背书的连续视为无其记载。

第 514 条　同上——善意取得

任何人不得向证书的合法持有人请求返还。但在持有人取得证书时,知道或因重大过失而不知道转让人无权利时,不在此限。

第 515 条　移转背书与对人抗辩

指示债权的债务人不得以其对持有人前手的对人关系的抗辩,对抗持有人。但持有人知道有害于该债务人而取得指示债权时,不在此限。

第 516 条　清偿地点

证书上未定清偿地点时,以债务人的现营业处为清偿地点。无营业处时,以现住所为清偿地点。

第 517 条　证书的提示与履行迟延

证书有清偿期限的,在期限届至后,自持有人提示证书请求履行时起,债务人负迟延责任。

第 518 条　债务人的调查权利义务

债务人负有背书是否连续的调查义务;其虽有调查背书人的签名或印章的真伪或持有人的权利真伪的权利,但无此义务。但债务人清偿时,知道或因重大过失不知道持有人为非权利人的,其清偿无效。

第 519 条　清偿与证书的交付

债务人,只有与证书交换,才能负担清偿义务。

第 520 条　受领记载请求权

1. 债务人于清偿时,可请求持有人于证书上进行证明受领的记载。

2. 于部分清偿情形,如有债务人的请求,债权人应于证书上记载此意。

第 521 条　依公示催告程序产生的证书的失效

灭失的证书或脱离持有人占有的证书,可依公示催告程序使其无效。

第522条　依公示催告程序产生的提存、清偿

在公示催告程序情形,申请人可令债务人提存债务的标的物;如持有人提供适当的担保,可责令清偿。

第8节　无记名债权

第523条　无记名债权的转让方式

无记名债权因交付受让人的证书,而具有转让效力。

第524条　准用规定

第514条至第522条的规定,准用于无记名债权。

第525条　指名持有人的债权清偿

指定债权人,并附记应向持有人清偿的证书,与无记名债权具有相同的效力。

第526条　免责证书

第516条、第517条及第520条的规定,准用于债务人向证书持有人清偿,并以免除其责任为目的而发行的证书。

第2章　契　约

第1节　总　则

第1目　契约的成立

第527条　契约要约的约束力

契约的要约,不得撤销。

第528条　定有承诺期间的契约要约

1. 定有承诺期间的契约的要约,要约人于其期间内未收到承诺通知的,丧失其效力。

2. 承诺通知于前款期间之后到达,但按通常情形发出后本可于期间内到达的,要约人应立即向相对人发出迟延通知。若于其到达前,已发出迟延通知的,不在此限。

3. 要约人未进行前款通知的,承诺通知视为未迟延。

第 529 条　未规定承诺期间的契约要约

未定承诺期间的契约的要约,要约人于适当的期间内未收到承诺通知的,丧失其效力。

第 530 条　迟延承诺的效力

于前 2 条情形,迟延的承诺,要约人可将其视为新要约。

第 531 条　异地之间的契约成立时期

异地之间的契约,于发出承诺通知时成立。

第 532 条　依意思实现成立的契约

依要约人的意思表示或依习惯无须通知承诺时,契约于有可认为承诺的意思表示事实时成立。

第 533 条　交叉要约

当事人之间,就同一内容的要约相互交叉时,两要约到达相对人时契约即成立。

第 534 条　附加变更的承诺

承诺人就要约附加条件或予以变更后作出承诺的,视为于拒绝要约的同时发出新要约。

第 535 条　契约缔结过失

1. 缔结标的不能的契约时,知道或应当知道标的不能的人,应赔偿相对人因相信其契约有效而受到的损失。但该赔偿额不得超出因契约的有效而带来的利益额。

2. 前款规定,不适用于相对人知道或应当知道标的不能的情形。

第 2 目　契约的效力

第 536 条　同时履行抗辩权

1. 双务契约当事人一方于相对人提供其债务履行以前,可以拒绝履行自己的债务。但相对人的债务未届清偿期时,不在此限。

2. 需当事人一方先向相对人履行,有理由认为相对人的债务履行明显困难的,适用前款规定。

第 537 条　债务人危险负担主义

双务契约当事人一方的债务,因不可归责于双方当事人的事由而不能履行时,债务人不得请求相对人的履行。

第 538 条　因可归责于债权人的事由而产生的履行不能

1. 双务契约当事人一方的债务,因可归责于债权人的事由而不能履行时,债务人可请求相对人的履行。于债权人受领迟延时,因不可归责于当事人双方的事由而不能履行的,亦同。

2. 于前款情形,债务人因免除自己的债务而受益时,应将其返还于债权人。

第 539 条　为第三人利益而订立的契约

1. 根据契约,约定由当事人一方向第三人履行时,该第三人可直接向债务人请求其履行。

2. 于前款情形,第三人的权利,于该第三人向债务人实施受领契约利益的意思表示时发生。

第 540 条　债务人对第三人的催告权

于前款情形,债务人可定适当的期间,催告第三人作出是否享受契约利益的答复。债务人于该期间内未得到答复时,视为第三人拒绝受领契约利益。

第 541 条　第三人利益的确定

根据第 539 条的规定,第三人的权利发生后,当事人不得变更或使其消灭。

第542条 债务人的抗辩权

债务人可以第539条所载契约的抗辩,对抗受领该契约利益的第三人。

第3目 契约的终止与解除

第543条 终止、解除权

1. 根据契约或法律的规定,当事人一方或双方具有终止或解除权时,终止或解除为对相对人作出的意思表示。

2. 前款意思表示,不得撤销。

第544条 履行迟延与解除

当事人一方不履行债务的,相对人可定适当的期间催告其履行,如于该期间内仍不履行的,相对人可解除契约。但债务人事先作出不予履行的意思表示时,则无须催告。

第545条 定期行为与解除

根据契约的性质或当事人的意思表示,如不于一定时日或期间内履行则不能达到契约目的时,当事人一方未于该时期履行的,相对人可以不发前条催告而解除契约。

第546条 履行不能与解除

因可归责于债务人的事由而不能履行的,债权人可以解除契约。

第547条 终止、解除的不可分性

1. 当事人的一方或双方为数人时,契约的终止应由其全体作出或对全体作出。

2. 于前款情形,终止或解除的权利就当事人一人消灭时,亦就其他当事人消灭。

第548条 终止的效果、恢复原状义务

1. 当事人一方解除契约时,各当事人对其相对人负恢复原状的义务。但不得侵害第三人的利益。

2. 于前款情形,返还金钱时,自其受领之日起附加利息。

第 549 条　恢复原状义务及同时履行

第 536 条的规定,准用于前条情形。

第 550 条　终止的效果

当事人一方解除契约时,契约对将来丧失其效力。

第 551 条　终止、解除及损害赔偿

契约的终止或解除,不影响损害赔偿的请求。

第 552 条　解除权行使与否的催告权

1. 就解除权的行使未定期间时,相对人可定适当的期间,催告解除权人作出是否行使解除权的答复。

2. 于前款期间内,未收到解除通知的,解除权消灭。

第 553 条　因毁损等产生的解除权的消灭

因解除权人的故意或过失,使契约标的物明显毁损或不能返还的,或者因加工或改造变成其他种类物时,解除权消灭。

第 2 节　赠　　与

第 554 条　赠与的意义

赠与因当事人一方表示向相对人为无偿授予的意思,相对人承诺而发生其效力。

第 555 条　非书面赠与与解除

赠与之意思未以书面表示时,各当事人可以撤销。

第 556 条　受赠人的行为与赠与的撤销

1. 受赠人对赠与人发生下列各项事由时,赠与人可以撤销其赠与:

（1）对赠与人或其配偶、直系血亲实施犯罪行为时；

（2）对赠与人负抚养义务,未履行时。

2. 前款撤销权,自知道撤销原因之日起经 6 个月未行使,或赠与人对受赠人表示饶恕的意思表示时消灭。

第 557 条 赠与人财产状况的变化与赠与的撤销

于赠与契约后,赠与人的财产状况发生明显变化,并因其履行将对其生活发生重大影响时,赠与人可以撤销赠与。

第 558 条 撤销与履行完毕部分

依前 3 条规定产生的契约的撤销,不影响已经履行的部分。

第 559 条 赠与人的担保责任

1. 赠与人对作为赠与标的的物或权利的瑕疵或欠缺,不承担责任。但赠与人知道其瑕疵或欠缺而未告知受赠人时,不在此限。

2. 对于附相对负担的赠与,赠与人于其负担范围内,与出卖人负有相同的担保责任。

第 560 条 定期赠与与因死亡产生的失效

以定期给付为标的的赠与,因赠与人或受赠人的死亡而丧失其效力。

第 561 条 附负担赠与

对于附相对负担的赠与,除适用本节规定外,适用于双务契约的相关规定。

第 562 条 死因赠与

因赠与人死亡而发生效力的赠与,准用有关遗赠的规定。

第 3 节 买　　卖

第 1 目 总　　则

第 563 条 买卖的意义

买卖,因当事人约定一方向相对人移转财产权,相对人支付其价金,而发生其效力。

第 564 条　买卖的单方预约

1. 买卖的单方预约,于相对人表示完成买卖的意思时,发生买卖的效力。

2. 未定前款的意思表示期间时,预约人可定适当的期间,催告相对人作出是否完成买卖的答复。

3. 预约人于前款期间内未得到答复的,预约丧失其效力。

第 565 条　定金

1. 买卖当事人一方于契约当时以定金、保证金的名义将金钱交付相对人的,只要当事人之间无其他约定,于当事人一方着手履行前,交付人可放弃其定金,受领人可双倍偿还定金以解除买卖契约。

2. 第 555 条的规定,不适用于前款情形。

第 566 条　买卖契约的费用负担

有关买卖契约的费用,由当事人双方平均负担。

第 567 条　有偿契约的准用

本节规定,准用于买卖以外的有偿契约。但是由该契约性质决定不适用时,不在此限。

第 2 目　买卖的效力

第 568 条　买卖的效力

1. 出卖人应将作为买卖标的的权利移转于买受人,买受人应向出卖人给付其价金。

2. 前款的双方义务,如无特别约定或习惯,应同时履行。

第 569 条　他人权利的买卖

作为买卖标的的权利属于他人时,出卖人应于取得该权利之后移转给买受人。

第 570 条　同上——出卖人的担保责任

于前条情形,出卖人不能取得该权利并移转于买受人时,买受人可解除该契约。但买受人于契约当时知道该权利不属于出卖人的,则不能请求损害赔偿。

第 571 条　同上——善意出卖人的担保责任

1. 出卖人于契约当时不知道买卖标的的权利不属于自己、不能取得该权利移转于买受人的,出卖人可以赔偿损失解除契约。

2. 于前款情形,买受人于契约当时知道该权利不属于出卖人的,出卖人应通知买受人不能移转该权利,并解除契约。

第 572 条　权利的一部分属于他人情形与出卖人的担保责任

1. 因买卖标的权利的一部分属于他人,致使出卖人不能取得该部分权利并移转于买受人时,买受人可按该部分的比例,请求减少价金。

2. 于前款情形,如仅就剩余部分买受人不予买受的,善意买受人可解除契约的全部。

3. 善意买受人除请求减少价金或解除契约外,亦可请求损害赔偿。

第 573 条　行使前条权利的期间

前条权利如买受人为善意情形,应自知道事实之日起 1 年内行使;于恶意情形,应自订立契约之日起 1 年内行使。

第 574 条　数量不足、部分灭失情形与出卖人的担保责任

前 2 条的规定,准用于指定数量的买卖标的物不足的情形,及买卖标的物的一部分于契约当时已经灭失,而买受人不知其不足或灭失的情形。

第 575 条　有限制物权情形与出卖人的担保责任

1. 买卖标的物为地上权、地役权、传贳权、质权或留置权的标的的情形,以买受人不知且因此而不能达到目的的情形为限,买受人可以解除契约;其他情形只可请求损害赔偿。

2. 前款规定,准用于应为买卖标的的不动产存在的地役权不存在,或该不动产上有已登记的租赁契约的情形。

3．前2款权利,应于买受人知道该事实之日起1年内行使。

第576条　抵押权、传贳权的行使与出卖人的担保责任

1．因行使在买卖标的的不动产上设定的抵押权或传贳权,致使买受人不能取得其所有权或丧失取得的所有权时,买受人可以解除契约。

2．于前款情形,因买受人的出资而保存其所有权的,买受人可向出卖人请求偿还其出资。

3．于前2款情形,买受人受到损害的,可请求出卖人赔偿。

第577条　作为抵押权标的的地上权、传贳权的买卖与出卖人的担保责任

前条规定,准用于抵押权标的地上权或传贳权作为买卖标的的情形。

第578条　拍卖与出卖人的担保责任

1．于拍卖情形,中标人可依前8条规定,请求债务人解除契约或减少价金。

2．于前款情形,债务人无资力时,中标人可向得到价金分配的债权人,请求返还该价金的全部或一部。

3．于前2款情形,债务人知道物或权利有欠缺而未告知,或债权人知道而请求拍卖时,中标人可向应当知道该欠缺的债务人或债权人请求损害赔偿。

第579条　债权买卖与出卖人的担保责任

1．债权的出卖人担保债务人的资力时,推定为担保买卖契约订立当时的资力。

2．未届清偿期的债权出卖人,担保债务人的资力时,推定为担保清偿日期届至时的资力。

第580条　出卖人的瑕疵担保责任

1．买卖标的物有瑕疵时,准用第575条第1款的规定。但买受人知道有瑕疵或因过失而不知晓时,不在此限。

2．前款规定,不适用于拍卖的情形。

第 581 条　种类买卖与出卖人的担保责任

1．虽将买卖标的物指定为种类物,于其后特定标的物上有瑕疵时,亦应准用前条规定。

2．于前款情形,买受人可不请求解除契约或损害赔偿,而请求无瑕疵之物。

第 582 条　前 2 条的权利行使期间

依据前 2 条的权利,应于买受人知道该事实之日起 6 个月内行使。

第 583 条　担保责任与同时履行

第 536 条的规定,准用第 572 条至第 575 条、第 580 条及第 581 条的规定。

第 584 条　免除担保责任的特约

出卖人虽依前 15 条规定作出免除担保责任的特约,对于出卖人知道而未予告知的事实及为第三人设定权利或转让的行为,亦不得免除责任。

第 585 条　同一期限的推定

对于买卖当事人一方定有义务履行期限时,推定为对于相对人的义务履行也定有相同的期限。

第 586 条　价金支付的地点

于交付买卖标的物的同时支付价金的,应于该交付地点支付。

第 587 条　孳息的归属、价金的利息

于买卖契约订立之后、标的物交付之前产生的孳息,仍应归属于出卖人。买受人应于受领标的物交付之日起,支付价金。但就支付价金附期限的,不在此限。

第 588 条　存在权利主张人的情形与价金支付拒绝权

就买卖标的物存在权利主张人,买受人有丧失其买受的权利的全部或一部之虞时,买受人可于其危险限度内,拒绝支付价金的全部或一部。但买受人提供适当的担保时,不在此限。

第 589 条　价金提存请求权

于前条情形,出卖人可向买受人请求价金的提存。

第 3 目　买　　回

第 590 条　买回的意义

1. 出卖人于买卖契约的同时保留买回权利的,可返还其受领的价金及买受人负担的买卖费用,买回其标的物。

2. 就前款的买回价金,有特别约定时,从其约定。

3. 于前 2 款情形,就标的物的孳息及价金的利息无特别约定的,视为互相抵销。

第 591 条　买回的期间

1. 买回的期间,不动产不得超过 5 年,动产不得超过 3 年。约定期间超过该法定期间的,不动产缩短为 5 年,动产为 3 年。

2. 定有买回期间的,不得再次延长。

3. 未定买回期间的,其期间,不动产视为 5 年,动产视为 3 年。

第 592 条　买回登记

在买卖标的物为不动产的情形,于登记买卖的同时登记保留买回权的,对第三人发生其效力。

第 593 条　买回权的代位行使与买受人的权利

出卖人的债权人欲代位出卖人买回时,买受人可依法院选定的鉴定人的估价,从估价额中扣除出卖人应返还的金额,以其剩余额清偿出卖人的债务;如有余额,可将其返还于出卖人,使买回权消灭。

第 594 条　买回的实行

1. 出卖人如未于期间内向买受人提供价金及交易费用时,丧失买回权。

2. 买受人或转得人就标的物支出费用的,出卖人应根据第 203 条的规定偿还。但就有益费,法院可根据出卖人的请求,许以适当的偿还期间。

第 595 条　共有持有份的买回

共有人中的一人,于保留买回权出卖其持有份后,就该标的物进行分割或拍卖的,出卖人可就买受人得到的或应当得到的价金,行使买回权。但未通知出卖人的买受人,不得以分割或拍卖对抗出卖人。

第 4 节　互　　易

第 596 条　互易的意义

互易,因当事人双方约定金钱外财产权的相互移转,而发生效力。

第 597 条　金钱的补充支付

当事人一方约定,移转前条财产权及补充金钱的支付时,就该金钱,准用有关买卖价金的规定。

第 5 节　消费借贷

第 598 条　消费借贷的意义

消费借贷,因当事人一方向相对人移转金钱及其他可替代物的所有权,而相对人返还与其相同种类、质量及数量之物的约定,而发生效力。

第 599 条　破产与消费借贷的失效

于出借人向借用人交付标的物之前,当事人一方受破产宣告的,消费借贷丧失其效力。

第 600 条　计算利息的始期

附利息的消费借贷,自借用人受领标的物的交付时起计算利息,因可归责于借用人的事由受领迟延的,应自出借人提供履行之日起计算利息。

第 601 条　无利息消费借贷与解除权

无利息消费借贷的当事人,于交付标的物之前,可随时解除契约。但对相对人造成损害的,应予赔偿。

第 602 条 出借人的担保责任

1. 附利息消费借贷的标的物有瑕疵时,准用第 580 条至第 582 条的规定。

2. 无利息消费借贷,借用人可以按有瑕疵物的价金返还。但出借人知道其瑕疵而不告知借用人时,与前款相同。

第 603 条 返还时间

1. 借用人应于约定的时间返还与借用物相同的种类、质量及数量之物。

2. 无返还时间的约定时,出借人应确定适当的期间催告返还。但借用人可随时偿还。

第 604 条 因返还不能而产生的市价偿还

借用人不能以与借用物相同的种类、质量及数量之物返还时,应以当时的市价偿还。但于第 376 条及第 377 条第 2 款的情形,不在此限。

第 605 条 准消费借贷

当事人双方非因消费借贷,而负有给付金钱或其他替代物的义务时,当事人约定以该标的物为消费借贷的标的的,发生消费借贷的效力。

第 606 条 代物借贷

于金钱借贷情形,借用人代替金钱得到有价证券及其他物的交付时,以交付时的价金作为借用额。

第 607 条 代物返还预约

就借用物的返还,借用人预约以其他财产权的移转代替借用物的,该财产预约当时的价金不得超出借用额与附加利息的合计额。

第 608 条 不利于借用人的约定的禁止

违反前 2 条所定的当事人的约定,不利于借用人时,即使为买回及其他任何名义,亦不发生其效力。

第 6 节　使 用 借 贷

第 609 条　使用借贷的意义

使用借贷,因当事人一方约定为相对人无偿使用、收益而交付标的物,相对人则约定于其使用、收益后返还其物,而发生其效力。

第 610 条　借用人的使用、收益权

1. 借用人应按照契约或依该标的物性质确定的方法,使用、收益标的物。

2. 借用人如无出借人的承诺,不得让第三人使用、收益标的物。

3. 借用人违反前 2 款规定时,出借人可解除契约。

第 611 条　费用负担

1. 借用人负担借用物的通常必要费用。

2. 其他费用,准用第 594 条第 2 款的规定。

第 612 条　准用规定

第 559 条、601 条的规定,准用于使用借贷。

第 613 条　借用物的返还时间

1. 借用人应于约定时间,返还借用物。

2. 未约定时间的,借用人应按照契约或依标的物的性质,于使用、收益完毕时返还。但如经过足以使用、收益的期间时,出借人可随时解除。

第 614 条　借用人的死亡、破产与解除

借用人死亡或受破产宣告时,出借人可以解除契约。

第 615 条　借用人的恢复原状义务及除去权

借用人返还借用物时,应恢复原状。附着于借用物上之物,可以除去。

第 616 条　共同借用人的连带义务

数人共同借用物时,连带负担其义务。

第 617 条　损害赔偿、费用偿还的请求期间

因违反契约或不依标的物的性质使用、收益而发生的损害赔偿请求与借用人支出费用的偿还请求,应于出借人受领物的返还之日起 6 个月内行使。

第 7 节　租　赁

第 618 条　租赁的意义

租赁因当事人一方约定使相对人使用、收益标的物,相对人约定为此支付租金而发生效力。

第 619 条　无处分能力人、无权限人可以进行的短期租赁

无处分能力人或无权限人租赁的,其租赁期不得超过下列各项期间:

1. 以植木、采盐或石造、石灰造、砖造及与此类似的建筑为标的的土地的租赁,为 10 年。

2. 其他土地的租赁为 5 年。

3. 建筑物及其他工作物的租赁为 3 年。

4. 动产的租赁为 6 个月。

第 620 条　短期租赁的更新

前条期间,可以更新。但应于期间届满前,土地于 1 年内、建筑物及其他工作物于 3 个月内、动产于 1 个月内更新。

第 621 条　租赁登记

1. 不动产租赁人,如当事人之间无相反约定,可请求出租人协助其办理租赁登记。

2. 登记不动产租赁情形,自登记时起对第三人发生效力。

第 622 条　有建筑物登记的借地权的对抗力

1. 以建筑物的所有为标的的土地租赁,虽未经登记,承租人登记其地上建筑物时,亦对第三人发生租赁的效力。

2. 建筑物于租赁期间届满前灭失或毁坏的,丧失前款效力。

第 623 条　出租人的义务

出租人负有将标的物交付于承租人,并为其使用、收益维持必要状态的义务。

第 624 条　出租人的保存行为、承租人的容忍义务

出租人实施为保存出租物所必要的行为时,承租人不得拒绝。

第 625 条　与承租人意思相悖的保存行为与解除权

出租人背离承租人的意思实施保存行为,承租人因此而不能达到租赁的目的的,可以解除契约。

第 626 条　承租人的偿还请求权

1. 承租人就承租物的保存而支出必要费用时,可向出租人请求偿还。

2. 承租人支出有益费用的,出租人应于租赁终止时,于其现存价金增加范围内,偿还承租人支出的金额或其增加额。于此情形,法院可根据出租人的请求,许以适当的偿还期间。

第 627 条　部分灭失与减额请求、解除权

1. 承租物的一部分因不可归责于承租人的过失而灭失,或因其他事由而不能使用、收益的,承租人可按其部分的比例请求减少租金。

2. 于前款情形,以其剩余部分不能达到租赁目的时,承租人可解除契约。

第 628 条　增减租金请求权

因租赁物的公税负担的增减或因其他经济情况发生变化,使约定的租金变得不合理时,当事人可就将来租金请求增减。

第 629 条　承租权的转让、转租限制

1. 承租人非经出租人的同意,不得转让其权利或转租租赁物。

2. 承租人违反前款规定时,出租人可以解除契约。

第630条　转租的效果

1. 承租人经出租人的同意而转租租赁物时,由次承租人直接向出租人负担义务。于此情形,次承租人不得以对转租人的租金的支付,对抗出租人。

2. 前款规定,不影响出租人对承租人的权利的行使。

第631条　转租人的权利确定

承租人经出租人的同意转租承租物时,虽以出租人与承租人合意而终止契约,但转租人的权利亦不得消灭。

第632条　使他人使用承租物的一小部分

前3条规定,不适用于建筑物的承租人让他人使用建筑物的一小部分的情形。

第633条　租金的支付时间

动产、建筑物或住宅用地的租金应于每月末支付,标的物为其他土地的租金则应于每年年末支付。但有收获季节时,应于其收获后立即支付。

第634条　承租人的通知义务

租赁物需要修理或就租赁物存在权利主张人时,承租人应立即通知出租人。但出租人已经知道的,不在此限。

第635条　无期间约定的租赁的解除通知

1. 就租赁期间无约定的,当事人可随时发出解除契约的通知。

2. 自相对人受领前款通知之日起,经过下列各项期间,发生解除的效力:

(1) 对于土地、建筑物及其他工作物,自出租人发出解除通知后6个月;自承租人发出解除通知后1个月;

(2) 动产为5天。

第636条　有期限约定的租赁的解除通知

即使有租赁期间的约定,当事人一方或双方于其期间内保留解除权时,亦准用前条规定。

第 637 条　承租人的破产与解除通知

1. 于承租人受破产宣告情形,虽有租赁期间的约定,出租人或破产管财人亦可根据第 635 条的规定,通知解除契约。

2. 于前款情形,各当事人不得向相对人请求因解除契约而产生的损害赔偿。

第 638 条　对于次承租人的解除通知的通知

1. 租赁因解除通知而终止时,该租赁物被合法转租的,如出租人不通知次承租人该事由,则不得以解除对抗次承租人。

2. 次承租人受领前款通知时,准用第 635 条第 2 款的规定。

第 639 条　默示更新

1. 租赁期间届满后,承租人继续使用、收益承租物时,出租人于适当的期间内未提出异议的,视为以与前租赁相同的条件重新租赁。但当事人可根据第 635 条的规定,通知解除。

2. 于前款情形,第三人为前租赁提供的担保,因期间届满而消灭。

第 640 条　租金迟延与解除

建筑物或其他工作物的租赁,承租人的迟延租金额达到两期租金时,出租人可解除契约。

第 641 条　同上

以建筑物或其他工作物的所有,或者以植木、采矿、畜牧为标的租赁土地情形,亦准用前条规定。

第 642 条　解除土地租赁与对担保物权人的通知

于前条情形,地上建筑物或其他工作物为担保物权的标的时,准用第 288 条的规定。

第 643 条　出租人的更新请求权、买受请求权

以建筑物或其他工作物的所有或以植木、采矿、畜牧为标的的土地租赁期间届满的,建筑物、树木及其他地上设施仍存在时,准用第283条的规定。

第644条 次承租人的租赁请求权、买受请求权

1. 以建筑物及其他工作物的所有或者植木、采矿、畜牧为标的的土地承租人,合法转租其土地的,租赁与转租期间同时届满,建筑物、树木及其他地上设施仍存在时,次承租人可向出租人请求,以与前转租相同的条件租赁。

2. 于前款情形,出租人不期望出租时,准用第283条第2款的规定。

第645条 地上权标的土地承租人的出租请求权、买受请求权

前条规定,准用于地上权人出租其土地的情形。

第646条 承租人的附着物买受请求权

1. 建筑物或其他工作物的承租人,为其使用上的便利,经出租人的同意而增加附着物时,可于租赁终止时,向出租人请求买受该从物。

2. 对自出租人处买受的从物,亦与前款相同。

第647条 次承租人的附着物买受请求权

1. 于建筑物及其他工作物的承租人合法转租情形,次承租人为其使用之便利,经出租人的同意而增加附着物时,于转租终止时,可向出租人请求买受该从物。

2. 对于自出租人处买受或经其同意自承租人处买受的从物,亦与前款相同。

第648条 对承租地的从物、孳息等的法定质权

土地出租人依有关租赁债权,扣押从属于租赁地或为其使用之便利而提供的、归出租人所有的动产及其土地孳息时,与质权具有相同的效力。

第649条 对承租地上建筑物的法定抵押权

土地出租人根据已届清偿期的最后 2 年的租赁债权扣押其土地上归承租人所有的建筑物时,与抵押权具有相同效力。

第 650 条　对承租建筑物等从物的法定质权

建筑物及其他工作物的出租人,依相关租赁债权扣押其建筑物及其他从属于其工作物、并属于承租人所有的动产时,与质权具有相同效力。

第 651 条　租赁存续期间

1．除以石造、石灰造、砖造或与其类似的坚固建筑物及其他工作物的所有为标的的土地租赁,或以树木、采矿为标的的土地租赁情形外,租赁期限不得超过 20 年。当事人的约定期限超过 20 年的,缩短为 20 年。

2．前款的期间可以更新。其期间自更新之日起,不得超过 10 年。

第 652 条　强行规定

当事人违反第 627 条、第 628 条、第 631 条、第 635 条、第 638 条、第 640 条、第 641 条、第 643 条至第 647 条的规定而作出的约定,不利于承租人或次承租人时,不发生效力。

第 653 条　暂时使用租赁特例

第 628 条、第 638 条、第 640 条、第 646 条至第 648 条、第 650 条及前条规定,不适用于明显为暂时使用的租赁或转租情形。

第 654 条　准用规定

第 610 条第 1 款、第 615 条至第 617 条的规定,准用于租赁。

第 8 节　雇　　佣

第 655 条　雇佣的意义

雇佣因一方当事人约定向相对人提供一定劳务,相对人约定对此支付报酬而发生效力。

第 656 条　报酬及其支付时期

1．就报酬或报酬的金额无约定时,依习惯支付。

2．报酬应于约定的时间内支付,无时间约定的,从其习惯;无习惯的,应于约定劳务完成后立即支付。

第 657 条　权利义务的专属性

1．使用人非经劳务人的同意,不得将其权利转让给第三人。

2．劳务人非经使用人的同意,不得以第三人代替自己提供劳务。

3．当事人一方违反前 2 款的规定时,相对人可以解除契约。

第 658 条　劳务内容与解除权

1．使用人要求劳务人提供未约定的劳务时,劳务人可以解除契约。

2．约定的劳务需要特殊技术而劳务人无该技术时,使用人可以解除契约。

第 659 条　3 年以上的经过与解除通知权

1．雇佣时间超过 3 年,或应为当事人一方或第三人的终身时,各当事人经过 3 年后,可随时作出解除契约的通知。

2．于前款情形,自相对人接到解除通知之日起经过 3 个月,发生解除效力。

第 660 条　无期间约定的雇佣解除通知

1．无雇佣期间约定时,当事人可随时作出契约解除的通知。

2．于前款情形,自相对人接到解除通知之日起经 1 个月,发生解除效力。

3．以期间定报酬时,自相对人接到解除通知后,经当期后的一期而发生解除的效力。

第 661 条　不得已的事由与解除权

虽约定雇佣期间,但有不得已事由时,各当事人亦可解除契约。但其事由系因一方当事人的过失产生时,需向相对人赔偿损失。

第 662 条　默示更新

1. 雇佣期间届满后劳务人继续提供劳务的,使用人于合理期间内未提出异议时,视为与前雇佣以相同的条件重新雇佣。但当事人可根据第660条的规定,通知解除。

2. 于前款情形,第三人为前雇佣提供的担保,因期间届满而消灭。

第 663 条　使用人破产与解除通知

1. 于使用人受破产宣告情形,虽有雇佣期间的约定,劳务人或破产管财人亦可解除契约。

2. 于前款情形,各当事人不得请求因解除契约而产生的损害的赔偿。

第 9 节　承　　揽

第 664 条　承揽的意义

承揽因当事人双方约定一方完成一定工作,相对人对其成果给付报酬而发生其效力。

第 665 条　报酬的支付时期

1. 报酬应于交付已完成标的物的同时支付。但于无须交付标的物情形,完成该工作后应立即支付。

2. 有关前款报酬,准用第 656 条第 2 款的规定。

第 666 条　就承揽人标的不动产设定抵押权的请求权

不动产工程的承揽人,为担保有关前条报酬的债权,可请求设定以该不动产为标的的抵押权。

第 667 条　承揽人的担保责任

1. 竣工的标的物或于竣工前已完成的部分有瑕疵时,定作人可对承揽人定适当的期间,请求修补其瑕疵。但于该瑕疵不重要且为其修补需过巨费用时,不在此限。

2. 定作人可代替修补瑕疵或可与修补一起请求损害赔偿。

3. 前款情形,准用第 536 条的规定。

第 668 条 同上——定作人的解除权

定作人因竣工标的物的瑕疵而不能达到契约目的时,可解除契约。但对建筑物及其他土地工作物,不在此限。

第 669 条 同上——瑕疵因定作人提供的材料或指示而产生时的免责

前 2 条规定,于标的物瑕疵因定作人提供的材料性质或定作人的指示而产生时,不得适用。但承揽人知道该材料或指示不合理而未告知定作人时,不在此限。

第 670 条 担保责任的存续期间

1. 依前 3 条规定的瑕疵修补、损害赔偿请求及契约解除,应于受领标的物的交付之日起 1 年内行使。

2. 于无须交付标的物的情形,前款期间自工作终止之日起起算。

第 671 条 承揽人的担保责任——对土地、建筑物等的特则

1. 土地、建筑物及其他工作物的承揽人,对标的物或地基施工的瑕疵,于交付后 5 年内负担保责任。但标的物由石造、石灰造、砖造、金属及其他与此类似的材料构成时,其期间为 10 年。

2. 因前款瑕疵致使标的物灭失或毁损时,定作人应自其灭失或毁损之日起 1 年内,行使第 667 条的权利。

第 672 条 免除担保责任的特约

承揽人虽约定根据第 667 条、第 668 条不负担保责任,但就未告知的事实,亦不得免除其责任。

第 673 条 竣工前定作人的解除权

于承揽人完成工作前,定作人可解除契约,但须向承揽人赔偿由此造成的损失。

第 674 条 定作人的破产和解除权

1. 定作人受破产宣告的,承揽人或破产管财人可解除契约。于此情

形,对承揽人已完成的工作部分的报酬及不包含于报酬中的费用,参加破产财团的分配。

2．于前款情形,各方当事人不得对相对人请求因解除契约而产生的损害赔偿。

第 10 节　悬 赏 广 告

第 675 条　悬赏广告的意义

悬赏广告,以广告人向实施某种行为的人表示支付一定报酬的意思,由应征者完成该广告所定行为,而发生效力。

第 676 条　报酬受领权人

1．完成广告所定行为的人为数人时,先完成该行为的人有取得报酬的权利。

2．数人同时完成的,各自享有按相同比例取得报酬的权利。但报酬于其性质上不可分割或广告规定只有一人可得到报酬时,由抽签确定。

第 677 条　不知广告行为

前条规定,准用于不知有广告而完成广告所定行为的情形。

第 678 条　优秀悬赏广告

1．完成广告所定行为的人为数人时,规定只向优秀者支付报酬的,限于该广告所定应征期间内,发生效力。

2．于前款情形,优秀的判定由广告中规定的人作出。广告中未定判定人的,由广告人判定。

3．不得作出无最佳者的判定。但于广告中有其他意思表示或根据广告性质已有判定标准时,不在此限。

4．应征者不得就前 2 款判定提出异议。

5．数人的行为被判定为同等时,准用第 676 条第 2 款的规定。

第 679 条　悬赏广告的撤销

1. 广告规定其指定行为的完成期间时,于其期间届满前不得撤销广告。

2. 广告未规定行为完成期间时,可于行为完成前,以与广告相同的方法撤销广告。

3. 不能以与前广告相同的方法撤销时,可以与此类似的方法撤销。但其撤销只对知道撤销的人有效。

第 11 节　委　　托

第 680 条　委托的意义

委托因当事人一方向相对人委托处理事务,由相对人同意而发生效力。

第 681 条　受托人的善管义务

受托人应按照委托的本意,以善良管理人的注意处理委托事务。

第 682 条　复任权的限制

1. 受托人非经委托人的同意或因不得已事由,不得让第三人代替自己处理委托事务。

2. 受托人依前款规定,让第三人处理委托事务时,准用第 121 条、第 123 条的规定。

第 683 条　受托人的报告义务

受托人如有委托人的请求时,应报告委托事务的处理状况;委托终止的,应立即报告其经过。

第 684 条　受托人对取得物等的交付、移转义务

1. 受托人应将因处理委托事务而受领的金钱及其收取的孳息交付于委托人。

2. 受托人应将以自己名义为委托人取得的权利移转于委托人。

第685条　受托人的金钱消费责任

　　受托人将应交付于委托人的金钱或应为委托人利益使用的金钱,用于自己的消费时,应支付自消费日以后的利息,此外如有损害,应予以赔偿。

第686条　受托人的报酬请求权

　　1. 受托人,如无特别约定,不得向委托人请求报酬。

　　2. 受托人受领报酬时,非于完成委托事务之后不得请求。但以期间确定报酬时,可于其期间经过后请求。

　　3. 受托人处理委托事务过程中,因不可归责于受托人的事由而使委托终止时,受托人可按其已经履行的比例,请求报酬。

第687条　受托人的费用先付请求权

　　处理委托事务需要费用时,委托人须根据受托人的请求,预先支付。

第688条　受托人的费用偿还请求权

　　1. 受托人为处理委托事务已经支出必要费用的,可以请求委托人给付支出日之后的利息。

　　2. 受托人为处理委托事务而负担了必要债务时,可使委托人代替自己清偿。该债务未届清偿期的,可使其提供适当的担保。

　　3. 受托人为处理委托事务无过失而受损害时,可以请求委托人赔偿。

第689条　相互解除委托的自由

　　1. 委托契约,各当事人可随时解除。

　　2. 当事人一方因不得已的事由,在不利于相对人的时期解除契约时,应赔偿其损失。

第690条　死亡、破产等与委托的终止

　　委托,因当事人一方的死亡或破产而终止。受托人受禁治产宣告时,亦同。

第 691 条　委托终止时的紧急处理

委托终止后发生紧急情况的,受托人及其继承人或法定代理人应于委托人及其继承人或法定代理人可以处理委托事务之前,继续处理其事务。于此情形,与委托继续存在具有同一效力。

第 692 条　委托终止的对抗要件

委托终止的事由,如未通知相对人或在相对人知道该事由前,不得以其对抗相对人。

第 12 节　寄　　存

第 693 条　寄存的意义

寄存因当事人一方委托相对人保管金钱或有价证券或其他物,相对人对其承诺而发生效力。

第 694 条　保管人对寄存物的使用禁止

保管人未经寄存人的同意,不得使用寄存物。

第 695 条　无偿保管人的注意义务

无报酬接受寄存的人,应以对自己财产相同的注意而保管寄存物。

第 696 条　保管人的通知义务

就寄存物主张权利的第三人,对保管人提起诉讼或实行扣押的,保管人应立即通知寄存人。

第 697 条　因寄存物的性质、瑕疵而产生的寄存人的损害赔偿义务

寄存人应向保管人赔偿因寄存物的性质或瑕疵而产生的损害。但保管人知道其性质或瑕疵时,不在此限。

第 698 条　有期间约定的寄存的解除

就寄存期间有约定时,保管人除非有不得已的事由,不得于其期间届满前解除契约。但寄存人可随时解除契约。

第 699 条　无期间约定的寄存的解除

无寄存期间的约定时,各当事人可随时解除契约。

第 700 条　寄存物的返还地点

寄存物应于寄存地点返还。但保管人因正当理由而变更该物的保管地点时,可于现存地点返还。

第 701 条　准用规定

第 682 条、第 684 条至第 687 条及第 688 条第 1 款、第 2 款的规定,准用于寄存。

第 702 条　消费寄存

保管人可依契约消费寄存物的情形,准用有关消费借贷的规定。但无返还时期的约定时,寄存人可随时请求其返还。

第 13 节　合　　伙

第 703 条　合伙的意义

1. 合伙因 2 个以上的人约定出资、经营共同的事业而发生效力。
2. 前款出资,可以为金钱及其他财产或劳务。

第 704 条　合伙财产的合有

合伙人的出资及其他合伙财产,由合伙人合有。

第 705 条　金钱出资迟延责任

以金钱出资为标的的合伙人,出资迟延时,除需支付迟延利息外,亦应赔偿损失。

第 706 条　业务执行方法

1. 合伙契约未规定业务执行人的,以合伙人的 2/3 以上赞成选任。
2. 合伙的业务执行,以合伙人的过半数决定。业务执行人为数人时,应以其过半数决定。

3. 合伙的通常事务可不拘于前款规定,由各合伙人或各业务执行人单独执行。但于其业务完成前,其他合伙人或其他业务执行人提出异议的,应立即中止。

第 707 条　准用规定

对执行合伙业务的合伙人,准用第 681 条至第 688 条的规定。

第 708 条　业务执行人的辞任、解任

作为业务执行人的合伙人,无正当理由不得辞任,且非经其他合伙人的一致同意不得解任。

第 709 条　业务执行人的代理权的推定

执行合伙业务的合伙人,推定为其具有业务执行代理权。

第 710 条　合伙人的业务、财产状况检查权

各合伙人可随时检查合伙的业务及财产状况。

第 711 条　损益分配比例

1. 当事人未规定损益分配比例时,依各合伙成员的出资价额的比例确定。

2. 就利益或损失确定分配比例时,推定其比例为与利益及损失共同的比例。

第 712 条　债权人对合伙人的权利行使

合伙的债权人于债权发生当时,不知道合伙人的损失负担比例时,可对各合伙人以相同比例行使其权利。

第 713 条　无资力合伙人的债务及其他合伙人的清偿责任

合伙人中有无清偿资力的人时,其不能清偿部分由其他合伙人,以相同比例清偿。

第 714 条　对持有份的扣押效力

对合伙人持有份的扣押,对于该合伙人的将来利益分配,及其应当得到的持有份返还的权利,发生效力。

第 715 条　合伙债务的抵销禁止

合伙的债务人,不得将其债务与对合伙人的债权相抵销。

第 716 条　任意退伙

1. 未以合伙契约规定合伙的存续时间或定为存续于合伙人终身时,各合伙人可随时退伙。但非因不得已事由,不得在不利于合伙的时期退伙。

2. 定有存续期间的,非因不得已的事由不得退伙。

第 717 条　非任意退伙

除前条情形外,合伙人可以因下列各项事由而退伙:

(1) 死亡;

(2) 破产;

(3) 禁治产;

(4) 除名。

第 718 条　除名

1. 合伙人的除名限于有正当理由情形,以其他合伙人的一致合意而决定。

2. 前款除名决定,如不通知被除名合伙人,则不得对抗该合伙人。

第 719 条　退伙人的持有份计算

1. 退伙人与其他合伙人之间的计算,根据退伙当时的合伙财产状况进行。

2. 退伙人的持有份,可不拘其出资种类如何,以金钱返还。

3. 对退伙当时未完结的事项,于完结后计算。

第 720 条　因不得已事由产生的解散请求

发生不得已事由时,各合伙人可请求解散合伙。

第 721 条　清算人

1. 合伙解散的,清算事务由全体合伙人共同或由其选任的人执行。

2. 前款清算人的选任,以合伙人的过半数决定。

第 722 条　清算人的业务执行方法

清算人为数人情形,准用第 706 条第 2 款后段的规定。

第 723 条　作为合伙成员的清算人的辞任、解任

自合伙人中决定清算人的,准用第 708 条的规定。

第 724 条　清算人的职务、权限及剩余财产分配

1. 清算人的职务及权限,准用第 87 条的规定。
2. 剩余财产按各合伙人的出资价额的比例分配。

第 14 节　终身定期金

第 725 条　终身定期金契约的意义

终身定期金契约,因当事人一方约定,以自己、相对人或第三人的终身,定期将金钱及其他物给付相对人或第三人而发生其效力。

第 726 条　终身定期金的计算

终身定期金按日计算。

第 727 条　终身定期金契约的解除

1. 于定期金债务人受领定期金债务本金情形,如其怠于给付定期金债务或未履行其他义务时,定期金债权人可请求返还本金。但应将从债务额中扣除其本金利息后的余额,返还于定期金债务人。
2. 前款规定,不影响损害赔偿的请求。

第 728 条　解除与同时履行

第 536 条的规定,准用于前条情形。

第 729 条　因可归责于债务人的事由产生的死亡与债权存续宣告

1. 死亡因可归责于定期金债务人的事由而产生时,法院可根据定期金债权人或其继承人的请求,宣告于适当的期间内债权继续存在。

2. 即使于前款情形,亦可行使第 727 条的权利。

第 730 条 由遗赠产生的终身定期金

本节规定,准用于由遗赠产生的终身定期金债权。

第 15 节　和　　解

第 731 条 和解的意义

和解因当事人约定相互让步、终止当事人之间的纠纷,而发生其效力。

第 732 条 和解的创设性效力

和解契约具有消灭当事人一方权利,而使相对人因和解而取得该权利的效力。

第 733 条 和解的效力与错误

和解契约不得以错误为由而撤销。但在和解当事人的资格或和解争议标的以外的事项发生错误时,不在此限。

第 3 章　无 因 管 理

第 734 条 无因管理的内容

1. 无义务而为他人管理事务者,应根据该事务的性质,以对本人最为有利的方法管理。

2. 管理人知道或应当知道本人的意思时,应按其意思管理。

3. 管理人违反前 2 款的规定管理事务的,虽无过失,亦应承担由其产生的损害赔偿责任。但该管理行为符合公共利益且无重大过失时,则不承担赔偿责任。

第 735 条 紧急无因管理

管理人为他人生命、身体、名誉或财产免受突如其来的危害而管理事务的,无故意或重大过失时,不承担因此而产生的损害赔偿责任。

第 736 条　管理人的通知义务

管理人开始管理时,应立即通知于本人。但本人已经知道的,不在此限。

第 737 条　管理人的继续管理义务

管理人在本人或其继承人或法定代理人可以管理其事务前应继续管理。但继续管理违反本人意思或明显不利于本人时,不在此限。

第 738 条　准用规定

第 683 条至第 685 条的规定,准用于无因管理。

第 739 条　管理人的费用偿还请求权

1. 管理人为本人支出必要费用或有益费时,可请求本人偿还。

2. 管理人为本人负担必要或有益的债务时,准用第 688 条第 2 款的规定。

3. 管理人违反本人的意思进行管理时,于本人的现存利益限度内,准用前 2 款的规定。

第 740 条　管理人的无过失损害补偿请求权

管理人于事务管理中无过失受到损害时,可于本人的现存利益限度内,请求补偿其损失。

第 4 章　不 当 得 利

第 741 条　不当得利的内容

无法律上原因,因他人的财产或劳务而得到利益,并因此而给他人造成损失的,应返还其利益。

第 742 条　非债清偿

知道无债务而清偿的,不得请求返还。

第 743 条 期限前的清偿

未届清偿期的债务,不得请求返还。但债务人因错误而清偿时,债权人应返还因此而得到的利益。

第 744 条 符合道德观念的非债清偿

非债务人因错误而清偿债务时,其清偿符合道德观念的,不得请求返还。

第 745 条 他人债务的清偿

1. 非债务人因错误而清偿他人债务时,债权人因善意毁灭证书或放弃担保或因时效而丧失其债权的,清偿人不得请求其返还。

2. 于前款情形,清偿人可向债务人行使求偿权。

第 746 条 不法原因给付

因不法原因而给付财产或提供劳务的,不得请求返还其利益。但该不法原因仅存在于受益人时,不在此限。

第 747 条 原物返还不能情形与价金返还、转得人的责任

1. 受益人不能返还其受领的标的物的,应返还其价金。

2. 受益人不能返还其利益时,自受益人处无偿受让该利益标的物的恶意第三人,根据前款规定负返还责任。

第 748 条 受益人的返还范围

1. 善意受益人,应于其现存利益限度内,承担前条责任。

2. 恶意受益人,应将其所得利益附加利息后返还,如有损害应予赔偿。

第 749 条 受益人的恶意认定

1. 受益人得到利益后,知道其受益无法律上的原因时,自该时起视为恶意受益人,负返还利益的责任。

2. 善意受益人败诉时,自起诉之时起视为恶意受益人。

第 5 章　侵 权 行 为

第 750 条　侵权行为的内容

　　因故意或过失的违法行为给他人造成损害的人,负赔偿损害的责任。

第 751 条　财产以外的损害赔偿

　　1. 侵害他人的身体、自由或名誉,或造成其他精神上痛苦的人,对财产以外的损害亦负有赔偿责任。

　　2. 法院可令以定期债务支付前款损害赔偿,为确保其履行可令提供相应的担保。

第 752 条　因侵害生命而产生的慰抚金

　　侵害他人生命的人,对被害人的直系尊亲属、直系卑亲属及其配偶,虽无财产上的损害,亦负有损害赔偿责任。

第 753 条　未成年人的责任能力

　　未成年人加害他人的,如无辨别其行为责任的智力与能力时,不负赔偿责任。

第 754 条　心神丧失者的责任能力

　　心神丧失者加害他人的,不负赔偿责任。但因故意或过失导致心神丧失的,不在此限。

第 755 条　无责任能力人之监督人的责任

　　1. 根据前 2 条的规定无行为能力人不负责任时,对其负法定监督义务之人,就无行为能力人加于第三人之损害,负赔偿责任;但未懈怠其监督义务时,不在此限。

　　2. 代替监督义务人监督无行为能力人者,亦负前款责任。

第 756 条　使用人的赔偿责任

　　1. 使用他人从事某种工作的人,对劳务人因执行其事务而给第三人造成的损害,负赔偿责任。但使用人对劳务人的选任及对其业务监督已尽适当的注意义务的,或虽尽适当的注意义务仍会发生损害的,不在此限。

2. 代替使用人监督其事务者,亦承担前款责任。

3. 于前 2 款情形,使用人或监督人可向劳务人行使求偿权。

第 757 条　定作人的责任

定作人就承揽人关于该项工作加于第三人的损害,不承担责任。但对有关定作或指示有重大过失时,不在此限。

第 758 条　工作物的占有人、所有人的责任

1. 因工作物的设置或瑕疵造成他人的损害时,工作物的占有人负损害赔偿责任。但占有人以必要的注意未怠于防止损害时,其所有人负损害赔偿责任。

2. 前款规定,准用于树木的栽植或保存有瑕疵的情形。

3. 于前 2 款情形,占有人或所有人可以向对损害原因负有责任的人行使求偿权。

第 759 条　动物饲主的责任

1. 动物的饲主,对其动物导致他人的损害,负赔偿责任。但根据动物的种类及性质,对其保管未懈怠适当的注意时,不在此限。

2. 代替饲主保管动物的人,亦负前款责任。

第 760 条　共同侵权人的责任

1. 数人以共同的侵权行为加害于他人时,对其损害负连带赔偿责任。

2. 非共同数人行为中,无法知晓何人的行为实施的加害时,亦与前款相同。

3. 教唆人或帮助人,视为共同行为人。

第 761 条　正当防卫、紧急避险

1. 就他人的侵权行为,为保护自己或第三人的利益,不得已加害于

他人的,不负赔偿责任。但被害人可就侵权行为,请求损害赔偿。

2. 前款规定,准用于为避免紧急危险而不得以加害他人的情形。

第762条 损害赔偿请求权中的胎儿的地位

胎儿,于损害赔偿请求权中,视为已经出生。

第763条 准用规定

第393条、第394条、第396条、第399条的规定,准用于因侵权行为产生的损害赔偿。

第764条 毁损名誉情形的特例

对于毁损他人名誉者,法院根据被害人的请求,可令其代替损害赔偿或与损害赔偿一起实施与恢复名誉相应的处分。

第765条 赔偿额的减轻请求

1. 根据本章规定,损害赔偿义务人于其损害非因其故意或重大过失造成,且因其赔偿对赔偿人的生计产生重大影响之虞时,可向法院请求减轻损害赔偿额。

2. 法院于发生前款请求时,可斟酌债权人及债务人的经济状况及损害原因等,减轻损害赔偿额。

第766条 损害赔偿请求权的消灭时效

1. 对因侵权行为而产生的损害赔偿请求权,被害人或其法定代理人自知道其损害及加害人之日起3年内未行使的,因时效而消灭。

2. 自实施侵权行为之日起,经过10年的,亦与前款相同。

第4编 亲 属

第1章 总 则

第767条 亲属的定义

配偶、血亲及姻亲为亲属。

第768条 血亲的定义

自己的直系尊亲属及直系卑亲属为直系血亲,自己的兄弟姐妹及兄弟姐妹的直系卑亲属、直系尊亲属的兄弟姐妹及其兄弟姐妹的直系卑亲属为旁系亲属。(修订于1990年1月13日)

第769条 姻亲的系源

血亲的配偶、配偶的血亲、配偶血亲的配偶为姻亲。(修订于1990年1月13日)

第770条 血亲亲等的计算

1. 直系血亲,从自己到直系尊亲属及自己到直系卑亲属来确定其亲等。

2. 旁系血亲,由从自己到同源直系尊亲属的世数,与从其同源直系尊亲属至其直系卑亲属的世数的总数,决定其亲等数。

第771条 姻亲亲等的计算

姻亲,对于配偶的血亲,从配偶与其血亲的亲等数;对于血亲的配偶,从其血亲的亲等数。(全文修订于 1990 年 1 月 13 日)

第 772 条　与养子女之间的亲系及亲等

1. 养子女与养父母及其血亲、姻亲之间的亲系与亲等数,自收养时起视为与婚生子女相同。

2. 养子女的配偶、直系卑亲属及其配偶,以前款养子女的亲系为标准,确定亲等。

第 773 条　废止(1990 年 1 月 13 日)

第 774 条　废止(1990 年 1 月 13 日)

第 775 条　姻亲关系等的消灭

1. 姻亲关系因婚姻的撤销或离婚而终止。(修订于 1990 年 1 月 13 日)

2. 于夫妻一方死亡情形,虽生存配偶再婚的,亦与第 1 款相同。(修订于 1990 年 1 月 13 日)

第 776 条　因收养而产生的亲属关系的消灭

因收养而产生的亲属关系,因收养的撤销或废养而终止。

第 777 条　亲属的范围

因亲属关系产生的法律上的效力,如本法或其他法律无特别规定时,其效力及于符合下列各项条件之人:

1. 八亲等以内的血亲;
2. 四亲等以内的姻亲;
3. 配偶。

(全文修订于 1990 年 1 月 13 日)

第 2 章　户主与家属

第 778 条　废止(2005 年 3 月 31 日)

第 779 条　亲属的范围

1. 以下为亲属：

（1）配偶、直系血亲及兄弟姐妹；

（2）直系血亲的配偶、配偶的直系血亲及配偶的兄弟姐妹。

（3）第 1 款第 2 项仅限于共同生活情形。

（全文修订于 2005 年 3 月 31 日）

第 780 条　废止（2005 年 3 月 31 日）

第 781 条　子女的入籍、姓与宗

1. 子女从父的姓与宗。但父母于结婚申报时协议随母亲的姓和宗时，随母亲的姓和宗。

2. 父亲为外国人时，子女可随母亲的姓与宗。

3. 父亲不明的子女，随母亲的姓与宗。

4. 父母不明的子女，可经法院的许可创设姓与宗，并创立一家。但于创设姓与宗后，父或母确定的，可随父或母的姓与宗。

5. 认领婚姻外子女的，子女可依父母协议继续使用原有的姓和宗。但父母无法协议或不能达成协议的，可经法院许可继续使用原有姓和宗。

6. 为子女的福利有必要变更姓和宗的，父亲或母亲可经法院的许可予以变更。但子女为未成年人，且法定代理人不能请求时，可由第 777 条所定亲属或检查官来请求。

（全文修订于 2005 年 3 月 31 日）

第 782 条　废止（2005 年 3 月 31 日）

第 783 条　废止（2005 年 3 月 31 日）

第 784 条　废止（2005 年 3 月 31 日）

第 785 条　废止（2005 年 3 月 31 日）

第 786 条　废止（2005 年 3 月 31 日）

第 787 条　废止（2005 年 3 月 31 日）

第 788 条 废止(2005 年 3 月 31 日)

第 789 条 废止(2005 年 3 月 31 日)

第 790 条 废止(1990 年 1 月 13 日)

第 791 条 废止(2005 年 3 月 31 日)

第 792 条 废止(1990 年 1 月 13 日)

第 793 条 废止(2005 年 3 月 31 日)

第 794 条 废止(2005 年 3 月 31 日)

第 795 条 废止(2005 年 3 月 31 日)

第 796 条 废止(2005 年 3 月 31 日)

第 797 条 废止(1990 年 1 月 14 日)

第 798 条 废止(1990 年 1 月 14 日)

第 799 条 废止(1990 年 1 月 14 日)

第 3 章 婚 姻

第 1 节 订 婚

第 800 条 订婚的自由

达到成年者,可自由订婚。

第 801 条 订婚年龄

满 18 岁者,可经父母或监护人的同意而订婚。于此情形,准用第 808 条的规定。

(修订于 2007 年 12 月 21 日)

第 802 条 禁治产人的订婚

禁治产人可经父母或监护人的同意而订婚。于此情形,准用第808条的规定。

第 803 条 订婚的禁止强制履行

订婚,不得请求强制履行。

第 804 条 解除订婚的事由

当事人一方发生下列各项事由时,相对人可解除订婚(修订于1990年1月13日):

(1)订婚后受有期徒刑以上的刑罚宣告的;

(2)订婚后受禁治产或限定治产宣告的;

(3)患性病、不能治愈的精神病及其他不治恶疾的;

(4)订婚后与他人订婚或结婚的;

(5)订婚后与他人通奸的;

(6)订婚后生死不明1年以上的;

(7)无正当理由拒绝结婚或推迟其日期的;

(8)有其他重大事由的。

第 805 条 解除订婚的方法

订婚的解除,以对相对人的意思表示为之。但无法向相对人实施意思表示时,自知道有解除原因时起,视为解除。

第 806 条 解除订婚与损害赔偿请求权

1. 于解除订婚情形,当事人一方可向有过失的相对人,请求由此产生的损害赔偿。

2. 于前款情形,除财产上的损害外,有过失方对精神上的痛苦亦应承担损害赔偿责任。

3. 对精神上痛苦的赔偿请求权,不得转让或继受。但当事人之间就其赔偿已成立契约或已提起诉讼后,不在此限。

第 1 节　婚姻的成立

第 807 条　适龄婚姻

满 18 岁者,可以结婚。

(全文修订于 2007 年 12 月 21 日)

第 808 条　须经同意的婚姻

1. 未成年人结婚时,须经父母的同意;父母中一方不能行使同意权的,须经另一方的同意;父母双方均不能行使同意权时,须经监护人的同意。

2. 禁治产人,须经父母或监护人的同意后结婚。

3. 于第 1 款及第 2 款情形,无父母或监护人,或不能同意时,须经亲属会的同意后结婚。

(全文修订于 1977 年 12 月 31 日)

第 809 条　近亲婚等的禁止

1. 八亲等以内的血亲(包括收养养子之前的血亲)之间不得结婚。

2. 六亲等以内血亲的配偶、配偶六亲等以内的血亲、配偶四亲等以内的血亲的配偶的姻亲,或曾为姻亲者之间不得结婚。

3. 曾为六亲等以内养父母系的血亲的人,及曾为四亲等以内养父母系的人之间不得结婚。

(全文修订于 2005 年 3 月 31 日)

第 810 条　禁止重婚

有配偶者,不得再次结婚。

第 811 条　废止(2005 年 3 月 31 日)

第 812 条　婚姻的成立

1. 婚姻依《亲属关系登记法》的规定登记,而发生其效力。

2. 前款申报,应提交当事人双方及成年证人 2 人共同签名的书面材料。

第 813 条 婚姻申请的审查

婚姻的申请,于婚姻未违反第 807 条至第 810 条第 2 款规定及未违反其他法律时,应予受理。

第 814 条 外国的婚姻申请

1. 在外国的本国国民之间的婚姻,可向驻在国的大使、公使或领事申请。

2. 受理前款申请的大使、公使或领事,应立即将其申请的书面材料送达管辖本国登记标准地区的家庭关系登记官署。

(修订于 2005 年 3 月 31 日,2007 年 5 月 17 日)

第 3 节　婚姻的无效与撤销

第 815 条 婚姻的无效

婚姻在下列各项情形时,无效:

1. 当事人之间的婚姻无合意;

2. 当事人之间有或曾有直系血亲、八亲等以内的旁系血亲及其配偶的亲属关系;

3. 当事人之间有或曾有直系姻亲、夫的八亲等以内血亲的姻亲关系。

第 816 条 婚姻撤销的事由

婚姻有以下各项情形时,可向法院请求撤销(修订于 1990 年 1 月 13 日,2005 年 3 月 31 日):

1. 结婚违反第 807 条至第 809 条(依第 815 条规定属无效婚姻的情形除外。以下第 817 要及第 820 条,亦同)的规定,或违反第 810 条的规定的;

2. 结婚当时,不知道当事人一方有不能继续夫妻生活的恶疾及其他重大事由的；

3. 因欺诈或胁迫而为结婚的意思表示的。

第 817 条 因年龄违反结婚等的撤销请求权人

结婚违反第 807 条、第 808 条的规定时,当事人或其法定代理人可请求撤销；违反第 809 条的规定时,可由当事人、其直系尊亲属或四亲等以内的旁系血亲请求撤销。

(修订于 2005 年 3 月 31 日)

第 818 条 重婚等的撤销请求权人

结婚违反第 810 条的规定时,当事人及其配偶、直系尊亲属、四亲等内的旁系血亲或检察官可请求撤销。

(修订于 2005 年 3 月 31 日)

第 819 条 未经同意而结婚的撤销请求权的消灭

违反第 808 条规定的婚姻,于当事人满 20 岁后或自禁治产宣告撤销后,经过 3 个月或婚姻中怀孕时,不得请求其撤销。(修订于 1990 年 1 月 13 日,2005 年 3 月 31 日)

第 820 条 对同姓婚等的撤销请求权的消灭(修订于 2005 年 3 月 31 日)

违反第 809 条规定的婚姻,该当事人于婚姻期间怀孕时,不得请求撤销。

(修订于 2005 年 3 月 31 日)

第 821 条 废止(2005 年 3 月 31 日)

第 822 条 因恶疾等事由产生的婚姻撤销请求权的消灭

符合第 816 条第 2 款所定事由的婚姻,自相对人知道该事由之日起经过 6 个月的,不得请求撤销。

第 823 条 因欺诈、胁迫而产生的婚姻撤销请求权的消灭

因欺诈或胁迫而产生的婚姻,自知道欺诈之日起或自可摆脱胁迫之日起经过 3 个月的,不得请求撤销。

第 824 条　婚姻撤销的效力

婚姻撤销的效力,不溯及既往。

第 825 条　婚姻撤销与损害赔偿请求权

第 806 条的规定,准用于婚姻的无效或撤销情形。

第 4 节　婚姻的效力

第 1 目　一般效力

第 826 条　夫妻之间的义务

1. 夫妻应同居,相互扶养、相互协助。但有正当理由暂时不能同居的,应相互容忍。

2. 夫妻的同居地点,依夫妻协议而定。但协议不成时,可依当事人的请求,由家庭法院确定。(修订于 1990 年 1 月 13 日)

3. 废止(2005 年 3 月 31 日)

4. 废止(2005 年 3 月 31 日)

第 826b 条　成年拟制

未成年人结婚时,视为成年人。(本条新设于 1977 年 12 月 31 日)

第 827 条　夫妻间的家事代理权

1. 夫妻就日常家事,互有代理权。

2. 对前款代理权附加的限制,不得对抗善意第三人。

第 828 条　夫妻之间契约的撤销

夫妻之间的契约,于婚姻间可随时由一方撤销。但不得损害第三人的权利。

第 2 目　财产上的效力

第 829 条　夫妻财产的约定及其变更

1. 夫妻未于婚姻成立前就财产另行约定的,其财产关系依本目下列各条规定。

2. 夫妻于婚姻成立前就财产有约定的,婚姻期间不得变更。但有正当理由时,可经法院的许可变更。

3. 根据前款约定,夫妻一方管理另一方财产,但因管理失当而使其财产处于危急情形的,另一方可请求法院由其自行管理;该财产为夫妻共有的,可请求其分割。

4. 夫妻就其财产另行约定,但至婚姻成立时仍未登记的,不得以其对抗夫妻的承继人或第三人。

5. 根据第2款、第3款的规定或约定,变更管理人或分割共有财产的,未经登记,不得以其对抗夫妻的继承人或第三人。

第830条 特有财产与归属不明财产

1. 夫妻一方于婚前所有的固有财产,及婚姻期间以自己名义取得的财产,为其特有财产。

2. 夫妻间归属不明的财产,推定为夫妻共有。(修订于1977年12月31日)

第831条 特有财产的管理等

夫妻,各自管理、使用、收益其特有财产。

第832条 因家事产生的债务的连带债务

夫妻一方,就日常家事与第三人实施法律行为时,另一方对因此而产生的债务负连带责任。但已向第三人明示另一方不负责任的,不在此限。

第833条 生活费用

为夫妻共同生活所必需的费用,如当事人之间无特别约定,由夫妻共同负担。

(全文修订于1990年1月13日)

第 5 节 离 婚

第 1 目 协议离婚

第 834 条 协议离婚

夫妻可以依协议而离婚。

第 835 条 禁治产人的协议离婚

第 808 条第 2 款及第 3 款的规定,准用于禁治产人的协议离婚。

(全文修订于 1990 年 1 月 13 日)

第 836 条 离婚的成立及申报方式

1. 协议离婚经家庭法院的确认,根据《亲属法系登记法》的规定申请,发生其效力。(修订于 1977 年 12 月 31 日,2007 年 5 月 17 日)

2. 前款申请,需由当事人双方及成年证人 2 人共同签名的书面形式进行。

第 836b 条 离婚程序

1. 欲协议离婚者应得到家庭法院提供的离婚咨询,必要时家庭法院可劝告当事人,接受具有专业知识和经验的咨询员的咨询。

2. 向家庭法院申请确认离婚意思的当事人,自接受第 1 款咨询之日起经以下各项期间后,得到离婚意思的确认:

(1) 有需要抚养的人时(包括胎内的子女,以下本条亦同)为 3 个月;

(2) 不符合第 1 项时为 1 个月。

3. 因暴力将会对当事人一方造成无法忍受的痛苦等应予离婚的紧急情形,家庭法院可缩短或免除第 2 款的期间。

4. 有需抚养的人时,当事人应出具第 837 条所定的子女抚养协议书及第 909 条第 4 款所定的子女的亲权人决定协议书,或第 837 条及第 909 条第 4 款所定的家庭法院的审判正本。

(本条新设于 2007 年 12 月 21 日)

第 837 条　离婚及子女的抚养责任

1. 当事人关于抚养子女的相关事项,以其协议确定。(修订于 1990 年 1 月 13 日)

2. 第 1 款协议包括以下事项:(修订于 2007 年 12 月 21 日)

(1) 抚养人的决定;

(2) 抚养费的负担;

(3) 见面交涉权的行使与否及其方法。

3. 第 1 款所定协议违反子女的福利时,家庭法院可令其补正或依职权斟酌子女的意思、年龄和父母的财产状况及其他情况,确定抚养的必要事项。(修订于 2007 年 12 月 21 日)

4. 就抚养事项未达成协议或无法协议时,家庭法院可依职权或依当事人的请求作出裁定。于此情形,家庭法院应参考第 3 款的规定。(新设于 2007 年 12 月 21 日)

5. 为子女福利家庭法院认为有必要的,可依父、母、子女及检察官的请求变更抚养事项,或进行适当处分。(新设于 2007 年 12 月 21 日)

6. 第 3 款至第 5 款的规定,除抚养相关事项外,并不变更父母的权利义务。(新设于 2007 年 12 月 21 日)

第 837b 条　探视权

1. 未直接抚养子女的父母一方和子女,有相互探视的权利。(修订于 2007 年 12 月 21 日)

2. 家庭法院为子女的福利认为有必要时,可依当事人的请求或依职权限制或禁止探视。(修订于 2005 年 3 月 31 日)

(本条新设于 1990 年 1 月 13 日)

第 838 条　因欺诈、胁迫而产生的离婚的撤销请求权

因欺诈或胁迫而实施离婚的意思表示时,可请求家庭法院撤销。(修订于 1990 年 1 月 13 日)

第 839 条　准用规定

第 823 条的规定,准用于协议离婚。

第 839b 条　财产分割请求权

1. 协议离婚一方可请求另一方分割财产。

2. 第 1 款的财产分割,协议不成或不能协议时,家庭法院可根据当事人的请求,斟酌当事人双方合作取得的财产数额及其他情况,确定分割数额及方法。

3. 第 1 款的财产分割请求权,自离婚之日起经过 2 年的,归于消灭。

(本条新设于 1990 年 1 月 13 日)

第 839c 条　以财产分割请求权的保全为目的的诈害行为撤销权

1. 夫妻一方明知损害另一方的财产分割请求权而实施以财产权为标的的法律行为时,另一方可准用第 406 条第 1 款的规定请求家庭法院撤销和恢复原状。

2. 第 1 款诉讼应于第 406 条第 2 款规定的期间内提出。

(本条新设于 2007 年 12 月 21 日)

第 2 目　判决离婚

第 840 条　判决离婚的原因

夫妻一方于下列各项事由情形,可请求家庭法院判决离婚:(修订于 1990 年 1 月 13 日)

1. 配偶有不贞行为;
2. 配偶恶意遗弃另一方;
3. 受配偶或其直系尊亲属的严重不当对待;
4. 自己的直系尊亲属受配偶的严重不当对待;
5. 配偶 3 年以上生死不明;
6. 有其他难以继续婚姻的重大事由。

第 841 条　因不贞产生的离婚请求权的消灭

前条第 1 款事由,自事前得到另一方的同意或事后得到宽恕时起,或自知道之日起经过6个月、该事由发生之日起经过2年的,不得请求离婚。

第842条　因其他原因而产生的离婚请求权的消灭

第840条第6项的事由,自另一方知道之日起经过6个月、自发生该事由之日起经过2年的,不得请求离婚。

第843条　准用规定

第806条、第837b条及第839b条的规定,准用于判决离婚情形。(修订于1990年1月13日)

第4章　父母与子女

第1节　亲生子女

第844条　夫的亲生子女推定

1. 妻子于婚姻期间怀孕的子女,推定为丈夫的子女。

2. 自婚姻成立之日起经过200日或自婚姻终止之日起经过300日出生的子女,视为婚姻期间怀孕的子女。

第845条　法院对父亲的确认

违反第844条的规定,再婚的女子分娩,依前条规定无法确定其子女之父时,法院可依当事人的请求确定。

第846条　子女的亲生否认

夫于第844条情形,可提起否认该子女为亲生子女的诉讼。

第847条　否认亲生子女之诉

1. 否认之诉,由丈夫或妻子以另一方或以子女为对象,自知道该事由之日起2年内提起。

2. 于第1款情形,对象全部死亡的,自知道死亡之日起2年内以检察官为对象提起否认亲生之诉。

（全文修订于 2005 年 3 月 31 日）

第 848 条 禁治产人的亲生子女否认之诉

1. 夫或妻为禁治产人时，其监护人可经亲属会的同意提起亲生子女否认之诉。（修订于 2005 年 3 月 31 日）

2. 于第 1 款情形，监护人未提起否认亲生子女之诉的，禁治产人自撤销禁治产宣告之日起 2 年内可提起否认亲生子女之诉。（修订于 2005 年 3 月 31 日）

第 849 条 子女死亡后的亲生否认

子女虽死亡，但有其直系卑亲属的，可以以其母为对象或如无母，则以检察官为对象提起否认之诉。

第 850 条 遗嘱的亲生否认

夫或妻以遗嘱表示否认意思的，遗嘱执行人应提起否认亲生子女之诉。（修订于 2005 年 3 月 31 日）

第 851 条 夫于子女出生前死亡时的亲生否认

夫于子女出生前死亡，或夫或妻于第 847 条第 1 款期间内死亡的，限于夫或妻的直系尊亲属或直系卑亲属自知道其死亡之日起 2 年内提起否认亲生子女之诉。

（全文修订于 2005 年 3 月 31 日）

第 852 条 亲生子女否认权的消灭

子女出生后承认亲生子女者，不得再次提起亲生子女否认之诉。

（全文修订于 2005 年 3 月 31 日）

第 853 条 废止（2005 年 3 月 31 日）

第 854 条 因欺诈、胁迫引起的承认的撤销

第 852 条承认系因欺诈或胁迫引起的，可以撤销。（修订于 2005 年 3 月 31 日）

第 855 条 认领

1. 婚姻外出生的子女,可由其生父或生母认领。父母婚姻无效时,视为婚姻外出生子女。

2. 婚姻外出生的子女的父母结婚的,自父母结婚之时起视为婚生子女。

第 856 条 禁治产人的认领

父为禁治产人时,可经监护人的同意而认领。

第 857 条 死亡子女的认领

虽于子女死亡之后,如有其直系卑亲属时,亦可认领。

第 858 条 胎内子女的认领

父亲亦可认领胎内子女。

第 859 条 认领的效力发生

1. 认领依《亲属关系登记法》的规定申请而发生效力。(修订于 2007 年 5 月 17 日)

2. 认领亦可依遗嘱为之。于此情形,应由遗嘱执行人申请。

第 860 条 认领的溯及效力

认领溯及于其子女出生之时发生效力。但不得损害第三人取得的权利。

第 861 条 认领的撤销

基于欺诈、胁迫或重大错误而认领时,自知道欺诈或错误之日起或自可摆脱胁迫之日起 6 个月内,经法院的许可而撤销。

第 862 条 认领的异议之诉

子女及其他利害关系人,自知道认领申请之日起 1 年内,可就认领提起异议之诉。

第 863 条 认领请求之诉

子女及其直系卑亲属或其法定代理人,可以以父或母为对象,提起认领请求之诉。

第 864 条　父母的死亡与认领请求之诉

于第 862 条及第 863 条情形,父或母死亡的,可自知道其死亡之日起 2 年内以检察官为对象,提起认领异议或请求认领之诉。(修订于 2005 年 3 月 31 日)

第 864b 条　认领与子女的抚养责任等

如子女被认领的,子女的抚养责任和探视权适用第 837 条及第 837b 条的规定。

(本条新设于 2005 年 3 月 31 日)

第 865 条　以其他事由为原因的,亲生子女关系存在与否的确认之诉

1. 根据第 845 条、第 846 条、第 848 条、第 850 条、第 851 条、第 862 条及第 863 条的规定,可以提起诉讼的人,可以以其他事由为原因,提起亲生子女关系存在与否的确认之诉。

2. 于第 1 款情形,当事人一方死亡时,自知道其死亡之日起 2 年内,可以以检察官为对象提起诉讼。(修订于 2005 年 3 月 31 日)

第 2 节　养　子　女

第 1 目　收 养 要 件

第 866 条　收养子女的能力

达到成年者,可以收养子女。

第 867 条　废止(1990 年 1 月 13 日)

第 868 条　废止(1990 年 1 月 13 日)

第 869 条　不满 15 岁者的收养同意

收养不满 15 岁的人作养子女时,可由其法定代理人代为作出接受收养的意思表示。

(全文修订于 1990 年 1 月 13 日)

第 870 条　收养的同意

1. 将成为养子女的人须经父母的同意,父母死亡或因其他事由不能同意的,如有其他直系尊亲属时,须经其同意。

2. 于第 1 款情形,直系尊亲属为数人时,以最近尊亲属为优先顺位,同一顺位者为数人时,以年长者为优先顺位。(修订于 1990 年 1 月 13 日)

第 871 条　收养未成年人的同意

将被收养的人未成年的,无父母或其他直系尊亲属时,须经监护人的同意。但监护人的同意,须经家庭法院的许可。(修订于 1990 年 1 月 13 日)

第 872 条　监护人与被监护人之间的收养

监护人以被监护人为养子女时,须经家庭法院的许可。(修订于 1990 年 1 月 13 日)

第 873 条　禁治产人的收养

禁治产人经监护人的同意,可以收养子女,亦可被他人收养。

第 874 条　夫妻的共同收养

1. 有配偶的人收养子女时,应与配偶共同收养。

2. 有配偶的人被他人收养时,须经另一方的同意。

(全文修订于 1990 年 1 月 13 日)

第 875 条　废止(1990 年 1 月 13 日)

第 876 条　废止(1990 年 1 月 13 日)

第 877 条　养子女的禁止

1. 尊亲属或年长者,不得成为养子女。

2. 废止(1990 年 1 月 13 日)

第 878 条　收养的效力发生

1. 收养依《亲属关系登记法》规定进行登记而产生其效力。(修订于 2007 年 5 月 17 日)

2. 前款登记,需以当事人双方及 2 名成年证人共同签名的书面进行。

第 879 条　废止(1990 年 1 月 13 日)

第 880 条　废止(1990 年 1 月 13 日)

第 881 条　收养登记的审查

收养登记,如其收养未违反第 866 条至第 877 条、第 878 条第 2 款的规定及其他法律时,应予受理。(修订于 1990 年 1 月 13 日)

第 882 条　在外国的登记申请

第 814 条的规定,准用于收养的情形。

第 2 目　收养的无效与撤销

第 883 条　收养无效的原因

收养于下列各项情形,无效:

1. 当事人之间无收养合意;

2. 违反第 869 条、第 877 条第 1 款的规定。

第 884 条　撤销收养的原因

收养,于下列各项情形,可向家庭法院请求撤销:(修订于 1990 年 1 月 13 日)

(1) 收养违反第 866 条及第 870 条至第 874 条的规定时;

(2) 收养当时不知道养父母及养子女中一方有恶疾或其他重大事由时;

(3) 因欺诈或胁迫而为收养的意思表示时。

第 885 条　收养撤销请求权人

收养违反第 866 条的规定时,养父母、养子女及其法定代理人或直系血亲,可请求撤销。

(全文修订于 1990 年 1 月 13 日)

第 886 条 同上

收养违反第 870 条的规定时,同意权人可请求其撤销;违反第 871 条的规定时,该养子女、法定代理人或同意权人可请求撤销。(修订于 1990 年 1 月 13 日)

第 887 条 同上

收养违反第 872 条的规定时,被监护人或亲属会成员可请求撤销;违反第 873 条的规定时,禁治产人或监护人可请求撤销。

第 888 条 同上

收养违反第 874 条的规定时,配偶可请求撤销。

(全文修订于 1990 年 1 月 13 日)

第 889 条 收养撤销请求权的消灭

违反第 866 条规定的收养,养父母成年后不得请求撤销。

第 890 条 废止(1990 年 1 月 13 日)

第 891 条 同上

违反第 871 条规定的收养,养子女成年后经过 3 个月或死亡时,不得请求撤销。

第 892 条 同上

违反第 872 条规定的收养,在监护终止的管理结算完毕后经过 6 个月时,不得请求撤销。

第 893 条 同上

违反第 873 条规定的收养,于撤销禁治产宣告后经 3 个月时,不得请求撤销。

第 894 条 同上

违反第 870 条、第 874 条规定的收养,自知道该事由之日起 6 个月、自该事由发生之日起经过 1 年时,不得请求撤销。

第 895 条 废止(1990 年 1 月 13 日)

第 896 条 同上

符合第 884 条第 2 款所定事由的收养,自养父母子女一方知道该事由之日起经过 6 个月的,不得请求撤销。(修订于 1990 年 1 月 13 日)

第 897 条 准用规定

第 823 条、第 824 条的规定,准用于收养的撤销;第 806 条的规定,准用于收养的无效或撤销。

第 3 目 废 养

第 1 分目 协议废养

第 898 条 协议废养

1. 养父母子女可依协议而废养。

2. 废止(1990 年 1 月 13 日)

第 899 条 不满 15 岁者的协议废养

养子女不满 15 岁时,应根据第 869 条的规定,由承诺收养的人代替订立废养协议。但承诺收养的人死亡或因其他事由不能订立协议时,由生父母家的其他直系尊亲属进行。

第 900 条 未成年人的协议废养

养子女为未成年人时,可经第 871 条所定同意权人的同意,订立废养协议。

第 901 条 准用规定

于第 899 条及第 900 条情形,直系尊亲属为数人时,准用第 870 条第 2 款。

(全文修订于 1990 年 1 月 13 日)

第 902 条 禁治产人的协议废养

养父母或养子女为禁治产人时,经监护人的同意,可订立废养协议。

第 903 条　废养申报的审查

废养申报,如其废养不违反第 878 条第 2 款、第 898 条至前条的规定及其他法令时,应予受理。

第 904 条　准用规定

第 823 条及第 878 条的规定,准用协议废养。

第 2 分目　判　决　废　养

第 905 条　判决废养的原因

养父母子女中的一方,于发生下列各项事由情形,可向家庭法院请求废养:(修订于 1990 年 1 月 13 日)

(1) 玷污家族名誉或有耗尽财产的重大过失时;

(2) 受另一方或其直系尊亲属的严重不当对待时;

(3) 自己的直系尊亲属受另一方的严重不当对待时;

(4) 养子女生死不明达 3 年以上时;

(5) 其他难以继续养父母子女关系的重大事由发生时。

第 906 条　准用规定

第 899 条至第 902 条的规定,准用于判决上的废养请求。(修订于 1990 年 1 月 13 日)

第 907 条　废养请求权的消灭

第 905 条第 1 项至第 3 项及第 5 项的事由,自另一方知道之日起经 6 个月、自该事由发生之日起经过 3 年的,不得请求废养。

第 908 条　废养与损害赔偿请求权

第 806 条的规定,准用于判决上的废养。

第 4 目　亲　养　子

(新设于 2005 年 3 月 31 日)

第 908b 条　亲养子的收养条件等

1. 收养亲养子的人,在具备以下各项条件时,向家庭法院作出收养亲养子的请求：

（1）夫妻结婚3年以上，且共同收养。但夫妻结婚1年以上，一方收养其配偶亲生子女为亲养子的，不在此限；

（2）被收养人未满15岁；

（3）被收养人的亲生父母同意收养亲养子。但父母丧失亲权或死亡及因其他事由无法同意的，不在此限。

（4）应有第869条所定法定代理人的收养同意；

2. 家庭法院为亲养子的福利，可考虑其抚养状况、收养亲养子的动机、养父母的养育能力及其他情况，认为收养亲养子不恰当的，可驳回第1款请求。

（本条新设于2005年3月31日）

第908c条　收养亲养子的效力

1. 视亲养子为夫妻婚姻中出生的子女。

2. 收养亲养子前的亲属关系，于第908b条第1款的收养亲养子的请求确定时终止。但夫妻一方单独收养其配偶的亲生子女时，配偶及其亲属与亲生子女之间的关系则不在此限。

（本条新设于2005年3月31日）

第908d条　收养亲养子的撤销等

1. 因不可归责于被收养人亲生父亲或母亲的同意，无法作出第908b条第1款第3项但书所定同意的，自知道亲养子收养事实之日起6个月内可请求家庭法院撤销亲养子的收养。

2. 第883条及第884条的规定，就亲养子的收养，不予适用。

（本条新设于2005年3月31日）

第908e条　亲养子的废养

1. 养父母、亲养子、生父、生母或检察官，可就下列各项事由之一请求家庭法院废养亲养子：

（1）养父母虐待或遗弃亲养子，或有其他明显危害亲养子福利的行

为的;

(2) 因亲养子对养父母实施悖伦行为,难以维系亲养子关系的。

2. 第898条及第905条的规定,就亲养子的废养,不予适用。

(本条新设于2005年3月31日)

第908f条 准用规定

第908b条第2款的规定,准用于亲养子收养的撤销或第908e条第1款第2项所定的废养请求。

(本条新设于2005年3月31日)

第908g条 亲养子收养的撤销、废养的效力

1. 亲养子收养被撤销或废养的,亲养子关系消灭,收养前的亲属关系恢复。

2. 于第1款情形,亲养子收养的撤销效力,不溯及既往。

(本条新设于2005年3月31日)

第908h条 准用规定

关于亲养子,除本目有特别规定外,在不违反其性质的范围内准用养子的相关规定。

(本条新设于2005年3月31日)

第3节 亲 权

第1目 总 则

第909条 亲权人

1. 父母为未成年子女的亲权人。于养子情形,养父母为亲权人。(修订于2005年3月31日)

2. 亲权,于父母婚姻中时,由父母共同行使。但父母意见不一致时,根据当事人的请求由家庭法院确定。

3. 父母一方不能行使亲权时,由另一方行使。

4. 于婚外子女被认领情形及父母离婚的情形,由父母协议确定行使亲权之人,不能协议或协议不成时,家庭法院应依职权或当事人的请求指定亲权人。但父母与子女福利相反的,家庭法院应命令补正或依职权确定亲权人。(修订于 2005 年 3 月 31 日、2007 年 12 月 21 日)

5. 家庭法院于撤销婚姻、裁判离婚或认领请求之诉时,依职权确定亲权人。(修订于 2005 年 3 月 31 日)

6. 家庭法院为子女福利认为必要时,可依子女 4 亲等以内亲属的请求,将所定亲权人变更为另一方。(新设于 2005 年 3 月 31 日)

(全文修订于 1990 年 1 月 13 日)

第 910 条　子女亲权的代行

亲权人可代替服从亲权的子女行使亲权。(修订于 2005 年 3 月 31 日)

第 911 条　未成年人子女的法定代理人

行使亲权的父或母,为未成年子女的法定代理人。

第 912 条　行使亲权的标准

行使亲权时,应优先考虑子女的福利。

(本条新设于 2005 年 3 月 31 日)

第 2 目　亲权的效力

第 913 条　保护、教养的权利义务

亲权人有保护与教养子女的权利义务。

第 914 条　居所指定权

子女应居住于亲权人指定的居所。

第 915 条　惩戒权

亲权人为保护或教养其子女,可进行必要的惩戒,经法院的许可委托于感化所或矫正机构。

第 916 条　子女的特有财产及其管理

子女以自己名义取得的财产为其特有财产,由作为法定代理人的亲权人管理。

第 917 条　废止(1990 年 1 月 13 日)

第 918 条　第三人无偿给予子女的财产的管理

1. 无偿给予子女财产的第三人,作出反对亲权人管理的意思表示时,亲权人不得管理其财产。

2. 于前款情形,第三人未指定其财产管理人时,法院根据受领财产的子女或第 777 条所定亲属的请求,选任管理人。

3. 第三人指定的管理人的权限消灭或有必要改任管理人的,第三人未重新指定管理人时,亦与前款相同。

4. 第 204 条第 1 款、第 2 款、第 4 款,第 205 条前段及第 206 条第 1 款、第 2 款的规定,准用于前 2 款的情形。

第 919 条　关于委任规定的准用

第 691 条、第 692 条的规定,准用于前 3 条的财产管理。

第 920 条　亲权人对子女财产的代理权

亲权人作为法定代理人就有关子女财产的法律行为代理其子女。但负担以该子女的行为为标的的债务时,须得到本人同意。

第 920b 条　共同亲权人的一方以共同名义所实施的行为的效力

父母共同行使亲权的,父母中一方以共同名义代理子女或同意子女的法律行为时,即使违反另一方的意思,亦发生其效力。但相对人为恶意时,不在此限。

(本条新设于 1990 年 1 月 13 日)

第 921 条　亲权人与其子女间或数子女间的利益相反行为

1. 亲权人作为法定代理人,实施与其子女利益相反的行为时,亲权人应请求法院选任该子女的特别代理人。

2. 亲权人作为法定代理人,实施与服从其亲权的数子女的利益相

反的行为时,应向法院请求选任其子女一方的特别代理人。(修订于 2005 年 3 月 31 日)

第 922 条 亲权人的注意义务

亲权人行使对其子女的法律行为的代理权或财产管理权时,应尽到对自己财产相关行为相同的注意义务。

第 923 条 财产管理人的计算

1. 作为法定代理人的亲权人,于权限消灭时,应对其所管子女的财产进行计算。

2. 于前款情形,自其子女的财产取得的孳息,视为与其对子女的养育、财产管理费用相抵销。但无偿给予子女财产的第三人为反对的意思表示时,就该财产,不在此限。

第 3 目 亲权的丧失

第 924 条 丧失亲权的宣告

父或母滥用亲权或有显著劣迹,及其他不行使亲权的重大事由时,法院可根据第 777 条所定子女的亲属或检察官的请求,宣告其丧失亲权。

第 925 条 丧失代理权、管理权的宣告

作为法定代理人的亲权人,因管理失当致使子女财产处于危急状态时,法院可根据第 777 条所定子女亲属的请求,宣告其丧失对子女法律行为的代理权及财产管理权。

第 926 条 失权回复的宣告

前 2 条规定的原因消灭的,法院可根据本人或第 777 条所定亲属的请求,宣告失权的回复。

第 927 条 代理权、管理权的辞任及回复

1. 作为法定代理人的亲权人有正当理由时,可经法院的许可辞去其法律行为的代理权及财产管理权。

2. 前款事由消灭时,该亲权人可经法院的许可,回复已辞去的权利。

第5章 监 护

第1节 监 护 人

第 928 条 对于未成年人的监护的开始

对于未成年人,无亲权人或亲权人不能行使法律行为的代理权及财产管理权时,应设监护人。

第 929 条 对禁治产等的监护的开始

有禁治产或限定治产的宣告时,应为受宣告人设监护人。

第 930 条 监护人的人数

监护人为一人。

第 931 条 遗嘱指定监护人

对未成年人行使亲权的父母,可以以遗嘱指定监护人。但无法律行为的代理权及财产管理权的亲权人,则不得指定。

第 932 条 未成年人的监护人的顺位

未根据第931条的规定指定监护人时,按未成年人的直系血亲、三亲等以内的旁系血亲的顺位为监护人。

(全文修订于1990年1月13日)

第 933 条 禁治产等的监护人的顺位

有禁治产或限定治产的宣告时,按该受宣告者的直系血亲、三亲等以内的旁系血亲的顺位为监护人。

(全文修订于1990年1月13日)

第 934 条 已婚人的监护人的顺位

已婚人受禁治产或限定治产宣告时,配偶为监护人。但配偶亦受禁治产或限定治产宣告时,依第 933 条的顺位。

（全文修订于 1990 年 1 月 13 日）

第 935 条　监护人的顺位

1. 第 932 条至第 934 条所定直系血亲或旁系血亲为数人时,最近亲等者为先顺位,同顺位者为数人时,年长者为先顺位。（修订于 1990 年 1 月 13 日）

2. 虽有第 1 款的规定,养子女的亲生父母与养父母同时存在的,养父母为先顺位;其他生父母的血亲及养父母的血亲的亲等数为同顺位时,养父母的血亲为先顺位。（修订于 1990 年 1 月 13 日）

第 936 条　法院对监护人的选任

1. 根据前 4 条规定,没有可作为监护人的人时,法院应根据第 777 条所定被监护人的亲属及其他利害关系人的请求,选任监护人。

2. 监护人死亡、欠格或因其他事由而欠格,依前 4 条规定没有可作为监护人的人时,亦同。

第 937 条　监护人的欠格事由

符合下列各项规定者,不得为监护人:（修订于 2005 年 3 月 31 日）

1. 未成年人;
2. 禁治产人、限定治产人;
3. 受破产宣告的人;
4. 受资格停止以上的刑罚宣告,并正在服刑的人;
5. 法院解任的法定代理人或亲属会成员;
6. 行踪不明的人;
7. 对被监护人曾提起诉讼或正在诉讼中的人或其配偶及直系血亲。

第 938 条　监护人的代理权

监护人为被监护人的法定代理人。

第 939 条　监护人的辞任

监护人有正当理由时,经法院的许可可以辞任。

第 940 条　监护人的解任

监护人有显著劣迹,或就其任务有不法行为及其他不能胜任监护人任务的事由时,法院可根据被监护人或第 777 条所定亲属的请求,解任监护人。

第 2 节　监护人的任务

第 941 条　财产调查及目录制作

1. 监护人应立即调查被监护人的财产,并于 2 个月内制作目录。但有正当理由时,可经法院的许可延长其期间。

2. 前款财产调查及目录的制作,如无亲属会指定的成员参与的,则无效。

第 942 条　监护人的债权、债务提示

1. 监护人与被监护人之间有债权债务关系时,监护人应于制作财产目录前,将其内容提示于亲属会或亲属会指定的成员。

2. 监护人知道对被监护人具有债权却怠于提示时,视为对其债权的放弃。

第 943 条　目录制作前的权限

监护人于财产调查及目录制作前,除非出于紧急必要的事由,不得对该财产行使权限。但不得以其对抗善意第三人。

第 944 条　被监护人取得的总括性财产的调查等

前 3 条规定,准用于监护人就任后,被监护人总括性取得财产的情形。

第 945 条　与未成年人身份相关的监护人的权利义务

未成年人的监护人,对于与第 913 条至第 915 条规定有关的事项,与亲权人具有相同的权利义务。但变更亲权人确定的教养方法或居所、将被监护人委托于感化所或矫正机构、撤销或限制亲权人同意的业务经营时,须经亲属会的同意。

第 946 条 限于财产管理的监护

亲权人仅对法律行为的代理权及财产管理权不能行使亲权的,监护人的任务限于与未成年人财产有关的行为。

第 947 条 禁治产人的疗养及监护

1. 禁治产人的监护人,不得懈怠对禁治产人的日常疗养、监护的注意。

2. 监护人将禁治产人监禁于私宅或精神病院及其他场所监禁治疗时,须经法院的许可。但在紧急状况下,可于事后请求许可。

第 948 条 未成年人亲权的代行

1. 监护人可代替被监护人,行使对其子女的亲权。

2. 前款亲权的行使,准用有关监护人任务的规定。

第 949 条 财产管理及代理权

1. 监护人管理被监护人的财产,就与其财产有关的法律行为代理被监护人。

2. 第 920 条但书的规定,准用于前款法律行为。

第 950 条 法定代理人与同意权的限制

1. 监护人代替被监护人实施下列各项行为,或同意未成年人或限定治产人的下列各项行为时,须经亲属会的同意:

(1) 经营;

(2) 借钱或保证;

(3) 以不动产或以重要财产管理权利的得丧变更为标的的行为;

(4) 诉讼行为。

2. 违反前款规定的行为,可由被监护人或亲属会撤销。

第 951 条 对被监护人的权利的受让

1. 监护人受让第三人对被监护人的权利时,须经亲属会的同意。

2. 违反前款规定的行为,可由被监护人或亲属会撤销。

第 952 条　相对人的追认与否的催告

于前 2 条情形,第 15 条的规定准用于相对人对亲属会的追认与否的催告。

第 953 条　亲属会对监护事务的监督

亲属会可随时要求监护人提交关于其任务执行的报告及提交财产目录,并可调查被监护人的财产状况。

第 954 条　法院对监护事务的处分

法院可根据被监护人或依第 777 条所定亲属及其他利害关系人的请求,调查被监护人的财产状况,并就财产管理及其他监护任务的执行,命令监护人进行必要的处分。

第 955 条　监护人的报酬

法院可依监护人的请求,斟酌被监护人的财产状况及其他情形,从被监护人的财产中给付监护人以适当的报酬。

第 956 条　委任与亲权规定的准用

第 681 条及第 918 条的规定,准用于监护人。

第 3 节　监护的终止

第 957 条　监护事务的终止及管理的计算

1. 监护人的义务终止的,监护人或其承继人应于 1 个月内进行对被监护人财产的计算。但有正当理由时,可经法院的许可延长其期间。

2. 前款计算,如无亲属会指定的成员参加时,无效。

第 958 条　利息的附加及对于金钱消费的责任

1. 监护人应支付给被监护人的金额,或被监护人应支付给监护人的金额,自计算终止之日起附加利息。

2. 监护人为自己利益而消费被监护人的金钱时,自消费之日起附加利息,被监护人有损害时,应予赔偿。

第 959 条　委任规定的准用

第 691 条、第 692 条的规定,准用于监护的终止。

第 6 章　亲　属　会

第 960 条　亲属会的组织

根据本法及其他法律规定,存在由亲属会决议的事由时,应组织亲属会。

第 961 条　亲属会成员的人数

1. 亲属会成员为 3 人以上 10 人以下。

2. 亲属会设代表 1 人,自亲属会成员中互选。

3. 前款代表人,就诉讼行为及其他外部行为,代表亲属会。

第 962 条　亲权人对亲属会成员的指定

可以指定监护人的亲权人,可以指定未成年人的亲属会成员。

第 963 条　亲属会成员的选任

1. 亲属会成员,可依本人、法定代理人或第 777 条所定亲属或利害关系人的请求,由法院在第 777 条所定亲属或本人、或与其家庭有渊源的人中选任。但根据前条规定,被指定为亲属会成员时,不在此限。(修订于 2005 年 3 月 31 日)

2. 可根据前款规定为请求者,可就亲属会的成员数及其选任向法院提出意见书。

第 964 条　亲属会成员的欠格事由

1. 监护人非于完成监护计算之后,不得为被监护人的亲属会成员。

2. 第 937 条的规定,准用于亲属会成员。

第 965 条　无行为能力人的常设亲属会

1. 为未成年人、禁治产人或限定治产人设立的亲属会,在无行为能力人事由终止前继续存在。

2. 前款亲属会缺员时,法院可依职权或依请求而补充。

第 966 条　亲属会的召集

亲属会可依本人、其法定代理人、配偶、直系血亲、成员、利害关系人或检察官的请求,由家庭法院召集。(修订于 1990 年 1 月 13 日、2005 年 3 月 31 日)

第 967 条　亲属会的决议方法

1. 亲属会的议事,以成员过半数的赞成决定。

2. 对前款议事有利害关系的成员,不得参加该项决议。

3. 以亲属会过半数赞成进行的书面决议代替亲属会决议时,根据前条规定可召集亲属会者,可于 2 个月内,请求法院撤销。

第 968 条　亲属会中的意见陈述

本人、其法定代理人、配偶、直系血亲、四亲等以内的旁系血亲,可出席亲属会陈述意见。

第 969 条　代替亲属会决议的裁判

亲属会成员不能决议或不决议时,得为召集亲属会者可代替其决议请求法院裁判。

第 970 条　亲属会成员的辞退

亲属会成员有正当理由时,经法院的许可可予辞退。

第 971 条　亲属会成员的解任

1. 亲属会成员就其任务有不法行为及其他不恰当理由时,法院可依职权或本人、其法定代理人、第 777 条所定本人的亲属或利害关系人的请求,改任或解任其亲属会成员。

2. 法院认为适当时,可依职权或本人、其法定代理人、第 777 条所定本人亲属或利害关系人的请求,增加选任亲属会成员。

第 972 条　亲属会决议与异议之诉

有权召集亲属会者,就亲属会决议,可于 2 个月内提起异议之诉。

第 973 条　亲属会成员的善管义务

第 681 条的规定,准用于亲属会成员。

第 7 章　扶　　养

第 974 条　扶养义务

下列各项亲属,互负扶养义务:

1. 直系血亲及其配偶之间;
2. 废止(1990 年 1 月 13 日);
3. 其他亲属之间(限于共同生活的情形)。

第 975 条　扶养义务与生活能力

仅于受扶养人不能以自己的资力或劳动维持生活的情形,扶养人负有履行扶养义务的责任。

第 976 条　扶养的顺位

1. 扶养义务人为数人的,就扶养人的顺位,当事人之间无协议时,法院可依当事人的请求作出裁定。受扶养人为数人的,扶养义务人的资力不能扶养其全部时,亦同。
2. 于前款情形,法院可选定数扶养义务人或权利人。

第 977 条　扶养程度、方法

就扶养程度或方法当事人之间无协议时,法院可根据当事人的请求,斟酌受扶养人的生活状况、扶养义务人的资力及其他各种情形而定。

第 978 条　扶养关系的变更或撤销

就扶养人或受扶养人的顺位、扶养的程度或方法,当事人达成协议或法院判决之后,情势发生变更时,法院可根据当事人的请求,撤销或变更其协议或判决。

第979条　扶养请求权的处分禁止

不得处分受扶养的权利。

第8章　废　　止

第1节　总　　则

第980条　废止(2005年3月31日)

第981条　废止(2005年3月31日)

第982条　废止(2005年3月31日)

第983条　废止(1990年1月13日)

第2节　废　　止
(2005年3月31日)

第984条　废止(2005年3月31日)

第985条　废止(2005年3月31日)

第986条　废止(2005年3月31日)

第987条　废止(2005年3月31日)

第988条　废止(1990年1月13日)

第989条　废止(2005年3月31日)

第990条　废止(2005年3月31日)

第991条　废止(2005年3月31日)

第992条　废止(2005年3月31日)

第 993 条　废止(2005 年 3 月 31 日)

第 994 条　废止(2005 年 3 月 31 日)

第 3 节　废　　止

(2005 年 3 月 31 日)

第 995 条　废止(2005 年 3 月 31 日)

第 996 条　废止(1990 年 1 月 13 日)

第 5 编 继 承

（修订于 1990 年 1 月 13 日）

第 1 章 继 承

（新设于 1990 年 1 月 13 日）

第 1 节 总 则

第 997 条 继承开始的原因

继承，因死亡而开始。

（全文修订于 1990 年 1 月 13 日）

第 998 条 继承开始的地点

继承，始于被继承人的住所。

第 998b 条 继承费用

有关继承的费用，自遗产中支付。

（本条新设于 1990 年 1 月 13 日）

第 999 条 继承恢复请求权

1. 继承权因表见继承人而受侵害时，继承权人或其法定代理人可提起继承恢复之诉。

2. 第 1 款的继承恢复请求权,自知道该侵害发生之日起 3 年、自对继承的侵害行为发生之日起,经过 10 年而消灭。(修订于 2002 年 1 月 14 日)

(全文修订于 1990 年 1 月 13 日)

第 2 节 继 承 人

(修订于 1990 年 1 月 13 日)

第 1000 条 继承顺位

1. 继承按下列顺位为继承人:(修订于 1990 年 1 月 13 日)

(1)被继承人的直系卑亲属;

(2)被继承人的直系尊亲属;

(3)被继承人的兄弟姐妹;

(4)被继承人四亲等以内的旁系血亲。

2. 于前款情形,同顺位的继承人为数人时,最近亲等为先顺位;同亲等的继承人为数人的,为共同继承人。

3. 关于胎儿的继承顺位,视为已经出生。(修订于 1990 年 1 月 13 日)

第 1001 条 代位继承

依前条第 1 款第 1 项及第 3 项的规定,得为继承人的直系卑亲属或兄弟姐妹于继承开始前死亡或为欠格者,并有其直系卑亲属时,由其直系卑亲属代替死亡或欠格者的顺位为继承人。

第 1002 条 废止(1990 年 1 月 13 日)

第 1003 条 配偶的继承顺位

1. 根据第 1000 条第 1 款第 1 项及第 2 项的规定有继承人时,被继承人的配偶与该继承人为同顺位的共同继承人,如无继承人时,则为单独继

承人。(修订于1990年1月13日)

2. 于第1001条情形,继承开始前死亡或欠格的配偶,与本条所定继承人顺位相同为共同继承人,无继承人时为单独继承人。(修订于1990年1月13日)

第1004条 继承人的欠格事由

具有下列各项情形之一者,不得为继承人:(修订于1990年1月13日)

1. 故意杀害或蓄意杀害直系尊亲属、被继承人、其配偶或先顺位或同顺位的继承人的人;
2. 故意伤害直系尊亲属、被继承人及其配偶而致其死亡的人;
3. 以欺诈或胁迫妨碍被继承人订立或撤销遗嘱的人;
4. 以欺诈或胁迫,使被继承人订立遗嘱的人;
5. 伪造、变造、毁灭或隐匿被继承人的遗嘱的人。

第3节 继承的效力

第1目 一般效力

第1005条 继承以及权利义务的概括承受

继承人自继承开始时起,概括承受与被继承人财产相关的权利义务。但专属于被继承人本人的权利义务,不在此限。(修订于1990年1月13日)

第1006条 共同继承与财产的共有

继承人为数人时,继承财产视为共有。

第1007条 共同继承人的权利义务的承受

共同继承人,按其各自的应继分承受被继承人的权利义务。

第1008条 特别受益人的应继分

共同继承人中有自被继承人处得到财产的赠与或遗赠的人,其受赠财产

未达自己的应继份额时,限于该不足部分有应继分。(修订于 1990 年 1 月 13 日)

第 1008b 条　特殊贡献份额

1. 共同继承人中有对被继承人的财产维持或增加作出特别贡献之人(包括对被继承人特别扶养的人)时,自继承开始当时的被继承人财产价值中扣除共同继承人协议确定的该人的特殊贡献份额,视为遗产,根据第 1009 条及第 1010 条算定的应继分加上特殊贡献份额的价值为特殊贡献者的应继分。

2. 就第 1 款协议不成或不能协议时,家庭法院应根据第 1 款所定特殊贡献者的请求,斟酌贡献的时期、方法及程度和继承财产额及其他情事,确定特殊贡献份额。

3. 特殊贡献份额,不得超出继承开始时被继承人的财产金额扣除遗赠的金额。

4. 依第 2 款所定请求,可根据第 1013 条第 2 款所定请求或第 1014 条所定情形提出。

(本条新设于 1990 年 1 月 3 日)

第 1008c 条　坟墓等的承受

属于坟墓的第一町步以内的禁养林地及六百坪($1 坪 = 3.3058 \ m^2$)以内的墓土、宗谱及祭具的所有权,由主持祭祀者承受。

(本条新设于 1990 年 1 月 13 日)

第 2 目　应　继　分

第 1009 条　法定应继分

1. 同顺位的继承人为数人时,应均分应继分。(修订于 1977 年 12 月 31 日、1990 年 1 月 13 日)

2. 被继承人配偶的应继分,与直系卑亲属共同继承时,应算入直系卑亲属应继分的 1/2;与直系尊亲属共同继承时,应算入直系尊亲属应继

分的 1/2。(修订于 1990 年 1 月 13 日)

3．废止(1990 年 1 月 13 日)

第 1010 条 代位应继分

1．根据第 1001 条的规定,代替死者或欠格者成为继承人的人的应继分,应与死者或欠格者的应继分相同。

2．于前款情形,死者或欠格者的直系卑亲属为数人时,其应继分应于死者或欠格者的应继分的限度内,依第 1009 条的规定而定。于第 1003 条第 2 款情形,亦同。

第 1011 条 共同应继分的受让

1．共同继承人中,存在将其应继分转让给第三人的情形时,其他共同继承人可于偿还其价金及转让费后,受让其应继分。

2．前款权利,应自知道该事由之日起 3 个月、自发生该事由之日起 1 年内行使。

第 3 目　继承财产的分割

第 1012 条 遗嘱的分割方法的指定、分割禁止

被继承人可以以遗嘱决定遗产的分割方法或委托第三人决定；于继承开始之日起不超过 5 年期间,可禁止分割。

第 1013 条 协议分割

1．除前条情形外,共同继承人可随时根据协议分割遗产。

2．第 269 条的规定,准用于前款遗产的分割。

第 1014 条 分割后被认领人等的请求权

继承开始后的认领或依判决的确定为共同继承人的人请求分割遗产时,其他共同继承人已分割或进行其他处分的,有权请求就其应继分给付相应的价金。

第 1015 条 分割的溯及效力

继承财产的分割,溯及于继承开始之时发生效力。但不得侵害第三

人的权利。

第 1016 条　共同继承人的担保责任

共同继承人,对其他共同继承人因分割而取得的财产,按其应继分承担与出卖人相同的担保责任。

第 1017 条　对继承债务人的资力担保责任

1. 共同继承人对其他继承人因分割而取得的债权,就遗产分割时债务人的资力负担保责任。

2. 对于未届清偿期的债权或附停止条件的债权,就清偿时债务人的资力负担保责任。

第 1018 条　无资力共同继承人的担保责任的分担

负担保责任的共同继承人中存在无偿还资力人时,其负担部分由求偿权人及有资力的其他共同继承人按其应继分的比例分担。但求偿权人因过失而未得到偿还时,不得请求其他共同继承人分担。

第 4 节　继承的承认与放弃

（修订 1990 年 1 月 13 日）

第 1 目　总　　则

第 1019 条　承认、放弃的时间

1. 继承人自知道继承开始之日起 3 个月内,可单纯承认或限定承认或放弃。但此期间可根据利害关系人或检察官的请求,由家庭法院延长。（修订于 1990 年 1 月 13 日）

2. 继承人可于前款承认或放弃前,调查继承财产。（修订于 2002 年 1 月 14 日）

3. 虽为第 1 款规定,继承人无重大过失,于第 1 款期间内不知道继承债务超出遗产的事实而为单纯承认（包括根据第 1026 条第 1 项及第 2 项的规定,视为单纯承认的情形）时,自知道该事实之日起 3 个月内,可表

示为限定承认。（修订于 2002 年 1 月 14 日）

第 1020 条 无行为能力人的承认、放弃期间

继承人为无行为能力人时，前条第 1 款的期间，自其法定代理人知道继承开始之日起起算。

第 1021 条 有关承认、放弃期间计算的特则

继承人未予承认或放弃的，于 1019 条第 1 款所定期间内死亡时，自其继承人知道自己继承开始之日起起算第 1019 条第 1 款的期间。

第 1022 条 继承财产的管理

继承人应以对其固有财产的相同注意，管理遗产。但单纯承认或放弃时，不在此限。

第 1023 条 为继承财产保存所必要的处分

1. 法院可根据利害关系人或检察官的请求，命令实施为保存遗产所必要的处分。

2. 由法院选任财产管理人时，准用第 204 条至第 206 条的规定。

第 1024 条 承认、放弃的撤销禁止

1. 继承的承认或放弃，虽于第 1019 条第 1 款的期间内，亦不得撤销。（修订于 1990 年 1 月 13 日）

2. 前款规定，不及于依总则编所定撤销。但其撤销权，自得以追认之日起 3 个月、自得为承认或放弃之日起 1 年内不行使时，将因时效而消灭。

第 2 目　单纯承认

第 1025 条 单纯承认的效果

继承人表示单纯承认时，无限制地继承被继承人的权利义务。（修订于 1990 年 1 月 13 日）

第 1026 条 法定单纯承认

发生下列各项事由时,视为继承人单纯承认:(修订于 2002 年 1 月 14 日)

1. 继承人对遗产为处分行为的;

2. 继承人于第 1019 条第 1 款所定期间内,未表示限定承认或放弃的;

3. 继承人表示限定承认或放弃后,隐匿、不当消费继承财产或故意不把继承财产记入财产目录的。

第 1027 条 法定单纯承认的例外

因继承人放弃继承而使次顺位继承人承认继承时,前条第 3 项事由不视为继承的承认。

第 3 目 限 定 承 认

第 1028 条 限定承认的效果

继承人在因继承而取得的财产限度内,以清偿被继承人的债务及遗赠为条件,承认继承。(修订于 1990 年 1 月 13 日)

第 1029 条 共同继承人的限定承认

继承人为数人时,各继承人在依照应继分应取得的财产限度内,以依其应继分清偿被继承人的债务及遗赠为条件,承认继承。

第 1030 条 限定承认的方式

1. 继承人表示限定继承时,应于第 1019 条第 1 款的期间内追加遗产目录,并向法院提交限定承认的申报。

2. 依第 1019 条第 3 款规定为限定承认情形,遗产中有已处分财产的,应将目录和价格同时提交给法院。(新设于 2005 年 3 月 31 日)

第 1031 条 限定承认与财产上的权利义务的不消灭

继承人表示限定承认时,继承人对被继承人的财产上的权利义务不消灭。

第 1032 条 对债权人的公告、催告

1．限定承认人应于表示限定承认之日起5日内，向一般继承债权人及受遗赠人，公告限定承认的事实，并催告其于一定期间内申报其债权或受赠。其期间应为2个月以上。

2．第88条第2款、第3款及第89条的规定，准用于前款情形。

第1033条　催告期间中的拒绝清偿

限定承认人于前条第1款的期间届满前，可拒绝继承债权的清偿。

第1034条　分配清偿

限定承认人在第1032条第1款的期间届满前，应以继承财产于其期间内向申报的债权人及限定承认人所知道的债权人，依各债权额的比例清偿。但不得侵害有优先权的债权人的权利。

第1035条　清偿期前的债务等的清偿

1．限定承认人对未届清偿期的债权，亦可根据前条规定清偿。

2．附条件的债权或存续期间不确定的债权，依法院选任的鉴定人的估价清偿。

第1036条　受赠人的清偿

限定承认人根据前2条规定，非于对继承债权人清偿完毕之后，不得向受遗赠人清偿。

第1037条　继承财产的拍卖

为进行前3条所定清偿，有必要出卖遗产的全部或一部分时，应根据民事执行法进行拍卖。（修订于1997年12月3日、2001年12月29日）

第1038条　因不当清偿而产生的责任

1．限定承认人怠于进行第1032条所定的公告、催告，或违反第1033条至第1036条的规定，向某继承债权人或受遗赠人清偿而不能清偿其他继承权人或受遗赠人时，限定承认人应赔偿其损失。依第1019条第3款规定限定承认后，于此前因过失不知道继承债务超过遗产的继承人，向继承债权人或受遗赠人清偿的，亦同。

2. 第 1 款前段情形,未得到清偿的继承债权人或受遗赠人,可对知道该事由得到清偿的继承债权人或受遗赠人行使偿权。依第 1019 条第 3 款规定为限定承认的即使存在于此前知道继承债务超过遗产而得到清偿或接受遗赠的人,亦同。

3. 第 766 条的规定,准用于第 1 款及第 2 情形。

(全文修订于 2005 年 3 月 31 日)

第 1039 条 未申报的债权人等

未于第 1032 条第 1 款的期间内申报的继承债权人及受赠人,且为限定人所不知者,限于遗产有剩余情形,可得到其清偿。但就遗产有特别担保权时,不在此限。

第 1040 条 共同继承财产与其管理人的选任

1. 继承人为数人情形,法院可根据各继承人及其他利害关系人的请求,在共同继承人中选任遗产管理人。

2. 法院选任的管理人,负有代表共同继承人管理遗产及实施有关债务清偿的所有行为的权利义务。

3. 第 1022 条、第 1032 条至前条的规定,准用于前款管理人。但第 1032 条所定 5 日公告期间,自管理人知道其选任之日起起算。

第 4 目 放 弃

第 1041 条 放弃的方式

继承人放弃继承时,应于第 1019 条第 1 款的期间内,向家庭法院申报放弃。(修订于 1990 年 1 月 13 日)

第 1042 条 放弃的溯及效力

继承的放弃,溯及于继承开始之时。

第 1043 条 放弃继承财产的归属

继承人为数人情形,某一继承人放弃继承时,其应继分按其他继承人的应继分的比例归属于继承人。

第 1044 条　对放弃继承财产的继续管理义务

1. 放弃继承者,于因放弃继承而为继承人者得以管理遗产之前,应继续管理财产。

2. 第 1022 条及第 1023 条的规定,准用于前款财产管理。

第 5 节　财产的分割

第 1045 条　遗产的分割请求权

1. 继承债权人或受遗赠人或继承人的债权人,自继承开始之日起 3 个月内,可请求法院分离遗产与继承人的固有财产。

2. 继承人未予承认或未放弃继承期间,虽经过前款期间,亦可请求财产的分割。(修订于 1990 年 1 月 13 日)

第 1046 条　分割命令及对债权人等的公告、催告

1. 法院根据前款请求命令分割财产时,其请求人应于 5 日内向一般继承债权人及受遗赠人,公告财产分割命令的事实及公告于一定期间内申报其债权或受赠。其期间,应为 2 个月以上。

2. 第 88 条第 2 款、第 3 款及第 89 条的规定,准用于前款情形。

第 1047 条　分割后的遗产管理

1. 法院命令分割财产时,可责令就遗产的管理为必要的处分。

2. 法院选任财产管理人的,准用第 204 条至第 206 条的规定。

第 1048 条　分割后的继承人的管理义务

1. 虽于继承人表示单纯承认之后,如有财产分割命令时,对遗产亦应以对自己固有财产同样的注意管理。

2. 第 683 条至第 685 条及第 688 条第 1 款、第 2 款的规定,准用于前款的财产管理。

第 1049 条　财产分割的对抗要件

财产分割时,作为继承财产的不动产未予登记的,不得对抗第三人。

第 1050 条　财产分割及权利义务的不消灭

有财产分割命令时,继承人对被继承人的财产上的权利义务不消灭。

第 1051 条　拒绝清偿及分配清偿

1. 继承人于第 1045 条及第 1046 条的期间届满前,可拒绝向继承债权人及受遗赠人清偿。

2. 前款期间届满后,继承人应以遗产向提出财产分割请求或于其期间内申报的继承债权人、受遗赠人及继承人知道的继承债权人、受遗赠人,按各债权额或受赠额的比例清偿。但不得侵害有优先权的债权人的权利。

3. 第 1035 条至第 1038 条的规定,准用于前款情形。

第 1052 条　以固有财产实行的清偿

1. 根据前条所定继承债权人及受遗赠人,限于以遗产不能得到全部清偿的情形,可以从继承人的固有财产中得到清偿。

2. 于前款情形,继承人的债权人有从该继承人的固有财产中得到优先受偿的权利。

第 6 节　继承人的不存在

（修订于 1990 年 1 月 13 日）

第 1053 条　无继承人的财产管理人

1. 继承人存在与否不明确时,法院可根据第 777 条所定被继承人的亲属及其他利害关系人或检察官的请求,选任遗产管理人并立即公告。（修订于 1990 年 1 月 13 日）

2. 第 204 条至第 206 条的规定,准用于前款的财产管理人。

第 1054 条　财产目录的提示与情况报告

管理人于继承债权人或受遗赠人请求时,应随时提示遗产目录并报告其状况。

第 1055 条　继承人明确

1. 管理人的任务,于其继承人承认继承时终止。

2. 于前款情形,管理人应立即对其继承人计算管理。

第 1056 条　无继承人财产的清算

1. 自发布第 1053 条第 1 款所定公告之日起 3 个月内,无法知道继承人存在与否时,管理人应立即向一般债权人及受遗赠人公告,于一定期间内申报其债权或受赠。其期间应为 2 个月以上。

2. 第 88 条第 2 款、第 3 款及第 89 条、第 1033 条至第 1039 条的规定,准用于前款情形。

第 1057 条　搜索继承人的公告

即使经过前条第 1 款的期间仍无法知道继承人是否存在时,法院可根据管理人的请求,公告如有继承人,应于一定期间内主张其权利。此期间为 1 年以上。(修订于 2005 年 3 月 31 日)

第 1057b 条　对特别关系人的分与

1. 于第 1056 条所定期间内无权利主张人时,家庭法院可依曾与被继承人共同生活的人、被继承人的疗养看护人及其他与被继承人有特别关系的人的请求,分配遗产的全部或一部分。(修订于 2005 年 3 月 31 日)

2. 第 1 款的请求,应于第 1056 条期间届满后 2 个月内作出。

(本条新设于 1990 年 1 月 13 日)

第 1058 条　继承财产的国家归属

1. 依第 1057b 条未得到分配的,遗产归属于国家。

2. 第 1055 条第 2 款的规定,准用于第 1 款情形。(修订于 2005 年 3 月 31 日)

第 1059 条　归属于国家财产的清偿请求的禁止

于前条第 1 款情形,即使有未从遗产中得到清偿的继承债权人或受遗赠人,亦不得向国家请求其清偿。

第 2 章 遗　　嘱

第 1 节　总　　则

第 1060 条　遗嘱的要式性

遗嘱如非依本法所定方式,不发生效力。

第 1061 条　遗嘱适龄

不满 17 岁者,不得立遗嘱。

第 1062 条　无行为能力人与遗嘱

第 5 条、第 10 条及第 13 条的规定不适用于遗嘱。

第 1063 条　禁治产人的遗嘱能力

1. 禁治产人限于其意思能力恢复时,可立遗嘱。

2. 于前款情形,医生应将心神恢复状况附记于遗嘱中,并签名盖章。

第 1064 条　遗嘱与胎儿、继承欠格人

第 1000 条第 3 款、第 1004 条的规定,准用于受赠人。(修订于 1990 年 1 月 13 日)

第 2 节　遗嘱的方式

第 1065 条　遗嘱的普通方式

遗嘱的方式为自书、录音、公证、秘密证书及口头证书 5 种。

第 1066 条　自书遗嘱

1. 自书遗嘱,应由遗嘱人亲自书写其全文及年月日、住所、姓名,并盖章。

2. 在前款证书上进行文字的插入、删除或变更时,应由遗嘱人亲自书写并盖章。

第 1067 条 录音遗嘱

录音遗嘱,由遗嘱人口述口头遗嘱的意旨、其姓名及年月日,并由参与的证人口述遗嘱的正确性及其姓名。

第 1068 条 公证遗嘱

公证遗嘱,在 2 人以上见证人的列席下,遗嘱人于公证人之前口述遗嘱意旨,由公证人笔记宣读,经遗嘱人认可后各自签名或签名盖章。

第 1069 条 密封遗嘱

1. 密封遗嘱,应由遗嘱人在记有笔者姓名的证书上密封盖章,向 2 人以上见证人提出,陈述其为自己的遗书后,在该封缝处记载提交的年月日,并由遗嘱人及证人各自签名或签名盖章。

2. 依前款方式作出的遗嘱封面,自其表面记载之日起 5 日内,应向公证人或法院书记官提示,并于其封缝处加盖确定日期字印的印章。

第 1070 条 口头遗嘱

1. 口头遗嘱,因疾病或其他紧急事由,不能按照前 4 条所定方式立遗嘱的,在 2 人以上见证人的列席下,遗嘱人向见证人中的一人口述遗嘱的意旨,由被口授人记载并朗读,得到立遗嘱人的确认后各自签名或签名盖章。

2. 依前款方式作出的遗嘱,应由其证人或利害关系人于紧急事由终止之日起 7 日内,向法院申请检查验证。

3. 第 1063 条第 2 款的规定,不适用于口头遗嘱。

第 1071 条 密封遗嘱的转换

密封遗嘱,其方式有缺陷的,如其证书符合自书遗嘱的方式时,视为自书遗嘱。

第 1072 条　证人的欠格事由

1. 符合下列各项者,不得作为参加遗嘱的证人:

（1）未成年人;

（2）禁治产人与限定治产人;

（3）可能从遗嘱中受益之人、其配偶及直系血亲;

2. 公证遗嘱,根据公证人法的规定欠格者,不得为证人。

第 3 节　遗嘱的效力

第 1073 条　遗嘱的效力发生时期

1. 遗嘱自遗嘱人死亡时起,发生效力。

2. 遗嘱附停止条件的,其条件于遗嘱人死亡后成就时,自该条件成就时起发生遗嘱的效力。

第 1074 条　遗赠的承认、放弃

1. 受遗赠人于遗嘱人死亡之后,可随时承认或放弃遗赠。

2. 前款承认或放弃,溯及于遗嘱人死亡时发生效力。

第 1075 条　遗赠的承认及放弃的撤销禁止

1. 遗赠的承认或放弃,不得撤销。

2. 第 1024 条第 2 款的规定,准用于遗赠的承认与放弃。

第 1076 条　受赠人对继承人的继承、放弃

受赠人未予承认或放弃而死亡时,其继承人可于其应继分限度内表示承认或放弃。但遗赠人以遗嘱表示意思时,从其意思。

第 1077 条　遗赠义务人的催告权

1. 遗赠义务人或利害关系人,可定适当的期间,催告受赠人或其继承人承认或放弃。

2. 于前款期间内,受赠人或继承人对遗赠义务人的催告未作出确答时,视为承认遗赠。

第 1078 条　概括性受赠人的权利义务

概括性受遗赠人,与继承人具有相同的权利义务。

第 1079 条　受赠人的孳息取得权

受赠人自可请求履行遗赠之时起,取得标的物的孳息。但遗嘱人以遗嘱表示其他意思时,从其意思。

第 1080 条　孳息收取费用的偿还请求权

遗赠义务人于遗嘱人死亡后,为取得其标的物的孳息而支出必要费用时,于其孳息的价金限度内,可请求取得孳息的受赠人偿还。

第 1081 条　遗赠义务人的费用偿还请求权

遗赠义务人于遗嘱人死亡后,为其标的物支出费用时,准用第 325 条的规定。

第 1082 条　不特定物遗赠义务人的担保责任

1. 以不特定物为遗赠标的物的,遗赠义务人对其标的物承担与出卖人相同的担保责任。

2. 于前款情形,标的物有瑕疵时,遗赠义务人应交付无瑕疵物。

第 1083 条　遗赠的物上代位性

遗赠人因遗赠标的物的灭失、毁损或占有的侵害,有权向第三人请求损害赔偿时,其权利视为遗赠的标的。

第 1084 条　债权遗赠的物上代位性

1. 以债权为遗赠标的物的,遗赠人的受偿物处于财产继承中时,视为以该物为遗赠的标的。

2. 前款债权以金钱为标的的,即便遗产中没有与债权额相应的金钱,亦视为以该金额为遗赠标的。

第 1085 条　作为第三人权利标的之物或权利的遗赠

作为权利标的的物或权利,于遗嘱人死亡时为第三人的权利标的时,受赠人不得向遗赠义务人请求使该第三人的权利消灭。

第 1086 条　遗嘱人实施其他意思表示的情形

于前 3 条情形,遗嘱人以遗嘱表示其他意思时,从其意思。

第 1087 条　不属于继承财产的权利的遗赠

1. 作为遗赠标的的权利,遗嘱人死亡当时不属于遗产的,遗嘱不发生其效力。但遗嘱人作出即便自己死亡当时不属于遗产的标的物亦使之具有遗嘱效力的意思时,遗赠义务人负有取得其权利并移转于受赠人的义务。

2. 于前款但书情形,不能取得权利或为取得权利需费用过巨时,可以以其价金清偿。

第 1088 条　附负担遗赠与受赠人的责任

1. 得到附负担遗赠的人,于不超出遗赠价额的范围内,承担履行其负担的责任。

2. 遗赠标的因价额的限定承认或财产侵害而减少时,受赠人于其减少限度内免除负担义务。

第 1089 条　遗赠发生效力前受赠人的死亡

1. 遗赠,在遗嘱人死亡之前受赠人死亡的,不发生其效力。

2. 附停止条件的遗赠,因受赠人在该条件成就前死亡,而不发生其效力。

第 1090 条　遗赠的无效、失效情形与标的财产的归属

遗赠不发生其效力或受赠人放弃时,遗赠标的财产归属于继承人。但遗嘱人通过遗嘱表示其他意思时,从其意思。

第 4 节　遗嘱的执行

第 1091 条　遗嘱证书、录音的检验

1. 保管或发现遗嘱证书或录音的人,应于遗嘱人死亡后立即向法院提示并请求检验。

2. 前款规定,不适用于公证遗嘱或口头遗嘱。

第 1092 条　遗嘱的启封

启封法院封印时,应有遗嘱人的继承人、其代理人及其他利害关系人的参加。

第 1093 条　遗嘱执行人的指定

遗嘱人可通过遗嘱指定遗嘱执行人,或委托第三人指定。

第 1094 条　委任产生的遗嘱执行人的指定

1. 受前条委托的第三人,知道有委托后应立即指定遗嘱执行人并通知继承人,辞去委托的,应通知继承人。

2. 继承人及其他利害关系人可定适当的期间,催告受托人在此期间内指定遗嘱执行人。在该期间内未收到指定通知时,视为辞去该指定的委托。

第 1095 条　无指定遗嘱执行人

依前 2 条规定,无指定遗嘱执行人时,继承人为遗嘱执行人。

第 1096 条　法院对遗嘱执行人的选任

1. 没有遗嘱执行人或者遗嘱执行人死亡、欠格或因其他事由而不存在时,法院可根据利害关系人的请求选任遗嘱执行人。

2. 法院选任遗嘱执行人时,可责令其任务为必要的处分。

第 1097 条　遗嘱执行人的承诺、辞任

1. 根据指定产生的遗嘱执行人,应于遗嘱人死亡后立即通知继承人其承诺或辞任。

2. 选任的遗嘱执行人,应于收到选任通知后立即通知法院其承诺或辞任。

3. 继承人或利害关系人可确定适当的期间催告指定或选任遗嘱执行人作出承诺与否的确答。在该期间内对催告未作出确答的,视为遗嘱执行人承诺。

第 1098 条　遗嘱执行人的欠格事由

无行为能力人及破产人不能成为遗嘱执行人。

第 1099 条　遗嘱执行人的任务开始

遗嘱执行人承诺其就任的,应立即执行其任务。

第 1100 条　财产目录的制作

1. 遗嘱与财产有关的,被指定或选任的遗嘱执行人应立即制作财产目录并交付于继承人。

2. 在有财产继承人提出请求时,前款财产目录应在继承人的列席下制作。

第 1101 条　遗嘱执行人的权利义务

遗嘱执行人,具有管理作为遗赠标的的财产,及实施其他为遗嘱执行所必要的行为的权利义务。

第 1102 条　共同遗嘱执行

遗嘱执行人为数人时,执行任务应以半数以上的赞成通过。但保存行为可各自实施。

第 1103 条　遗嘱执行人的地位

1. 被指定或选任的遗嘱执行人,视为继承人的代理人。

2. 第 681 条至第 685 条、第 691 条及第 692 条的规定,准用于遗嘱执行人。

第 1104 条　遗嘱执行人的报酬

1. 遗嘱人未于遗嘱中规定该执行人的报酬时,法院可斟酌遗产的状况及其他情况作出裁定,确定被指定或选任遗嘱执行人的报酬。

2. 遗嘱执行人有报酬的,准用第 686 条第 2 款、第 3 款的规定。

第 1105 条　遗嘱执行人的辞任

被指定或选任的遗嘱执行人有正当理由时,可经法院的许可辞去其任务。

第 1106 条　遗嘱执行人的解任

指定或选任遗嘱执行人,怠于执行其任务或存在其他不正当理由时,法院可根据继承人及其他利害关系人的请求,解任遗嘱执行人。

第1107条 遗嘱执行费用

遗嘱执行相关费用,从继承财产中支付。

第5节 遗嘱的撤回

第1108条 遗嘱的撤回

1. 遗嘱人可随时撤回遗嘱,或作为其生前行为撤回遗嘱的全部或一部分。
2. 遗嘱人不得放弃撤回其遗嘱的权利。

第1109条 遗嘱抵触

遗嘱的前后相抵触,或立遗嘱后所为的生前行为与遗嘱相抵触时,视为撤回被抵触部分的前遗嘱。

第1110条 因毁损而产生的遗嘱的撤回

遗嘱人故意毁损遗嘱或遗赠标的物时,与毁损部分相关的遗嘱视为撤回。

第1111条 附负担遗嘱的撤销

附负担受遗赠人不履行其义务时,继承人或遗嘱执行人可定适当的期间催告其履行,在该期间内未履行时,可请求法院撤销遗嘱。但不得损害第三人的利益。

第3章 特 留 份

第1112条 特留份的权利人与特留份

继承人的特留份,依据以下各项确定:

1. 被继承人的直系卑亲属为法定继承份额的 1/2；
2. 被继承人的配偶为法定继承份额的 1/2；
3. 被继承人的直系尊亲属为法定继承份额的 1/3；
4. 被继承人的兄弟姐妹为法定继承份额的 1/3。

（本条新设于 1977 年 12 月 31 日）

第 1113 条　特留份的算法

1. 特留份，按被继承人于继承开始时所持财产的价额、加上赠与财产的价额后，扣除债务的全额来计算。

2. 附条件的权利或存续期间不确定的权利，根据家庭法院选任的鉴定人的评估，确定其价格。

（本条新设于 1977 年 12 月 31 日）

第 1114 条　应算入的赠与

赠与，限于赠与开始之前的 1 年内实施，可根据第 1113 条的规定计算其价额。双方当事人明知会对特留份权利人造成损害而实施赠与时，即使该赠与实施于 1 年前的，亦同。

（本条新设于 1977 年 12 月 31 日）

第 1115 条　特留份的保全

1. 特留份权利人因被继承人实施第 1114 条所定赠与或遗赠，而造成其特留份不足时，可于其不足限度内，请求返还财产。

2. 于第 1 款情形，受赠人及受遗赠人为数人时，应按照各自所得遗赠价额的比例返还。

（本条新设于 1977 年 12 月 31 日）

第 1116 条　返还顺位

关于赠与，如非于受领遗赠返还之后，不得请求返还赠与。

（本条新设于 1977 年 12 月 31 日）

第 1117 条　消灭时效

返还请求权，特留份权利人自知道继承开始以及返还赠与或遗赠事实起 1 年内未行使时,依时效消灭。自继承开始起经过 10 年的,亦相同。

(本条新设于 1977 年 12 月 31 日)

第 1118 条　准用规定

第 1001 条、第 1008 条、第 1010 条的规定,准用于特留份。

(本条新设于 1977 年 12 月 31 日)

附　　则

附则　第471号　1958年2月22日

第1条　旧法的定义

所谓旧法是指依本法被废止的法律或法律中的条款。

第2条　本法的溯及效力

本法除有特别规定外,亦适用于本法施行日前的事项。但不影响依旧法产生的效力。

第3条　具有公证力的文书及其制作

1. 有公证人或法院书记确定日期字印的私文书,此日期有公证力。

2. 收到日期确定请求的公证人或法院书记员,应于确定日期簿中记载请求人的住所、姓名及文书名称,在该文书中记载编号后加盖日期印,并在账簿和文书上加盖骑缝印。

3. 请求公证人确定日期的人依法务部令规定,请求法院书记员确定日期的人,应依大法院规则的规定缴纳手续费。(修订于1970年6月18日)

4. 载于公证书上的日期,或公证机关证明私署文书的某一事项后记入的日期为确定日期。

第 4 条 旧法限定治产人

1. 依据旧法被宣告为心身耗弱者或浪费者的,自本法施行之日起,视为本法所定限定治产人。

2. 依据旧法被宣告为聋人、哑人或盲人准禁治产宣告的人,从本法施行之日起恢复能力。

第 5 条 丈夫撤销权的过渡规定

依旧法规定妻子需要征得丈夫许可的事项,即使未经许可实施该行为,自本法施行日后亦不得撤销。

第 6 条 法人的登记期间

与法人登记事项相关的登记期间,对本法施行日之前的事项亦依本法规定。

第 7 条 对于罚则的非溯及既往

1. 依旧法将被处以罚款的行为,在本法施行当时未得到审理的人,限于依本法被处以罚款情形方进行审理。

2. 前款罚款,不得超过旧法的罚款额。

第 8 条 关于时效的过渡规定

1. 本法施行当时依旧法规定经过时效期间的权利,视为依本法规定取得或消灭。

2. 本法施行当时未经过旧法所定消灭时效期间的权利,适用本法关于时效的规定。

3. 本法施行当时未经过旧法所定消灭时效期间的权利,适用本法所有权取得的相关规定。

4. 第 1 款和第 2 款的规定适用于非时效期间的法定期间。

第 9 条 丧失效力的物权

即使为旧法所定的物权,如依本法规定非为物权的自本法施行日起失去物权效力。但本法或其他法律有特别规定时,不在此限。

第 10 条 所有权移转的过渡规定

1. 因本法施行日前的法律行为引起的不动产相关物权的得丧变更,如未于本法施行日起 6 年内登记的,失去其效力。(修订于 1962 年 12 月 31 日,1964 年 12 月 31 日)

2. 本法施行日前动产相关物权的转让,如未于本法施行日起 1 年内交付的,失去其效力。

3. 本法施行日前因时效完成取得的物权,亦与第 1 款相同。

第 11 条 旧习惯上的传贳权登记

在本法施行日前依习惯取得的传贳权,自本法施行日起 1 年内经登记而具有物权效力。

第 12 条 基于判决的所有权移转

通过诉讼请求附则第 10 条所定登记或交付,自该判决确定之日起 6 个月内未予登记,或 3 个月内未予交付,或未采取强制执行程序的,失去物权变动效力。

第 13 条 地上权存续期间的过渡规定

本法施行日前以地上权设定行为确定的存续期间,于本法施行当时未届满的,于其存续内适用本法规定。未以设定行为确定地上权的存续期间的,亦同。

第 14 条 存续的物权

本法施行日之前设定的永佃权或不动产质权,适用旧法规定。但于本法施行日后不得更新。

第 15 条 租赁期间的过渡规定

即使在本法施行日前的租赁契约中有期间的约定,在本法施行当时该期间未届满的,该存续期间亦适用本法的规定。

第 16 条 先取物权的失效

在本法施行日之前依旧法取得的先取物权,自本法施行日起失去其效力。

第 17 条　夫对妻的财产的权利

即使基于本法施行日之前的婚姻,夫对妻的财产进行管理、使用或收益,自本法施行日起夫亦丧失该权利。

第 18 条　结婚、无效收养、撤销的过渡规定

1. 本法施行日前的婚姻或收养依本法规定存在无效事由,并有以此无效导致撤销的事由时,依本法规定可以撤销。于此情形,有撤销期间的,该期间自本法施行日起起算。

2. 即使本法施行日之前的婚姻或收养依旧法规定存在撤销事由,依本法规定非为撤销原因的,于本法施行日后不得撤销。

第 19 条　离婚、废养的过渡规定

1. 本法施行日前的婚姻或收养,依本法存在离婚或废养理由时,可依本法规定请求裁判离婚或废养。于此情形,有请求期间的,该期间自本法施行日起起算。

2. 本法施行日前的婚姻或收养,依旧法有离婚或废养事由,但依本法规定不成为离婚或废养原因时,于本法施行日后不得请求裁判离婚或废养。

第 20 条　亲权

达成年者,自本法施行日起不服从亲权。

第 21 条　母亲亲权行使相关限制的废止

依旧法作为亲权人的母亲需经亲属会同意的事项,未经同意代理未成年人的行为或对未成年人行为的同意,于本法施行日后不得撤销。

第 22 条　监护人的过渡规定

1. 依旧法对未成年人或禁治产人开始监护的,该监护人的顺位、选任及缺格的相关事项,自本法施行日起适用本法规定。

2. 依旧法受准禁治产宣告的人,就其监护相关事项亦与前款相同。

第 23 条　保佐人相关过渡规定

旧法所定保佐人、监护监督人及亲属会成员,自本法施行日起失去其地位。但在本法施行日前旧法所定保佐人、监护监督人或亲属会所作出的同意,不丧失其效力。

第 24 条　与扶养义务相关的本法适用

旧法所定扶养义务开始后,其顺位、选任及方法相关事项,自本法施行日起适用本法规定。

第 25 条　继承的过渡规定

1. 本法施行日前开始的继承,于本法施行日后亦适用旧法的规定。

2. 因宣告失踪而开始继承户主或财产的,即使失踪期间于旧法施行期间内届满,但在本法施行日后宣告失踪的,其继承顺位、继承份及其他继承,适用本法规定。

第 26 条　遗嘱的过渡规定

在本法施行日前基于习惯所立遗嘱不符合本法规定的形式的,遗嘱人自本法施行日起至遗嘱效力发生日止,处于无法实施意思表示的状态时,不失去其效力。

第 27 条　废止法律

以下各项法律,应予废止:

(1) 依朝鲜民事令第 1 条规定依用的民法、民法施行法、年龄计算相关法;

(2) 依朝鲜民事令和该令第 1 条依用的法令中,与本法规定抵触的法条;

(3) 军政法令中与本法规定相抵触的法条。

第 28 条　施行日

本法自 1960 年 1 月 1 日起施行。

附则 第 1237 号 1962 年 12 月 29 日

本法自 1963 年 1 月 1 日起施行。

附则 第 1250 号 1962 年 12 月 31 日

本法自 1965 年 1 月 1 日起施行。

附则 第 2200 号 1970 年 6 月 18 日

本法自公布之日起施行。

附则 第 3051 号 1977 年 6 月 18 日

1. 本法自公布之日起 1 年后施行。
2. 本法不影响依原法律产生的效力。
3. 于本法施行日前结婚的人达到 20 岁的,该婚姻即使违反原法律第 808 条第 1 款的规定,亦不得请求撤销。
4. 于本法施行日前结婚的人为未成年人的,自本法施行日起视为成年人。
5. 于本法施行日前开始的继承,即使于本法施行日之后亦适用原规定。
6. 因宣告失踪开始继承的,其失踪期间于本法施行日后届满的,该继承,适用本法规定。

附则 第 3723 号 1984 年 4 月 10 日

1. 施行日

本法自 1984 年 9 月 1 日起施行。

2. 过渡措施的原则

本法除有特别规定外,亦适用于本法施行前产生的事项。但不影响依原规定产生的效力。

3. 宣告失踪的过渡措施

第 27 条第 2 款的修改规定,于本法施行前作为死亡原因的危难发生时,亦予适用。

4. 传贳权的过渡措施

第 303 条第 1 款,第 312 条第 2 款、第 4 款及第 312 条的修改规定,亦适用于本法施行前成立的、于本法施行当时存续期间剩余 3 个月以上的传贳权和未定存续期间的传贳权。但本法施行前有传贳金的增加请求时,不适用第 312b 条但书的修改规定。

附则 第 4199 号 1990 年 1 月 13 日

第 1 条 施行日

本法自 1991 年 1 月 1 日起施行。

第 2 条 本法效力的不溯及既往

除本法有特别规定外,不影响依旧法(民法中依本法修订或废止的原条款)产生的效力。

第 3 条 亲属的过渡措施

依旧法为亲属的人依本法非为亲属的,自本法施行日起失去亲属地位。

第 4 条 母亲及非亲生子女的过渡措施

于本法施行日前发生的前妻所生子女与继母及其血亲、姻亲之间的亲属关系,以及婚姻外出生子女与父亲的配偶及其血亲之间的亲属关系,自本法施行日起消灭。

第 5 条 解除订婚的过渡措施

1. 本法施行日之前的订婚,依本法有解除原因时,可依本法规定解除。

2. 本法施行日之前的订婚,依旧法有解除事由、但依本法规定不成为解除原因时,本法施行日后不得解除。

第 6 条 与夫妻间财产关系相关的本法的适用

在本法施行前认定为婚姻的夫妻间的财产关系,自本法施行日起适用本法规定。

第 7 条 撤销收养的过渡措施

本法施行日前依收养旧法有撤销事由,依本法规定不成为撤销原因的,于本法施行日后不得请求撤销。

第 8 条 废养的过渡措施

1. 本法施行日前的收养依本法规定有废养理由的,可依本法规定请求裁判上的废养。

2. 本法施行日前的收养依旧法有废养事由、但依本法规定不成为废养原因,于本法施行日后亦不得请求裁判上的废养。

第 9 条 与亲权相关的本法的适用

依旧法开始的亲权,自本法施行日起亦适用本法规定。

第 10 条 与监护人相关的本法的适用

依旧法开始对未成年人、限定治产人或禁治产人进行监护的,就该监护人的顺位及选任的相关事项,自本法施行日起适用本法规定。

第 11 条 与扶养义务相关的本法的适用

依旧法开始的扶养义务,亦自本法施行日起适用本法规定。

第 12 条 继承相关过渡措施

1. 于本法施行日前开始的继承,于本法施行日起亦适用旧法的规定。

2. 基于失踪宣告开始的继承,其失踪期间于旧法施行期间届满,此失踪于本法施行后宣告的,该继承适用本法的规定。

第 13 条 与其他法律之间的关系

本法施行当时其他法律中引用户主继承或户主继承人,将户主继承或户主继承人引为财产继承或财产继承人的,视各引用继承或继承人。

附则 国籍法 第5431号 1997年12月13日

第1条 本法施行日

本法自公布之日起6个月后施行。

第2条至第7条 省略

第8条 其他法律的修改

民法修改如下：

第781条第1款新设如下但书：

但，父为外国人时，可随母姓入籍母亲家。

附则 第6591号 2002年1月14日

1. 施行日

本法自公布之日起施行。

2. 本法效力的不溯及既往

本法不影响依原规定发生的效力。

3. 限定承认的过渡措施

自1998年5月27日始至本法施行前，在知道继承开始的人当中，第1019条第1款的期间内无重大过失不知道继承债务超出继承财产的事实，或于本法施行前知道其事实却不申报限定承认者，自本法施行之日起3个月内可根据第1019条第3款的修订规定，作出限定承认。但于该期间内未作出限定承认的，视为单纯承认。

4. 关于限定承认的特例

虽于1998年5月27日前知道继承开始，却于第1019条第1款期间内无重大过失不知道继承债务超过继承财产，于1998年5月27日后知道继承债务超过继承财产的，可依下列各项区分，作出第1019条第3款所定的限定承认。但于各项期间内未作出限定承认的，视为单纯承认：（新设于2005年12月29日）

（1）法律第7765号民法部分法律修订（以下称为"修订法"）施行前知道继承债务超过事实不作出限定承认者，于修订法施行日起3个月内；

（2）修订法施行后知道继承债务超过继承财产事实者，自知道该事实之日起3个月内。

附则　第7427号　2005年3月31日

第1条　施行日

本法自公布之日起施行。但第4篇第2章（第778条至第789条、第791条及第793条至第796条）、第826条第3款及第4款、第908b条至第908h条、第963条、第66条、第968条，第4篇第8章（第980条至第982条、第984条至第987条、第989条及第991条至第995条）的修改规定和附则第7条（第2款及第29款除外）的规定，自2008年1月1日起施行。

第2条　本法效力的不溯及既往

本法不影响依原规定产生的效力。

第3条　与否认亲生之诉相关的过渡措施

1. 第847条第1款修改规定的期间，自本法施行日起30日内届满的，自本法施行日起30日内可提起否认亲生子女之诉。

2. 计算第847条第1款的修改规定时，不计算1997年3月27日至本法施行日前的期间。

第4条　与婚姻无效、撤销相关的过渡措施

本法施行前的婚姻中依原规定有婚姻无效或撤销原因的事由，依本法规定不成为婚姻无效或撤销原因的，于本法施行后不得主张婚姻无效或请求撤销。

第5条　与亲养子相关的过渡措施

依原规定欲将收养的子女作为亲养子者，具备第908b条第1款第1项至第4项条件的，可向家庭法院申请收养亲养子。

第 6 条　期间相关的过渡措施

依本法期间发生的变更,本法施行当时原规定期间未届至的,适用本法的修改规定和原规定中期间较长的规定。

第 7 条　其他法律的修订

1.《家事诉讼法》的一部分修改如下:

废止第 2 条第 1 款 ga 目(1),同款 na 目(1)第 4 项中"第 781 条第 3 款"作为"第 781 条第 4 款",同目(1)的第 4b 项及第 4c 项中新设如下,废止同目(1)第 25 项。

(4b) 许可《民法》第 781 条第 5 款所定者的原姓和宗的继续使用。

(4c)《民法》第 781 条第 6 款所定者的姓和宗的变更许可。

废止第 2 篇第 4 章(第 32 条及第 33 条)。

2.《家事诉讼法》的一部分修改如下:

第 2 条第 1 款 na 目(1)的第 5b 项及第 7b 项各新设如下:

(5b)《民法》第 869 条但书所定监护人的收养承诺的许可。

(7b) 对于《民法》第 899 条第 2 款所定监护人或生父母家其他直接尊亲属的废养协议的许可。

第 2 条第 1 款 na 目(2)项修改如下:

(5)《民法》第 909 条第 4 款及第 6 款(包括以撤销婚姻为原因)所定亲权人的指定和变更。

3.《家庭暴力犯罪处罚特别法》的一部分修改如下:

第 28 条第 2 款本文中的"兄弟姐妹或户主"改为"兄弟姐妹"。

第 33 条第 4 款中的"兄弟姐妹或户主"改为"兄弟姐妹"。

4.《监查院法》的一部分修改如下:

第 15 条第 1 款第 2 项中的"亲属、户主、家属"改为"亲属"。

5.《检事惩戒法》的一部分修改如下:

第 17 条第 1 款中的"亲属、户主、家属"改为"亲属"。

6.《公证人法》的一分部修改如下:

第 21 条第 1 款中的"配偶,亲属或同居的户主或亲属"改为"亲属"。

第 33 条第 3 款第 6 项中的"亲属或同居的户主或亲属"改为"亲属"。

7.《国家人权委员会法》的一部分修改如下：

第 56 条第 2 款中的"亲属或同居的户主或亲属"改为"亲属"。

8.《国民投票法》的一部分修改如下：

第 56 条第 1 项中的"亲属或同居的户主或亲属"改为"亲属"。

9.《军事法院法》的一部分修改如下：

第 48 条第 2 项中的"亲属或同居的户主或亲属"改为"亲属"。

第 59 条第 1 款中的"户主、世带主①、家属②"改为"世带主③、家属④"。

第 189 条第 1 项修改如下：

第 238b 条第 1 款前段及第 252 条第 1 款中的"户主、家庭"仅为"家属"。

第 398 条第 1 款中的"兄弟姐妹、户主"为"兄弟姐妹"。

10.《民事诉讼法》的一部分修改如下：

第 41 条第 2 项及第 314 条第 1 项中的"亲属、户主、家属"改为"亲属"。

11.《信访事务处理法》的一部分修改如下：

第 23 条第 1 款第 2 项中的"亲属、户主、家属"改为"亲属"。

12.《偷渡管理法》的一部分修改如下：

第 4 条第 4 款中的"同居亲属、户主、家属"改为"同居亲属"。

13.《犯罪人引渡法》的一部分修改如下：

"户主、家属"改为"家属"。

---

① 韩语中的汉字。
② 同上。
③ 同上。
④ 同上。

14.《法务士法》的一部分修改如下：

第 17 条第 1 款中的"户主、家属"改为"家属"。

15.《保安观察法》的一部分修改如下：

第 27 条第 6 款但书中的"亲属、户主或同居家属"改为"亲属"。

16.《不在宣告特别措施法》的一部分修改如下：

第 3 条中的"户主或家属"改为"家属"。

17.《促进诉讼特别法》的一部分修改如下：

第 27 条第 1 款中的"直系血亲、兄弟姐妹或户主"改为"直系血亲或兄弟姐妹"。

18.《小额案件审判法》的一部分修改如下：

第 8 条第 1 款的"直系血亲、兄弟姐妹或户主"改为"直系血亲或兄弟姐妹"。

19.《在外公关公证法》的一部分修改如下：

第 8 条第 2 项中的"配偶、亲属或同居户主或亲属"改为"配偶、亲属"。

第 19 条第 4 款第 5 项中的"配偶、亲属或同居户主或亲属"改为"配偶、亲属"。

20.《在外国民补籍、户籍整理与户籍整理特别法》的一部分修改如下：

第 3 条第 2 款本文中的"死亡、户主继承"改为"死亡"。

废止第 4 条第 2 款。

21.《传染病预防法》的一部分修改如下：

第 5 条第 1 项本文及但书中的"户主或世带主"各改为"世带主"，同项但书中的"家庭"改为"世带员"。

22.《地方税法》的一部分修改如下：

废止第 196c 条第 2 款第 2 项。

23.《特定犯罪举报者保护法》的一部分修改如下：

第 9 条第 3 款中的"直系血亲、兄弟姐妹或户主"改为"直系血亲或兄弟姐妹"。

24.《专利法》的一部分修改如下：

第 148 条第 2 项中的"亲属、户主、家庭"改为"亲属"。

25.《海洋事故调查与审判法》的一部分修改如下：

第 15 条第 1 款第 1 项中的"亲属、户主、家庭"改为"亲属"。

第 27 条第 2 款中的"直系血亲、兄弟姐妹或户主"改为"直系血亲或兄弟姐妹"。

26.《宪法裁判所法》的一部分修改如下：

第 24 条第 1 款第 2 项中的"亲属、户主、家庭"改为"亲属"。

27.《刑法》的一部分修改如下：

第 151 条第 2 款及第 155 条第 4 款中的"亲属、户主或同居家属"改为"亲属"。

第 328 条第 1 款中的"同居亲属、户主、家属"改为"同居亲属、同居家属"。

28.《刑事诉讼法》的一部分修改如下：

第 17 条第 2 项中的"亲属、户主、家庭或此类关系"为"亲属或亲属关系"。

第 29 条第 1 款及第 30 条第 2 款中的"直系血亲、兄弟姐妹或户主"改为"直系血亲或兄弟姐妹"。

第 148 条第 1 项修改如下：

（1）亲属或曾有亲属关系的人，第 201b 条第 1 款前段及第 214b 条第 1 款中的"兄弟姐妹，户主，或亲属"改为"兄弟姐妹"。

第 341 条第 1 款中"兄弟姐妹，户主"改为"兄弟姐妹"。

29.《户籍法》的一部分修改如下：

第 60 条第 1 款第 5 项如下：

（5）依《民法》第 909 条第 4 款或第 5 款的规定，已定亲权人的，其目的和内容。

第 79 条第 1 款第 6 项如下：

（6）依《民法》第909条第4款或第5款规定,已定亲权人时,其目的和内容。

第82条第2款前段中的"第909条第4款"改为"第909条第4款至第6款","亲权行使人"改为"亲权人"。

附则　债务人复苏与破产法　第7428号　2005年3月31日

第1条　施行日

本法自公布后经过1年之日起施行。

第2条至第4条　省略

第5条　其他法律的修改

1至38(省略)

39.《民法》的一部分修改如下:

第937条第3项及第1098条中的"破产人"改为"受破产宣告的人"。

40至145(省略)

第6条　省略

附则　亲属关系登记法　第8435号　2007年5月17日

第1条　施行日

本法自2008年1月1日起施行。(但书省略)

第2条至第7条　省略

第8条　其他法律的修改

1至9(省略)

10.《民法》的一部分修改如下:

第812条第1款中"户籍法"视为"亲属关系登记法"。

第814条第2款中"管辖籍贯地的户籍官署"视为"管辖登记标准地的亲属关系登记官署"。

11 至 39(省略)。

第 9 条　省略。

附则　第 8720 号　2007 年 12 月 21 日

第 1 条　施行日

本法自公布之日起施行。但第 97 条及第 161 条的修改规定,自公布之日起经过 3 个月施行,第 836b 条、第 837 条第 2 款至第 6 款及第 909 条第 4 款的修改规定,自公布后经过 6 个月施行。

第 2 条　本法效力的不溯及既往

本法不影响依原规定产生的效力。

第 3 条　过渡措施

1. 就本法施行当时法院审理中的案件,不得适用本法(第 837 条修改规定除外)。

2. 对本法施行前行为的罚款,适用原规定。

3. 本法施行当时年满 16 岁的女性可不拘于第 801 条及第 807 条的修改规定订婚或结婚。

朝鲜民法[①]

(1990年9月5日朝鲜民主主义人民共和国最高人民会议常设会议决定第4号)

第1编　普通制度

第1章　民法的基本

第1条

朝鲜民主主义人民共和国民法通过对于财产关系的民事规制,巩固社会主义经济制度和物质技术基础,为保障人民的自主和具有创造力的生活作出贡献。

第2条

朝鲜民主主义人民共和国民法,规制平等地位的机关、企业、团体、公民之间形成的财产关系。国家保护机关、企业、团体、公民在民事法律关系中当事人的独立地位。

---

① 本法译自以下网址:http://ko.wikisource.org/wiki/%EC%A1%B0%EC%84%A0%EB%AF%BC%EC%A3%BC%EC%A3%BC%EC%9D%98%EC%9D%B8%EB%AF%BC%EA%B3%B5%ED%99%94%EA%B5%AD_%EB%AF%BC%EB%B2%95。

第 3 条

生产资料的社会主义所有是朝鲜民主主义人民共和国的经济基础。国家加强财产关系中以社会主义所有为基础的人民经济的计划管理和运营,并不断巩固社会主义经济制度。

第 4 条

有计划的财产交易关系,依据以人民经济计划为基础的契约形成。为机关、企业、团体即时履行计划和任务,国家保护财产交易关系的缔结和实现。

第 5 条

国家要求机关、企业、团体在设定和实现财产关系中,体现作为社会主义经济管理形式,即大安事业体系①的要求,严格遵守契约规律。

第 6 条

负责和照顾人民的生活是社会主义国家的本质要求。国家更关心机关、企业、团体在与公民设定和实现财产关系的过程中,增进人民福利的政策在劳动者之间得到更好的贯彻。

第 7 条

公民参加的财产关系,由契约等行为和事件组成。国家为劳动者经常和广泛参与财产关系,提供一切便利条件。

第 8 条

集体主义是社会主义社会生活的基础。国家保护机关、企业、团体、公民在相互合作和帮助的集体主义原则下,设定和实现财产关系。

第 9 条

在实现和设定财产关系过程中,国家优先保护国家和社会的利益,同时彻底保护每个机关、企业、团体、公民的利益。机关、企业、团体、公民的

---

① 1961 年 12 月金日成现场指导朝鲜平安南道龙冈郡的大安电力厂后,在工厂党委会扩大会议中提出的企业(工厂)的组织体系和运营方式。

民事权利保护的相关问题,由裁判或仲裁解决。

第 10 条

朝鲜民主主义人民共和国民法除国际条约或协定另有规定外,适用于共和国领域内形成的所有民事法律关系。

第 2 章 民事法律关系的当事人

第 11 条

民事法律关系的当事人是指以独立经费预算或独立核算形式运营的机关、企业、团体、公民。依法注册的合资公司亦为民事法律关系的当事人。

第 12 条

机关、企业、团体自注册于相应国家机关始,具有民事权利能力。

第 13 条

机关、企业、团体,于其本身业务①范围内具有民事权利能力。机关、企业、团体将自己本身的业务注册于相应国家机关后,不得随意变更。

第 14 条

机关、企业、团体的负责人为该机关、企业、团体的代表人。机关、企业、团体通过自己的代表人或代表人委托的代理人实施民事法律行为。

第 15 条

机关、企业、团体自己管理或所有的财产,由其自己负民事责任。

第 16 条

机关、企业、团体分立的,民事权利义务随之分离;合并的,其权利义务亦合并。机关、企业、团体被废止或其自身决定解散的,其具有的债权债

---

① 原文直译为任务。

务由相应受托清算人处理。

第 17 条

机关、企业、团体的民事权利能力和民事行为能力,于机关、企业、团体被废止或解散,登记于国家机关时消灭。

第 18 条

国家于国家所有关系等民事法律关系中,直接成为当事人。于此情形,国家通过授予相应权利的机关,行使权利和履行义务。

第 19 条

公民的民事权利始于出生,终于死亡。所有公民具有平等的民事权利能力。除法律另有规定外,任何人不得限制公民的民事权利能力。

第 20 条

公民成年年龄为 17 岁。满 17 岁的公民具有可独立实施民事法律行为的民事行为能力。满 16 岁者可于自己的劳动报酬范围内独立实施民事法律行为,超出范围的行为须经父母或监护人的同意。

第 21 条

未满 16 岁者须经监护人实施民事法律行为。但 6 岁以上未成年人可实施购买学习用品或洗漱日用品等行为。

第 22 条

自有最后一个消息之时①起经过 2 年无音讯的,对该公民可依利害关系人的申请,由公证机关作出失踪认定。被认定失踪后 1 年,发生造成危害生命的事故之时起经过 1 年仍无消息的公民,可依前款程序,作出与死亡相同的认定。

第 23 条

被认为失踪或死亡的公民出现或发出消息通知住处的,公证机关可

---

① 我国按日计算,但原文中为"时"。

依本人或利害关系人的申请撤销相关认定。

第3章 民事法律行为

第 24 条

以民事法律行为的设定、变更、消灭为目的的法律行为,可以口头或书面形式实施。如法律有要求的,须以书面形式实施或应得到公证。

第 25 条

实施民事法律行为的人,仅于法律允许或相对人同意情形可撤销或变更自己实施的行为。

第 26 条

民事法律行为只有符合国家法律和社会主义生活规范时,才具有法律效力。违反国家法律和社会主义生活规范的行为、明知有害国家和社会而实施的行为、虚伪行为、无民事行为能力的公民实施的行为不具有效力。

第 27 条

无民事法律行为效力的,当事人已经收受的钱或物应返还相对人。但明知违反国家法律和社会主义生活规范而实施行为的人,不予返还相应钱或物,而归属国库。

第 28 条

被欺骗而实施的民事法律行为、就本质内容产生错误而实施的法律行为、基于强迫非出于本意实施的法律行为、未满16岁者未经父母或监护人的同意实施的法律行为,可以撤销。撤销应于2年内实施。被撤销的民事法律行为视为无效。

第 29 条

民事法律行为被撤销的,当事人已经收受的钱或物应返还相对人。

但欺骗或强迫相对人实施民事法律行为的人的钱或物,不予返还,归属国库。

第 30 条

民事法律行为的效力可与一定条件的发生相结合。于此情形,当事人不得实施提前条件发生或妨害条件发生的行为。

第 31 条

机关、企业、团体、公民除法律规定或自己亲自履行外,可通过代理人实施民事法律行为。

第 32 条

代理分为依法律规定产生的法定代理和依委托产生的委托代理。代理人必须为具有民事行为能力的公民。

第 33 条

代理人通过代理的辅助以本人名义实施民事法律行为,其行为的法律效果回归于本人。本人对代理人与实施法律行为的第三人,于代理权范围内形成的所有行为负责。

第 34 条

代理的委托以口头或书面形式进行。公民口头委托代理的,应告诉相对人该事实和代理权的范围。机关、企业、团体只能以书面委托代理,委托代理的委托书或证明中应明确代理权的范围。

第 35 条

代理人应于代理权范围内诚实实施代理行为。超出代理权范围的代理行为的结果,以及不诚实实施代理行为产生的损害,由代理人自身负责。

第 36 条

代理权于本人或代理人死亡,或代理人丧失民事行为能力时消灭。委托代理权于本人撤销委托代理,或拒绝其委托时消灭。

第 2 编 所有权制度

第 1 章 一般规定

第 37 条
朝鲜民主主义人民共和国关于财产的所有权,依其所有形式可分为国家所有权、合作社所有权、个人所有权。

第 38 条
所有权基于法律或契约及其他行为和事件发生。所有权的发生基于法律时,依法律规定;基于契约时,自缔结契约受领标的时形成。

第 39 条
享有所有权的人于法律规定范围内占有、利用和处分自己所有的财产。对于财产的处分,仅由享有所有权的人实施。

第 40 条
享有所有权的人,于其他人非法占有自己的财产时,可请求其返还。

第 41 条
享有所有权的人,可对实施妨害实现自己所有权的行为人,请求停止其行为。

第 42 条

所有权可分为若干份,共同持有。依共同享有所有权人的合意,占有、使用、处分共同财产。

第 43 条

共同享有所有权者,可从共同所有财产中分割持有自己的份额。财产难以分为现物时,可分得自己的相应份额。共同持有所有权者的份额不明确的,视其份额相同。

第 2 章　国家所有权

第 44 条

国家所有是全体人民的所有。国家所有由国有化财产权、国家投资形成的财产、国有企业生产的物品、国家机关及企业购买的财产、依国家决定归属于国家机关及企业的财产、合作社或公民上交国家的财产及其他归属于国家的财产组成。

第 45 条

1. 国家所有权的对象无限制。

2. 以下财产只能由国家所有:

（1）地下资源、森林资源、水产资源等国家所有的自然资源;

（2）重工业、轻工业、水产业、林业等人民经济各部门的重要工厂、企业,农机制作所、灌溉管理所等服务于农村经营部门的企业,粮政收买企业[①]、城市经营、重要商业及出版印刷企业;

（3）港湾、银行、交通运输与邮政、传媒机构;

（4）各级学校及重要文化保护设施。

---

① 朝鲜收购粮食的机构。

第 46 条

国家所有权的负责人是代表全体人民的国家。国家为本国的富强发展和人民福利的提高,可无限制占有、利用、处分自己所有的财产。

第 47 条

国家所有权由国家直接或通过个别国家机关、企业实现。国家机关、企业以自己负责的国家所有财产经营管理权,在国家的指导下,以自己的名义占有、使用、处分该财产。

第 48 条

国家机关、企业的财产供给或出售给合作社或公民时,国家所有权移转于该合作社或公民。但国家机关、企业的财产供给、出售于其他国家机关、企业的,只移转经营管理权。

第 49 条

国家分配于合作农场的拖拉机、插秧机、收割机等现代化农用机械,由国家负担配备于合作农场的文化设施、打稻场、家畜圈、仓库等固定资产,由国家享有所有权,使用权则移转于合作农场。合作农场可就国家支援的固定资产,依其用途如使用自己财产般使用。

第 50 条

国家建设住房后,将其使用权移转于工人、公务员、合作社农民,并依法保护之。

第 51 条

国家机关、企业于自己财产自无权限人处移转于合作社或公民的,可请求返还。

第 52 条

无主物为国家所有。无主物包括无所有权人或所有人不明的物。

第 3 章　合作社所有权

第 53 条

合作社所有为合作经营范围内劳动者的集体所有。合作社所有由合作社成员上交财产、合作社自身投资形成的财产、合作经营的生产物品、合作社购买的财产、国家移转于合作社所有权的财产组成。

第 54 条

合作社可所有土地和牲畜、家用器具、渔船、建筑物等,以及中小工厂、企业和文化保健设施及其他经营活动必要的对象。

第 55 条

合作社所有权的负责人为每个合作社。合作社就自己所有财产依成员意思,按照民主主义原则使用和处分。但对于土地的处分,可依法律的规定。

第 56 条

合作社生产的产品供给或出售于国家机关、企业或其他合作社或公民的,其所有权移转于相对人。

第 57 条

合作社于自己所有的财产,自无权限人处移转于其他合作社或公民的,可请求其返还。

第 4 章　个人所有权

第 58 条

个人所有是劳动者个人性质的、具有消费目的的所有。个人所有由劳动的社会主义分配,国家及社会的追加性优惠,占有地经营等个人副业经营中产生的产品,公民购买或继承、受赠财产及其他依据法律产生的财产组成。

第 59 条

公民可所有住宅和家庭生活必要的各种家庭用品、文化用品及其他生活用品和汽车等器材。

第 60 条

个人所有权的负责人是每个公民。公民可就自己所有的财产,按照社会主义生活规范和消费目的,自由占有或使用、处分。

第 61 条

公民作为家庭成员,为共同使用于生活而获得的财产为家庭财产,作为家庭成员时带来或结婚前已经持有的财产、继承或受赠财产及其他具有个人性质的财产为个人财产。

第 62 条

公民自知道自己所有的财产自无权限人处移转事实起,可请求返还。就遗失物,于不知道此事实时,亦可请求返还。

第 63 条

国家保护个人所有财产的继承权。公民的个人所有财产依法继承。公民亦可依遗嘱,将自己所有的财产移交于家庭成员或其他公民或机关、企业、团体。

第3编 债权债务制度

第1章 一般规定

第 64 条

本法所指债权是指可请求实施一定财产上行为的权利,债务是指实施一定财产上行为的义务。

第 65 条

债权债务关系中债权人和债务人可具有与其相应的义务,亦可仅具有权利或义务中的一项。

第 66 条

债权债务关系依人民经济计划等国家行政文件,或契约及其他行为和事件而设定。

第 67 条

债权人应为债务人的债务履行提供必要的帮助。违反此义务妨碍债务履行的债权人,债权受到限制或承担相应的责任。

第 68 条

债权人应为防止债务人违反债务产生的损害的扩大而采取措施。违反此义务使损害扩大的,请求赔偿的债权人的权利受到同等程度的限制。

第 69 条

债权债务关系中,价格由国家决定或评估,或以当事人合意的价格计算。违反国家的价格规律收受更多的钱或物时应返还相对人,故意违反价格规律收受更多的钱或物的,不予返还而归属国库。

第 70 条

债权债务关系中债权人或债务人为数人时,每人可分割债权债务份额,亦可连带持有。

第 71 条

分割债权人享有要求履行自己的份额的权利,分割债务人负有只履行自己份额债务的义务。

第 72 条

分割债权人的请求份额或分割债务人负担的义务份额不明确的,视其份额相同。

第 73 条

连带债权人各享有要求全部履行债务的权利,连带债务人各负有履行全部债务的义务。

第 74 条

履行全部债务的连带债务人,享有要求其他连带债务人赔偿各自负担的份额的权利;接受全部债务履行的连带债权人,负有分给其他连带债权人相应份额的义务。

第 75 条

连带债权人行使自己的请求权时,不得侵害其他连带债权人的利益。一连带债权人抛弃自己的请求权时,不影响其他连带债权人。

第 76 条

债权人免除一连带债务人的债务时,与该债务人负担份额相应的其他连带债务人的份额亦减少。

第 77 条

债权人或债务人可将自己的债权或债务移转于第三人。将债权移载于第三人的债权人应通知债务人;将债务移转于第三人的债务人,应事先征得债权人的同意。

第 78 条

因第三人的过错向债权人履行债务的当事人,享有请求第三人赔偿的权利。

第 79 条

债务人应由自己直接履行债务。无须债务人直接履行的债务,可委托第三人履行。于此情形,债务人就第三人的债务履行,对债权人负责。

第 80 条

债务人应于所定期间内履行债务。迟延履行债务或迟延接受债务履行的当事人,对此负责。

第 81 条

法律或契约未另行规定的,债务应全部履行;分别履行债务的,债权人可拒绝接受此履行。

第 82 条

无偿移转相同标示的种类物的债权债务关系中,债务人应交付质量最好的物。无偿交付物的,可移转质量中等的物。

第 83 条

在不同标示的特定物为标的的债权债务关系中,该物灭失或无法使用的,该债权债务关系消灭。但由此产生的损害,由有过失者承担赔偿责任。在交付标示相同种类物的债权债务关系中,物消灭或损伤的,债务人应交付同种类的其他物。

第 84 条

标示相同的物之中,债权债务的标的确定为个别物的,自该时起该标的物为标示不同之物。

第 85 条

在交付财产的债权债务关系中,应与交付财产一起交付其从属财产。

第 86 条

债务应于法律或契约所定地点履行。法律或契约未确定的,应以货币清偿的债务于债权人的住所或交易银行履行,交付不动产的债务于不动产所在地履行,其他债务于债务人的所在地或住所履行。

第 87 条

严重损伤债务标的物的,赔偿其全部价钱的人对相应物享有所有权。

第 88 条

债权债务关系中,当事人可于数行为中选择确定一个行为履行。法律或契约未确定选择权人的,债务人具有选择权。

第 89 条

选择权人于债务履行期间届至仍未选择一个行为的,选择权转移于相对人。

第 2 章　基于计划的契约

第 90 条

基于计划的契约,是指为实行人民经济计划并在经济管理中正确实施独立核算制,以计划为基础在机关、企业、团体之间缔结的契约。机关、企业、团体,应依据缔结契约的程序和方法即时订立。

第 91 条

契约当事人应为最正确、合理地执行人民经济计划而确定契约内容。

机关、企业、团体认为契约存在明显不足的,应就此即时通知计划机关。

第 92 条

契约就法律规定的所有事项,于合意形成时缔结。缔结过程中的意见不同,按照仲裁程序解决。

第 93 条

契约随人民经济计划的增加或调整而变更。契约的变更,于通知追加和调整计划的同时,当事人自相对人接受或契约双方自有权国家机关接受时发生。

第 94 条

机关、企业、团体基于国家的材料供给计划受领材料的行为,依据材料供给契约。材料供给契约,应按照大安事业体系要求和国家关于受领材料的要求,缔结和履行。

第 95 条

材料供给契约的当事人,按照国家的材料供给详细计划成为受领机械、设备、原料、材料的机关、企业、团体。依材料供给契约,供给人负有将计划预测的材料交付于需求者的义务,需求者则负有受领并支付相应价款的义务。

第 96 条

材料供给契约的当事人,应就供给材料的名称、规格、质量、供给期间、数量、价格和受领材料的方法、材料的包装条件、交易银行等条件进行合意。

第 97 条

供给人应及时通过运输机构装载运送,或于自己的仓库中交付需求人。经运输机构的输送组织由供给人负责,运费由需求人负担。

第 98 条

所供给材料的检修由需求人实施。材料发生事故时可使供给人到现场,获得事故报告单。无正当理由推迟或拒绝事故确认的当事人,依需求人制作的事故报告承担责任。

第 99 条

需求人发现隐藏于材料中的缺陷时,应通知供给人并取得其事故报告单。紧急或就事故原因有分歧的,可于相关监督机构的参与下制作事故报告单。就隐藏的缺陷,需求人于受领材料之时起 3 个月内,机械设备时为试运转结束之日止,追究供给人的责任。

第 100 条

需求人浪费所受领材料而失去支付能力时,供给人可调整材料的供给。

第 101 条

需求人受领材料后应即时支付价款。材料的品种、规则、质量、价格不符合契约条件的,需求人可不支付价款将材料退回供给人。但可能变质或需要采取紧急措施的材料,可不予退回而只降低价格。

第 102 条

机关、企业、团体基于国家的商品供给计划受领商品的行为,依商品供给契约。商品供给契约,依据订购制使生产和消费得以正确联系,并应按照国家对满足和提高人民物质文化的要求履行。

第 103 条

依商品供给契约,供给人负有将计划中预测的人民消费品交付于需求人的责任,需求人则负有受领以及相应价款的义务。

第 104 条

商品供给契约的当事人,依国家的商品分配计划成为受领商品的工厂、企业和批发商业企业、零售商业企业。负责工厂、企业产品买卖的商社、合作农场亦可成为契约当事人。

第 105 条

商品供给契约的当事人,应就本法第 96 条中所定条件达成合意。

第 106 条

供给人应及时将商品通过运输机构发送,或运至需求人的仓库。于此情形,并应将其明细表一起发送给需求人。

第 107 条

供给商品的检修由需求人实施,此过程中发生的缺陷的事故处理,按照本法第 98 条所定顺序进行。

第 108 条

供给商品的隐藏缺陷事故的处理,依本法第 99 条所定顺序进行。关于使用保证期间未确定商品的隐藏缺陷,可于受领商品之时起 3 个月内追究责任。

第 109 条

收购机关基于国家收购计划收购农产品的行为,依农产品收购契约。农产品收购契约应按照国家有计划动员的粮食和原料,按照提高农场成员生产意识的要求缔结和履行。

第 110 条

依农产品收购契约,生产者负有将合意的农产品交付于收购机关的义务,收购机关则负有受领并支付相应价款的义务。

第 111 条

农产品收购契约的当事人,应就收购品的收购期间、数量、价格、质量、规格和保管、运送方法等条件达成合意。

第 112 条

收购品的质量和规格依国家收购计划确定。国家收购计划未指出的,依当事人的合意确定。

第 113 条

收购品的包装材料和容器,由收购机关保障。由生产者提供包装材料和容器的,由生产者保障。于此情形,其价款由收购机关负担。

第 114 条

契约当事人应遵守收购期间。收购机关于契约期间内未收购农产品的,应赔偿生产者所受到的损失。

第 115 条

收购机关应准确检查农产品的质量,及测量和计算数量并予收购。农产品不得以装入粮仓或仓库计算的方法收购。

第 116 条

从生产者的仓库或从现场取走或保管农产品的责任由收购机关承担。

第 117 条

机关、企业、团体基于国家的基本建设计划委托基本建设的行为,依基本建设施工契约。基本建设施工契约应按照国家集中建设,降低建设成本,提高建筑物质量的要求缔结和履行。

第 118 条

依基本建设施工契约,施工方负有完成施工对象交付建设方的义务,建设方负有保障所定建设条件,受领竣工建筑物的义务。

第 119 条

基本建设施行契约的当事人应就建设对象和规模、建设对象的动工、竣工日期和当事人应遵守的事项等条件达成合意。基本建设施工契约以计划年度为标准,按照不同建设对象缔结。

第 120 条

建设方为不影响建设工程,应保障建设用地和设计。移动建设用地内的建筑物和设施,可依建设方的委托由施工方进行。

第 121 条

施工方应遵守建设对象的动工和竣工日期,并按照设计和技术文件保障工程质量。

第 122 条

施工方为不影响建设工程,应及时确认施工方的工程进度。

第 123 条

施工方和建设方可仅交付和受领竣工检查中合格的建筑物。竣工检查在契约中的工程结束,与开业能力相应的负荷试运转开始时进行。

第 124 条

施工方自交付建筑物于建设方时起 1 年内出现的缺陷,负有修复的义务。于此情形,所需费用由有过失者负担。

第 125 条

机关、企业、团体将符合国家运输计划的货物通过运输机构运输的行为,依据货物运输契约。货物运输契约,应按照运输组织合理化、高质量完成货物运输计划的国家要求,缔结和履行。

第 126 条

依货物运输契约,发货方负有将货物交付于运输机构,并支付运费的义务,运输机构负有运输货物并交付于收货方的义务。

第 127 条

货物运输契约的当事人,应就货物名称、运输数量、发货地和到达地、装卸方法和发货人、收货人的姓名等条件进行合意。

第 128 条

发货方应按照契约确定的货物规则及时交付于运输机构,运输机构应依该货物的性质分配工具。

第 129 条

装卸货物的工作如契约无另行合意,应由货主承担。负责装卸货物的当事人,应遵守作业期间规定。

第 130 条

运输机构至交付货物于收货人之前,应妥善保管和管理。运输机构不得随意使用货物或将货物转让于他人。

第 131 条

运输机构应经由最合理的运输路线,于所定期间内将货物运至目的地。于违反情形,货主可拒绝支付保管费或相应费用,并可获得迟延到达货物的迟延赔偿金。

第 132 条

货物到达后运输机构应及时通知收货方。收货方应于指定期间内取回货物。违反此义务的,应支付保管费或相应的费用。联营运输运送货物的保管费或罚款,按照交付货物运输机构适用的比例计算。

第 133 条

收货人应检查货物,如有事故,可从运输机关获取事故报告,并请求赔偿相应的损失。无正当理由拒绝作出事故报告的运输机构,对该事故负责。

第 134 条

机关、企业、团体、公民将不符合人民经济计划的货物通过运输机构运送的,亦依据本法所定货物运输契约的秩序。

第 3 章 不以计划为基础的契约

第 135 条

不以计划为基础的契约,为使国家的人民政策更好地贯彻于公民,并为保障机关、企业、团体等的正常运营活动而缔结。

第 136 条

契约依一方当事人的要约和另一方当事人的承诺而成立。要约当事人自相对人接受其要约时起,不得单方撤销相应要约。

第 137 条

只有通过国家同意才能持有的物,或稀有金属及其他国家控制品,不得成为契约的标的。

第 138 条

契约当事人应就契约标的、履行期间、价款等条件进行合意,不得设定给公民带来不劳而获的契约内容。

第 139 条

契约可缔结为有偿契约,亦可缔结为无偿契约。机关、企业、团体参加的契约为有偿契约。

第 140 条

机关、企业、团体相互间的契约应以书面形式缔结。机关、企业、团体与公民之间,公民与公民之间的契约,如法律无另外规定,可以口头形式缔结。就契约的缔结和内容发生纠纷时,书面等具有证明力的契约于裁判或仲裁中得到优先认定。

第 141 条

以不动产交易为内容的契约以书面形式缔结,并经过公证才具有效力。

第 142 条

双方当事人同时负有义务的契约,以同时履行为原则。一方当事人不履行自己的义务,另一方当事人可保留履行自己的义务。

第 143 条

一方当事人未于指定期间内履行契约的,对方当事人可撤销契约,并就因此造成的损害得到赔偿。

第 144 条

接受契约标的者,应及时检查,并通知出现的缺陷。就契约标的的缺陷有过失者,应修复缺陷或将标的更换为其他物,或降低价格。

第 145 条

受领契约标的者,可通知相对人隐藏的缺陷并追究责任。就隐藏缺陷的责任,应于指定期内间承担。

第 146 条

占有契约标的者,应就其灭失或损伤承担责任。但因自然灾害等不得已的事由,契约标的物灭失或损伤的,不承担责任。

第 147 条

契约可为第三人而缔结。于此情形,契约的效力,及于契约缔结者和第三人。

第 148 条

零售商业企业、收购机构和公民之间或公民相互之间买卖物的行为,依买卖契约。买卖契约应为充分保障人民的消费需求而缔结和履行。

第 149 条

依买卖契约出让物的人负有向买受人移转所有权的义务,买受人负有受领物并支付价款的义务。出让物,仅限于有其处分权的人实施。明知无权处分人出售物而缔结的买卖契约,不具有效力。

第 150 条

在工厂、企业生产和供给的商品买卖契约中,出让人为零售商业企业。零售商业企业应按照居民们的需求制作商品订购书,及时补充和出售商品。

第 151 条

购买定有保证期间的商品者,就保证期间内出现的缺陷,可追究商品出售人的责任。

第 152 条

除国家计划中的农产品、稀有金属和国家控制品外,购买农畜产品和土特产、原料和材料的,购买日常用品的当事人为收购机构。收购机构公示基本收购品种的等级标准和价格,并依此标准购入收购品。

第 153 条

收购机构应于指定期间内购买契约上的物。违反此义务者,出售人可将相应物出售于其他收购机构,并就所生损害得到赔偿。

第 154 条

将收购品运至收购地点的工作由指令收购者执行,自收购地点运至其他地点的工作由收购机构执行。就收购品的运送订立与前款不同的契约时,负责运输者可从相对人处得到相应运费。

第 155 条

公民生产的农副业生产品仅限于农民市场,以生产者与消费者合意的价格买卖。禁止就已买受物再转卖。

第 156 条

公民委托制造物品或修理、加工及委托其他作业的行为,依据承揽契约。承揽契约,应为劳动者提供便捷服务而缔结和履行。

第 157 条

依承揽契约从事作业的人,负有实施受托工作并将其结果交付于定作人的义务,定作人负有接受作出成果、支付服务费的义务。

第 158 条

承揽契约,于当事人达成口头合意,接受工作时缔结。

第 159 条

定作人,应于交付时告知要求的条件,并交付技术资料。违反此义务时,承揽人可将工作期间作出相应的延长,或将工作顺序向后顺延。

第 160 条

从事作业的人,如契约无另行约定,应由自己负担材料或附属品。约定由定作人负担材料或附属品的,承揽人应进行检查,如有缺陷,应及时告知相对人。

第 161 条

承揽人,应慎重对待定作人提供的工作标的物,并按照材料、附属品的消费标准和技术规定的要求使用。使用后剩余材料和附属品,应与作业成果一起返还于定作人。

第 162 条

承揽人不得随意变更工作标的物的结构,或从定作人提供的工作标的物中拆除附属品,或交替使用材料和附属品。

第 163 条

承揽人应遵守作业期间。定作人,于承揽人明显无法于所定委托期间内完成工作的,可撤销契约,就所受损害得到赔偿。

第 164 条

承揽人应保障作业成果的质量。在保证期间确定时,承揽人应就该期间内出现的、非他人过失造成的缺陷承担责任。

第 165 条

定作人应及时受领作业成果。违反此义务时,承揽人可获得所定保管费。

第 166 条

公民交付并保管物的行为依寄存契约。寄存契约应为保障人民生活上的便捷而缔结和履行。

第 167 条

依寄存契约保管物的人,负有保管该物并返还于寄存人的义务,寄存人应取回寄存物并负有支付寄存费的义务。公民相互间的寄存契约,不得收受寄存费。

第 168 条

寄存契约于当事人之间口头达成合意,将物交付于保管人或保管人领受保管物并向相对人出具相应标识物时成立。寄存契约可定期间缔结,亦可不定期间缔结。

第 169 条

寄存人,应告知保管人保管该物的过程中应予注意之处。违反此义务,对寄存物造成的损害和保管人造成的损害,由寄存人负责。

第 170 条

保管人应根据契约保管物。性质上需要管理的物,应诚实保管管理。保管人可从寄存人处得到管理寄存物所花费的费用。

第 171 条

旅馆、剧场、会馆等与业务执行相关,负责寄存物的机关,就寄存物的灭失或损害承担责任。但就客人另行寄存的物,则不承担责任。

第 172 条

寄存人应及时取回寄存物。保管人于寄存人经过寄存期间仍未取回寄存物时,可获得约定中较高的保管费。

第 173 条

保管人应返还保管物的原状于寄存人。保管的物有封口或包装之物时,应直接返还;确认内容后接受物时,返还时应再次确认内容。

第 174 条

保管人应将保管物正确返还于寄存人。接受物品时出具标识物的,应将其返还于出具标识物的人,保管义务消灭。

第 175 条

公民虽无法律规定,亦可管理其他公民或国家社会合作组织的财产。于此情形,保管管理财产的人,应将相应事实告知于财产所有人,并以自己财产般保管管理,可从财产所有人处得到保管管理财产费用的补偿。

第 176 条

无法定义务保管管理他人财产者,不得已处分其财产的,应将所得价款返还于财产所有人。

第 177 条

公民借用图书、生活用品或文化娱乐器材、运动器材等的行为,依据借用契约。借用契约应为充分保障人民多种物质文化需求而缔结和履行。

第 178 条

依借用契约出借物的人,负有将物交付于借用人,并使其在一定期间内使用的义务,借用人则负有支付使用费并于使用后返还予出借人的义务。

第 179 条

公民从相应机构借用图书、专利产品、录音带及录像等资料的,可缔结无偿或有偿契约。公民相互间的借用契约,不得收受使用费。

第 180 条

出借人应在物依照其性能可以使用的状态下交付物,出借人出借有瑕疵之物时,应告知借用人该事实。违反此义务,给借用人造成损失的,应予赔偿。

第 181 条

借用人应按照契约条件和用途使用借用物,不得随意变更其构造。借用人欲变更借用物的构造的,应征得出借人的同意。

第 182 条

借用物的大型修理应由出借人实施,中型修理应由契约指定人实施,小型修理由借用人实施。负责中型修理或小型修理的人未及时修理,造成借用物严重损害的,相对人可撤销契约。

第 183 条

借用契约中,借用人可经寄存人的同意将借用物转借于第三人。于此情形,借用人可代替契约义务的履行,对出借人负责。

第 184 条

设保证金缔结借用契约的出借人,可于得到出借物返还之前,不予返还保证金。

第 185 条

机关、企业、团体委托其他机关或公民实施买卖、收购或其他财产交易的行为的,依委托契约。委托契约应通过较少劳动力和资金的使用,为动员和利用所有经济储备而缔结和履行。

第 186 条

委托契约中的受托人,负有以委托人的名义执行委托人委托的财产交易行为的义务,委托人则负有接受其结果并支付相应报酬的义务。委托契约应以书面形式缔结。

第 187 条

委托人应将实施受托行为所需的钱款或物,提前交付于相对人。

第 188 条

受托人应按照契约条件的约定实施受托行为。受托人欲实施超出契约条件范围的行为时,须经委托人的同意。

第 189 条

与委托契约无关,对受托人具有请求权的第三人,不得从因委托行为接受或准备交付于受托人的钱款或物中实现请求权。

第 190 条

受托人,亦应选择更有利于委托人的行为效果,将其交付于委托人。

第 191 条

委托人应及时受领受托人的行为结果,并支付相应报酬和所花费的费用。

第 192 条

本法所定买卖契约、承揽契约、保管契约、借用契约、委托契约,亦可适用于机关、企业、团体之间形成的相应财产交易关系。

第 193 条

公民利用火车、汽车、船舶、飞机等运输工具进行的旅行,依旅客运送契约。旅客运送契约,应为保障人民旅行上的安全和便捷而缔结和履行。

第 194 条

依旅客运送契约,旅客负有向运输机构支付相应价款的义务,运输机构负有将旅客运至旅行目的地的义务。旅客运送契约于运输机构依票据承认相应运输工具的利用时成立。

第 195 条

运输机构,应保障为利用运输工具的旅客所需的医疗服务、中途餐饮等条件和设施。

第 196 条

运输机构于无法将旅客运至旅行目的地时,应保障旅客可以利用其他运输工具。

第 197 条

运输机构在旅客于票据确定的期间内退票或无法承运的,应向旅客退还票价的全部或一部分,或延长票据的利用期限。

第 198 条

旅客可免票带领学龄前儿童,携带规定范围内的行李乘坐相应运输工具。

第 199 条

旅客于旅行过程中应爱护运输工具和设施、常备品,并遵守所定旅行秩序。违反此义务时,运输机构可请求相应旅客赔偿损失或离开运输工具。

第 200 条

公民将钱款存储于储蓄机关的行为,为储蓄契约。储蓄契约应将闲置资金有效利用于经济建设中,并为人民生活的向上而缔结和履行。

第 201 条

依储蓄契约存款的公民,将钱款交付于储蓄机关储蓄的,储蓄机关依储蓄公民的要求负有出款的义务。

第 202 条

依储蓄契约进行储蓄的公民,可随意确定存储的种类和金额。储蓄机关应根据储蓄公民的要求,将受领存款转换为其他种类的存款或移转于其他储蓄机关。

第 203 条

储蓄机关如有公民要求,应随时接受储蓄钱款或出款。储蓄机关于未准确确认相对人而错误出款时,对此承担责任。

第 204 条

储蓄机关应遵守储蓄秘密,不得公开储蓄内容。

第 205 条

公民就生命、健康或财产投入保险的行为,依保险契约。保险契约应从意外灾害引起的损害中保护人民,并为动员利用闲置资金而缔结和履行。

第 206 条

依保险契约投保的公民,负有向保险机构支付保险费的义务,保险机构则负有在发生保险事故后支付保险金或向相应公民偿付保险赔偿金的义务。保险契约于保险机构向投保公民出具保险证券时成立。

第 207 条

因投保公民或对取得保险金或保险赔偿金有利害关系的第三人的故

意引起保险事故的,不予支付保险金或保险赔偿金。

第 208 条

对因第三人的过失引起的事故,支付保险金的保险机构,可向第三人请求赔偿。第三人引起保险事故时,投保公民应保护事故结果。违反此义务的,可减少或失去保险赔偿金。

第 209 条

生命保险、儿童保险、灾害保险等缔结人身保险契约的公民,应于指定期间内定期缴纳保险费。加入人身保险的公民未于指定期间内支付保险费的,失去保险效力,缴纳保险费的,自此时起重新产生保险效力。

第 210 条

保险机构于加入人身保险的公民死亡或失去劳动力时,应支付相应保险金。生命保险和儿童保险,于保险期间届至投保公民全部缴纳保险费时,付满期保险金。

第 211 条

加入财产保险的公民,应于指定期间内缴纳保险费。契约期间经过无保险事故发生的,所支付保险费成为保险机构的收益。

第 212 条

加入财产保险契约的公民,如发生保险事故应立即通知保险机构,并为减少损失采取措施。违反此义务时,减少或失去保险赔偿金。

第 213 条

公民将财产交易及其他具有法律意义的行为委托于他人的行为,如无其他法律依据,依委托契约。

第 214 条

依委托契约受委托的人负有以委托人的名义和负担实施受托行为的义务,委托人则负有接受受托人的行为结果的义务。委托契约应无偿缔结。

第 215 条

养子关系和遗嘱等,以本人自身的直接意思表示为必要的行为,不得委托。

第 216 条

受托人应于受托范围内实施行为。为顺利完成受托行为,必要时受托人可实施超出此范围的行为。

第 217 条

受托人于实施受托行为过程中,对自身过失引起的损害承担责任。但因不可归责于某一当事人的过失而产生的损害,由委托人负责。

第 218 条

受托人应按照委托人的要求,告知受托行为的履行情况。

第 219 条

委托人应按照契约条件及时接受受托人实施的行为结果,并赔偿其支出费用。委托人对因自己的过失,对受托人实施受托行为过程中受到的损害承担赔偿责任。

第 220 条

委托契约的当事人可随时撤销委托契约。撤销委托契约的当事人,对因此给相对人造成的损失负赔偿责任。

第 221 条

公民之间出借或借用钱款或物的行为,依使用借贷契约。使用借贷契约应无偿缔结。收受利息或收受利息形式的物的契约,不得订立。

第 222 条

依使用借贷契约出借的公民,将钱款或物交付于借用人,借用人负有偿付出借公民相同数额的钱款或同种类和量之物的义务。

第 223 条

规定期间订立使用借贷契约时,出借公民于期间届至始能请求返还钱款或物,借用人则即使在期间届至前亦可偿付。

第 224 条

借用钱款或物应于指定期间内偿还。无相同物时,可以其他物代替。

第 225 条

银行向机关、企业、团体出借的行为,依银行贷款契约。银行贷款契约,应为强化财政规律,节省货币资金,促进其流转而缔结和履行。

第 226 条

依银行贷款契约,银行负有将货币资金交付于贷款机关、企业、团体的义务,贷款人则负有利用此资金后将本金和利息返还于银行的义务。

第 227 条

银行贷款契约于贷款返还被担保的条件下缔结。欲得到贷款者,应以书面形式担保自己的贷款返还能力。

第 228 条

贷款人不得挪用或浪费贷款,而应用于指定项目。违反此义务时,银行可于期间届至前收回贷款或终止下次贷款。

第 229 条

贷款人应于指定期间内将本金和利息偿付银行。违反此义务时,自期间经过之日起应偿付高利率利息。

第 230 条

机关、企业、团体以国家资金共同建设住宅或设施,分割使用权的行为,依共同建设契约。共同建设契约应为保障建设物的需求缔结和履行。

第 231 条

共同建设契约的当事人负有参加共同建设的义务,并依参与建设的程度分别享有使用权。共同建设契约应以书面形式订立,并应得到公证。

第 232 条

共同建设契约的当事人应就建设对象、期间、程序和建设业绩的计算方法、分配建设成果的原则、共同建设代表的权限等达成合意。

第 233 条

契约当事人为顺利履行契约,可选出共同建设代表。共同建设代表为契约当事人的代表,对共同建设负责。

第 234 条

共同建设代表于建设结束时,应向相应国家机关提出关于契约当事人按照建设业绩分割利用建设成果的事宜。

第 4 章　不 当 得 利[①]

第 235 条

无法律根据因他人的损失而不当获得利益者,应向因自己不当得利而受损害的人返还相应利益。

第 236 条

不当得利人自知道得利不当之时起,就应向受损害的人返还其得利。

第 237 条

不当得利和由其产生的财产,以返还现物为原则;无法返还现物的,应支付其价款。

第 238 条

返还不当得利和由其产生的财产的人,可就保管管理费用得到补偿。

第 239 条

受领不当得利之人不明的,不当得利人应将此利益上交国家机关。

---

① 原文为不当得利行为,相当于我国的不当得利。不当得利多数情形下是一种事实行为。

第 4 编　民事责任与民事时效制度

第 240 条

机关、企业、团体、公民,侵害他人的民事权利或违反自己的民事义务的,应承担民事责任。

第 241 条

民事责任如法律无其他规定时,于有过失时承担。违反契约或法律的人,如无法证明自己无过失的,视为其有过失。

第 242 条

1. 民事责任的形式如下:

(1) 返还财产;

(2) 恢复原状;

(3) 赔偿损失;

(4) 支付违约金、滞纳金等制裁款;

(5) 限制或丧失其请求权。

2. 民事责任可根据情况合并适用。

第 243 条

无民事行为能力人侵害他人民事权利的,其父母或监护人负民事责任。脱离父母或监护人的控制期间实施侵害行为的,由负有控制义务的人承担民事责任。

第 244 条

满 16 岁的部分行为能力人侵害他人民事权利造成损害的,超过自己支付范围的部分,由其父母或监护人负民事责任。

第 245 条

机关、企业、团体的成员,于执行职务过程中对他人财产或人身造成损害的,由该机关、企业、团体负相应的民事责任。

第 246 条

非法占据他人建筑物等的机关、企业、团体、公民,应将其返还于所有人。无法返还财产现物的,应支付相应价款。

第 247 条

对他人财产造成损害的机关、企业、团体、公民,应将其财产恢复原状。财产不能恢复原状的,应交付同种类的其他物或支付其价格。

第 248 条

对他人的生命和健康造成损害的机关、企业、团体、公民,应赔偿相应的损失。

第 249 条

管理的牲畜对他人的财产或人体造成损害的,牲畜的所有人或管理人应赔偿损害。但被害人有过失时,赔偿责任可减少或免除。

第 250 条

违反国家关于保护国土和资源、保护和发展自然环境、防止环境污染的法律规定,对他人财产造成损害的机关、企业、团体、公民,应赔偿相应的损失。

第 251 条

数人共同侵害他人财产或人身的,负连带民事责任。

第 252 条

违反契约的人,应支付违约金或滞纳金,如法律无另行规定,负损害赔偿责任。违反非计划契约的人,负损害赔偿责任。

第 253 条

契约当事人均违反所订立契约时,各自负相应的民事责任。

第 254 条

契约的变更或撤销,不影响要求损害赔偿的当事人的权利。

第 255 条

机关、企业、团体,操作对周围环境带来重大危险的物,或作业过程中对他人财产或人身带来损害的,即使无过失亦应负民事责任。但被害人有重大过失时,不承担责任。

第 256 条

公民为实施正当防卫,或从自然灾害或非法侵害中保护国家和社会的利益,于未超过必要限度的范围内,不得已给他人财产或人身造成损害的,不负民事责任。

第 257 条

为国家和社会的利益,不得已给他人财产造成损害的,因此而获救的财产的所有人,应赔偿受害人的损失。

第 258 条

民事责任,不排除对于违法行为的行政、刑事责任。

第 2 章　民 事 时 效

第 259 条

1. 为民事上的权利得到实现而提起的诉讼或仲裁,应于民事时效期间内进行。违反上述规定的,裁判、仲裁中的权利的实现不能得到保障。

2. 国家所有的财产的返还请求,不适用民事时效。

第 260 条

机关、企业、团体和公民之间,或公民相互之间的民事时效期间为

1年。

第 261 条

机关、企业、团体之间的民事时效期间如下：

（1）产品的价款请求和保证金返还请求，所供给产品的价格、完整性及样本的违反和破损、腐蚀变质、数量不足，及因其他契约条件的违反而发生的损害赔偿请求与违约金、迟延金的支付请求及运输、邮政业务的相关请求为3个月；

（2）前项以外的请求为6个月；

（3）自国外直接受领的、与进口商品事故相关的赔偿请求及与国际通信运输和国际通信相关的请求，为相应协议所定期间。

第 262 条

预算制国家机关、企业的债权，即使为民事时效期间届满前，只要此债权发生的预算年度经过，视为时效期间经过。

第 263 条

经过民事时效期间的财产成为无主财产。机关、企业、团体应将民事时效期间经过的财产，按照法定程序及时上交国家机关。

第 264 条

民事时效经过后主动履行自己的民事义务的，即使不知时效经过的事实，亦不得请求返还。

第 265 条

因民事时效期间的最后3个月内发生自然灾害等不得已事由而无法行使请求权的，时效期间的计算停止，自该事由消灭之时起延长3个月。本法第261条第1项请求权，不适用民事时效的停止。

第 266 条

1. 发生以下事由时，民事时效期间的计算中断：

（1）债权人提起诉讼或仲裁的；

（2）通过银行请求支付，债务人确认债务的；

（3）机关、企业、团体与公民之间或公民相互之间的债务中，债权人承认债务的。

2. 时效中断的，自该时起时效期间重新计算。

第 267 条

裁判机关或仲裁机关，认为有请求权人于民事时效期间内，未提起诉讼或仲裁有正当理由的，可延长时效期间。

第 268 条

裁判机关或仲裁机关，即使当事人未主张民事时效利益，亦应适用时效。

第 269 条

民事时效期间开始于以下时间：

（1）指定履行期间的债务，为其期间届满时；

（2）未指定履行期间的债务，为债务发生时；

（3）机关、企业、团体之间供给的产品价格、完整性及样本的违反和破损、腐蚀变质、数量不足，及因违反其他契约条件而发生的损害赔偿请求，于制作或决定制作事故报告时；

（4）其他请求权，为可实现请求权之时。

第 270 条

民事时效期间定为日、月、年，自应予计算时效期间的事由发生之日的翌日开始计算。

第 271 条

民事时效期间，因经过相当于计算时效期间的事由发生之日而终止，如无相同日期的，经过当月最后一日后终止。时效期间的最后一日为星期日、节日，或国家所定休息日时，以其后第一个工作日为时效期间的最后一日。

附 录

韩国不动产登记法[①]

(部分修订于2008年3月21日 法律第8922号)

第1章 总　　则

(2008年3月21日修订)

第1条 目的

本法以规定不动产相关登记事项为目的。

(全文修订于2008年3月21日)

第2条 登记事项

1. 就区分建筑物的标示及符合下列各项之一的权利的设定、保留、移转、变更、处分的限制或消灭进行登记：

(1) 所有权；

(2) 地上权；

(3) 地役权；

(4) 传贳权；

(5) 抵押权；

(6) 权利质权；

(7) 租赁权。

---

① 本法原文载于韩国"法制处"网站，http://klaw.go.kr/。

（全文修订于 2008 年 3 月 21 日）

第 3 条　假登记

假登记在第 2 条各项之一的权利的设定、移转、变更或为保留消灭请求权时进行。该请求权为附始期或附停止条件及其他可于将来确定时，亦同。

（全文修订于 2008 年 3 月 21 日）

第 4 条　预告登记

预告登记在登记原因无效或因撤销提起登记涂销，或恢复之诉（包括败诉原告提起再审）时进行。但无法以此无效或撤销对抗善意第三人的，不在此限。

（全文修订于 2008 年 3 月 21 日）

第 5 条　登记权利的顺位

1. 同一不动产权利登记的顺位，如无其他法律规定时，依登记的先后而定。

2. 登记顺位，登记用纸中同区登记依顺位编号，异区登记则依收件号。

第 6 条　附记登记与假登记的顺位

1. 附记登记的顺位依主登记顺位。但附记登记相互间的顺位，依其先后顺位。

2. 已进行假登记时，本登记的顺位依假登记的顺位。

（全文修订于 2008 年 3 月 21 日）

第 2 章　登记所和登记官

第 7 条　管辖登记所

管辖应登记权利标的不动产所在地的地方法院及分院，或以登记所为管辖登记所。

（全文修订于 2008 年 3 月 21 日）

第 8 条　管辖的委托

大法院的院长可将管辖事务嘱托于其他登记所。

（全文修订于 2008 年 3 月 21 日）

第 9 条　管辖的移送

某不动产转由其他登记所管辖的,原管辖登记所应将登记用纸及附属文件或其誊本移送该登记所。

（全文修订于 2008 年 3 月 21 日）

第 10 条　登记事务的停止

登记所发生停止业务事故的,大法院院长可定期间令其停止事务。

（全文修订于 2008 年 3 月 21 日）

第 11 条　废止(1991 年 12 月 14 日)

第 11a 条　废止(1991 年 12 月 14 日)

第 12 条　登记事务的处理

登记事务由在地方法院、分院和登记所工作的法院书记官、登记事务官、登记主事助理、地方法院院长（分院院长掌管登记所事务时为分院院长,以下亦同)指定的人(以下称为"登记官")处理。

（全文修订于 2008 年 3 月 21 日）

第 13 条　登记官的除斥

1. 登记申请人为登记官本人或四亲等以内亲属的,作为在该登记所进行所有权登记的成年人,如无四亲等外亲属 2 人以上的列席,不能登记。关于亲属,于亲属关系终止时亦相同。

2. 第 1 款情形,登记官应制作笔录,与列席的人共同署名。

（全文修订于 2008 年 3 月 21 日）

第3章 登 记 簿

(修订于2008年3月21日)

第14条 登记簿的种类

1. 登记簿分为土地登记簿和建筑物登记簿2种。

2. 第1款登记簿,在特别市、广域市以及市,依原区划另订成册,每个县、乡另订成册。但登记事务多的县、乡,可依洞、里及其他原区划另订成册。

(全文修订于2008年3月21日)

第15条 物的编成主义

1. 登记簿中一宗土地或一栋建筑物备1用纸。但区分一栋建筑物的建筑物,就一栋建筑物的全部使用备1用纸。

2. 属于同一登记所管辖的不动产跨数区划的,只能于一个区划登记簿上使用该不动产的相关用纸。(修订于2008年3月21日)

第15a条 重复登记的整理

登记官发现同一土地有重复登记的,应根据大法院规则所定程序,保留重复登记用纸之一,剩余的按作废的方法处理。(修订于2008年3月21日)

第16条 登记簿的样式

1. 登记簿用纸分为登记编号栏、标题部及甲、乙2区,标题部各设标示栏、标示编号,各区设事项栏、顺位编号栏。但乙区无记载事项的,可以不设。

2. 登记编号栏记载各宗土地或各建筑物占地的地号。

3. 标示栏记载土地或建筑物的标示及其变更事项,标示编栏记载标示栏中的顺序。

4. 甲区事项栏记载有关所有权的事项。

5. 乙区事项栏记载所有权之外相关权利的事项。

6. 顺序编号栏记载事项栏中的顺序。(修订于 2008 年 3 月 21 日)

第 16b 条 区分建筑物的登记用纸

第 15 条第 1 款但书所定用纸,标题部及区分建筑物各设标题部和区。

(全文修订于 2008 年 3 月 21 日)

第 16c 条 公用部分的用纸

集合建筑物所有与管理法第 3 条第 2 款及第 3 款所定建筑物共用部分的用纸,只设其标题部。

(全文修订于 2008 年 3 月 21 日)

第 17 条 登记用纸的盖章

登记用纸应由地方法院院长加盖职务章。

第 18 条 废止(1991 年 12 月 14 日)

第 19 条 申请书的编缀簿

登记簿的全部或部分灭失的登记所,应备置申请书的编缀簿。

(全文修订于 2008 年 3 月 21 日)

第 20 条 登记簿等的保存

登记簿、共同人名薄和图式,应永久保存。

(全文修订于 2008 年 3 月 21 日)

第 21 条 誊本或节本的发放,登记簿的阅览

1. 任何人均可在付手续费后依大法院规则的规定,阅览登记簿或请求发放其誊本或节本,关于登记簿的附属书面文件,则只能请求阅览与自己有利害关系的部分。

2. 任何人均可以在付手续费后请求出其下列事实的证明书:

(1)无登记事项变更的事实;

(2)无某事项登记的事实;

（3）登记簿的誊本、节本记载事项未发生变更的事实。

3. 任何人在缴纳手续费外付运费后，均可请求寄送登记簿的誊本、节本或第2款的证明书。

4. 第1款和第2款所定手续费的金额与免除范围，依大法院规则确定。

（全文修订于2008年3月21日）

第22条 废止（1996年12月30日）

第23条 登记簿的持出禁止

1. 登记簿及其附属文件除为避免战争、天灾地变及其他类似事态外，不得持出登记所外。但就申请书及其他附属文件，如有法院的命令或嘱托的，不在此限。

2. 申请书编缀部编缀的书面文件，于完成第84条第1款记载之前不能适用第1款但书的规定。

（全文修订于2008年3月21日）

第24条 登记簿的灭失

1. 登记簿的全部或部分灭失的，大法院院长可定3个月以上的期间，作出于该期间内申请恢复登记的人将被保留该登记簿中的原顺位之意的公示。

2. 大法院院长可依大法院规则的规定，将第1款的灭失恢复公示相关权限委托于地方法院院长。

（全文修订于2008年3月21日）

第25条 防止灭失的处分

1. 登记及其附属文件有灭失之虞时，大法院院长可责令实施必要的处分。

2. 大法院院长可依大法院规则的规定，将第1款处分命令权限委托于地方法院院长。

第26条 登记簿的封存

1. 登记簿誊写到新登记簿的,将封存旧登记簿。
2. 被封存登记簿永久保存。
3. 封存登记簿准用第 14 条和第 21 条的规定。

(全文修订于 2008 年 3 月 21 日)

第 4 章 登 记 程 序

(全文修订于 2008 年 3 月 21 日)

第 1 节 总 则

(修订于 2008 年 3 月 21 日)

第 27 条 申请主义

1. 登记除法律另有规定外,如无当事人的申请或官署的嘱托不得实施。
2. 嘱托登记的程序,如法律无另行规定,准用申请式的登记。
3. 登记人应依大法院规则的规定缴纳手续费。

(全文修订于 2008 年 3 月 21 日)

第 28 条 登记申请人

登记应由登记权利人和登记义务人或代理人列席登记所申请。但,代理人为律师或法务士(包括法务法人、法务法人〈有限〉、法务组合或法务士合同法人)的,可令大法院规则所定办事员列席登记所申请登记。

(全文修订于 2008 年 3 月 21 日)

第 29 条 判决、继承引起的登记申请人

因判决实行登记时,可由胜诉的登记权利人或登记义务人,因继承实行登记时,可由登记权利人单独申请。

(全文修订于 2008 年 3 月 21 日)

第 30 条 非法人社团等的登记申请人

1. 宗中、门中及其他代理人,或设管理人的非法人社团或财团的不

动产登记,该社团或财团为登记权利人或登记义务人。

2. 第1款中的登记,以该社团或财团的名义由代理人或管理人申请。

(全文修订于2008年3月21日)

第31条 登记名义人变更登记的申请

登记名义人标示的变更或更正登记,可由登记名义人单独申请。

(全文修订于2008年3月21日)

第32条 因滞纳处分而实行的扣押登记

委托因滞纳处分而实行的扣押登记的,官署应代替登记名义人或由继承人,委托登记所进行不动产的标示,登记名义人的标示变更、更正或进行因继承实行的权利移转登记。

(全文修订于2008年3月21日)

第33条 因滞纳处分实行的扣押登记

第32条登记,准用第52条、第57条第3款、第68条、第73条的规定。

(全文修订于2008年3月21日)

第34条 因拍卖实行的权利移转等登记

实施拍卖处分的官署,如有登记权利人的请求,应立即附具证明登记原因的书面文件请求登记所实施以下各项登记:

(1)因拍卖处分实行的权利移转登记;

(2)因拍卖处分消灭的权利登记的涂销;

(3)滞纳处分实行的抵押登记的涂销。

(全文修订于2008年3月21日)

第35条 国有、公有不动产的权利登记

国家或地方自治团体所有的不动产的登记,依登记权利人的请求,由官署立即附具证明登记原因的文件请求登记所登记。

(全文修订于2008年3月21日)

第36条 取得国有、公有不动产相关权利的登记

1. 官署取得不动产相关权利的,应立即附具证明登记原因的书面材料和登记义务人的同意书,请求登记所登记。

2. 官署取得的不动产权利的变更、更正或限制处分的登记,官署为登记权利人时为依职权,为登记义务人时依登记权利人的请求,由官署立即附具证明登记原因的材料,请求登记所登记。

3. 官署所取得不动产权利的注销登记,依登记权利人的请求由官署立即附具证明登记原因的材料,请求登记所登记。

(全文修订于 2008 年 3 月 21 日)

第37条 假登记

假登记应于申请书上附具假登记义务人的同意书或假处分令的正本,由假登记权利人申请。

(全文修订于 2008 年 3 月 21 日)

第38条 假登记假处分

1. 第37条的假处分命令,由管辖不动产所在地的地方法院,于假登记权利人以申请释明登记原因时实施。

2. 就第1款申请的驳回,可即时申诉。

3. 第2款中的即时申诉准用《非讼事件程序法》。

(全文修订于 2008 年 3 月 21 日)

第39条 预告登记

预告登记由接收第4条所定之诉的法院,依职权立即附具诉状的誊本或节本请求登记所登记。

(全文修订于 2008 年 3 月 21 日)

第40条 登记申请必要的书面材料(修订于 2008 年 3 月 21 日)

1. 申请登记时应提出以下书面材料(修订于 2008 年 3 月 21 日):

(1) 申请书;

(2) 证明登记原因的书面材料;

（3）有关登记义务人权利的登记毕证①；

（4）就登记原因需要第三人的许可、同意或有必要同意的,其证明材料；

（5）代理人申请登记的,证明其权限的材料；

（6）申请所有权的保留或移转登记的,证明申请人住所的材料；

（7）法人为登记权利人时为法人登记簿的誊本或节本,非法人社团或财团（包括外国法人未完成国内法人登记的社团或财团。以下亦相同）或外国人为登记权利人的,证明第41b条所定不动产登记用登记号的材料；

（8）申请所有权的移转登记时为土地清册、林地清册、建筑物清册的誊本及其他证明不动产的标示的材料；

（9）将有关买卖的交易契约作为证明登记原因的材料申请登记时,为大法院规则所定交易申报完毕证书和买卖目录。

2. 废止（1991年12月14日）

3. 证明登记原因的材料为有执行力的判决的,无需出具第1款第3项、第4项的材料。但胜诉登记义务人依第29条的规定申请登记的,应出具第1款第3项的所定材料。（修订于2008年3月21日）

4. 与登记义务人权利相关的登记为依第68条第1款各项申请或嘱托产生的,应代替第1款第3项材料出具第68条第1款所定登记结束通知书。（修订于2008年3月21日）

第41条 申请书的记载事项

1. 申请书应记载以下各项事项,并由申请人签名盖章或署名。但,如果为大法院规则所定登记,可省略记载事项中的一部分。

（1）不动产的所在地和地号；

（2）地目和面积；

（3）申请人的姓名或名称和住所；

---

① 证明完成登记的证明。

(4) 代理人申请登记时为其姓名和住所;

(5) 登记原因及其年、月、日;

(6) 登记目的;

(7) 登记所的标示;

(8) 年、月、日;

(9) 将有关买卖的交易契约作为证明登记原因的材料,申请所有权移转登记的,为第 40 条第 1 款第 9 项材料所载交易价格。

2. 依第 1 款第 3 项的规定记载登记权利人的姓名或名称的,应一并记载登记权利人的居民登录号①。此情形如登记权利人无居民登录号的,应一并记载第 41b 条所定不动产登记用登记号。

3. 依第 30 条申请登记的,除记载非法人社团或财团的代理人或管理人的姓名和住所外,还应记载其居民登录号。

(全文修订于 2008 年 3 月 21 日)

第 41b 条 登记号的授予程序

1. 与登记权利人的姓名或名称一并记载的不动产登记用登记号(以下称为"登记号"),按照以下方法授予。

(1) 国家、地方自治团体、国际机构、外国政府的登记号由国土海洋部长官指定和通知。

(2) 无居民登录号的在外国的韩国人的登记号,由管辖大法院所在地登记所的登记官授予,法人的登记号由管辖主要办事处(公司为主营业处,外国公司时为韩国国内营业处)登记所的登记官授予。

(3) 非法社团或财团的登记号,由市长(设区的市为区长)、郡守授予。

(4) 外国人的登记号,由管辖滞留地(国内无滞留地时视大法院所在地为滞留地)的出入国管理事务所所长,或出入国管理事务所派出所长授予。

---

① 相当于我国的身份证号。

2. 第1款第2项所定登记号的授予程序依大法院规则确定,第1款第3项及第4项所定登记号的授予程序依总统令确定。

（全文修订于2008年3月21日）

第42条　建筑物

1. 登记标的为建筑物的,申请书上除记载第41条第1款第1项及第3项至第8项事项外,亦应记载其种类、结构和面积,如果一宗土地或数宗土地上有数栋建筑物的,应记载其号码,如果有附属建筑物,则应记载其种类、结构和面积。

2. 于第1款情形区分一栋建筑物的,应记载该栋建筑物的所在地、地号、种类和结构及面积,如果一宗土地或数宗土地之上有数栋建筑物的,应记载其号码。但第41条第1款第1项事项不予记载。

3. 于第2款情形申请书上记载一栋建筑物号码的,除申请建筑物标示登记或所有权保留登记外,不记载该栋建筑物的结构和面积。

4. 于第2款情形,区分建筑物为集合建筑物所有与管理法第2条第6项所定占地使用权,无法与建筑物进行分离处分(以下称为"占地权")的,应在申请书上记载该权利的标示。

5. 依第4款的规定申请的登记,符合以下各项之一的,应予申请书上附具相关条款或公正书。

（1）占地权的标的土地为集合建筑物所有与管理法第4条所定建筑物的占地的;

（2）各区分所有人持有占地的比例为集合建筑物所有与管理法第21条第1款但书及第2款所定比例;

（3）建筑物的所有人,对该建筑物所属1栋建筑物所在集合建筑物所有与管理法第2条第5项所定建筑物的占地具有的占地使用权,为非占地权的情形。

6. 于第4款情形,占地标的的土地为其他登记所的管辖的,申请书上应附具登记簿的誊本。

（全文修订于2008年3月21日）

第 43 条　买回特约

申请买回特约登记的,申请书中应记载买受人支付的价款及交易费用,登记原因中如有买回期间的规定,则应记载买回期间。

（全文修订于 2008 年 3 月 21 日）

第 43b 条　权利消灭的约定

登记原因中有关于标的消灭的约定的,申请书中应记载该约定。

（全文修订于 2008 年 3 月 21 日）

第 44 条　登记权利人为 2 人以上的

1. 登记权利人为 2 人以上的,申请书上应记载其持有份。
2. 第 1 款情形登记权利为合有的,申请书中应记载此意旨。

（全文修订于 2008 年 3 月 21 日）

第 45 条　无登记原因证书

自始无证明登记原因之材料或无法出具材料的,应出具申请书的副本。

（全文修订于 2008 年 3 月 21 日）

第 46 条　继承

登记原因为继承时,申请书中应附具证明继承的市、区、县、乡长的书面文件或其证明文件。

（全文修订于 2008 年 3 月 21 日）

第 47 条　继承人的申请

申请人为登记权利人或登记义务人的继承人的,申请书中应附具证明其身份的市、区、县、乡长的书面文件或其证明文件。

（全文修订于 2008 年 3 月 21 日）

第 48 条　名义人标示的变更或更正

1. 因登记名义人标示变更或更正申请登记的,申请书中应附具证明此标示的变更或更正的市、区、县、乡长的书面材料或其证明文件。
2. 申请所有权移转登记时,因登记名义人住所的变更使登记义务人的标示与登记簿不一致的,在申请登记时出具的市、区、县、乡长出具的证明住所的证明文件中,登记义务人登记簿上的住所变更为申请书中的住所的事实明确的,登记官依职权应进行登记名义人标示的变更登记。

(全文修订于 2008 年 3 月 21 日)

第 48b 条　国有不动产管理厅名称的变更登记

因国有财产的交换管理其管理厅发生变更的,新管理官署应立即附具证明管理发生变更的文件嘱托登记所变更登记名义人的登记。

(全文修订于 2008 年 3 月 21 日)

第 49 条　登记毕证灭失

1. 有关登记义务人权利的登记毕证或第 68 条所定完成登记通知书灭失的,登记义务人或其法定代理人应列席登记所。但申请书中附具委托代理人(律师或法务士)为申请书中的登记义务人,或附具证明受该法定代理人委托的材料 2 份,或申请人中(委托代理人申请时为证明其权限的材料)登记义务人部分已公证并将其副本附具于申请书中的,不在此限:

2. 第 1 款本文情形,登记官依据居民登录证、护照及其他大法院规则所定证明确认本人,并附具证明书的复印件拟制笔录签名盖章。

3. 委托代理人拟制第 1 款但书的确认材料时,准用第 2 款。

(全文修订于 2008 年 3 月 21 日)

第 49b 条　废止(1985 年 9 月 14 日)

第 50 条　第三人的许可、同意或承诺

申请书中应附具证明第三人的许可、同意或承诺材料的,可令第三人于申请书中签名盖章代替上述材料。

(全文修订于 2008 年 3 月 21 日)

第 51 条　数宗不动产的总括申请

申请同一登记所管辖范围内的数宗不动产的登记的,仅于登记原因与其登记标的一致情形为限,可用同一份申请书申请登记。

（全文修订于 2008 年 3 月 21 日）

第 52 条　依债权代位权的登记

债权人依民法第 404 条代位债务人申请登记的,申请书中应记载债权人与债务人的姓名或名称、住所或办事处以及代位原因,并附具证明代位原因的材料。

（全文修订于 2008 年 3 月 21 日）

第 53 条　接收申请

1. 登记官接收申请书的,应于收件簿中记载登记的目的、申请人的姓名或名称、接收年月日和收件号数,并于申请书中记录接收年月日和收件号数。但就同一不动产同时收到数个申请的,应记载相同的收件号数。

2. 申请书或其他材料的回执应记载接收年月日,并出具申请人。

（全文修订于 2008 年 3 月 21 日）

第 54 条　登记顺序

登记官应依收件号数的顺序登记。

（全文修订于 2008 年 3 月 21 日）

第 55 条　驳回申请

登记官仅限于符合下列各项情形为限,作出以附理由的裁定驳回申请。但申请错误部分可以补充更正,申请即日补充更正的,不在此限：

1. 非该登记所管辖；
2. 非登记事项；
3. 当事人或其代理人未列席的；
4. 申请书不合形式要求的；
5. 申请书中所载不动产或登记标的权利的标示与登记簿不一致的；
6. 除依第 47 条规定出具材料外,申请书中所载登记义务人的标示与登记簿不一致的；
7. 申请书中的记载事项与证明登记原因的材料不一致的；
8. 未附具申请书所需材料或图式的；

9. 未缴纳登记税或第 27 条第 3 款所定手续费,或未履行与登记申请相关其他法律所定义务的;

10. 依第 90 条、第 101 条、第 130 条第 1 款或第 131 条第 1 款的规定申请登记,申请书中所载事项与土地清册、林地清册或建筑物清册不一致的;

11. 登记的申请违反第 56 条的规定的;

12. 在区分一栋建筑物的登记申请中,就有关该区分所有权标的建筑物的标示相关事项,经过登记官的调查,其结果与集合建筑物所有与管理法第 1 条或第 1b 条规定不符的;

13. 登记申请违反第 170 条第 4 款的规定的。

(全文修订于 2008 年 3 月 21 日)

第 56 条 登记簿与清册标示的不一致

1. 登记簿中所载不动产的标示与土地清册、林地清册或建筑物清册不一致的,该不动产所有权的登记名义人未经不动产标示变更登记,不得就该项不动产申请其他登记。

2. 登记簿中所载登记名义人的标示与土地清册、林地清册或建筑物清册不一致的,如该登记名义人未经登记名义人标示的变更登记,不得就该项不动产申请其他登记。

3. 于第 55 条第 12 项情形,登记官应立即将该事由通知建筑物清册所管官厅。

(全文修订于 2008 年 3 月 21 日)

第 56b 条 登记官的调查权

1. 登记官就一栋区分建筑物收到登记申请的,必要时可调查与该建筑物标示相关的事项。

2. 进行第 1 款调查,必要时可调查该建筑物,并要求建筑物的所有人或其他关系人提示材料或进行提问。于此情形,相关公务员应向关系人出具证明其权限的证件。

第 57 条　登记的记载事项

1. 标示栏登记,应记载申请书的接收年、月、日,申请书所载不动产标示的相关事项,对区分建筑物有占地权的,应记载与该权利标示相关的事项并由登记官盖章。

2. 在事项栏进行登记时,应记载申请书的接收年、月、日,收件号数,登记权利人的姓名或名称,住所或办事处所在地,登记原因及其年、月、日,登记目的及其他申请书所载登记权利,登记权利人为非法人社团或财团的,应一并记载该代理人或管理人的姓名和住所,并由登记官盖章。于此情形,记载登记权利人的姓名或名称机构的,准用第 41 条第 2 款的规定,一起记载非法人社团或财团代理人或管理人的姓名或住所的,准用第 41 条第 3 款的规定。

3. 收到第 52 条债权人代位权的登记申请的,除第 2 款规定外,应于事项栏中记载债权人的姓名或名称、住所或办事处以及代位原因。

4. 将买卖交易契约作为证明登记原因的材料进行所有权移转登记的,应将依第 40 条第 1 款第 9 项所定文件中所载交易价格记录于甲区权利人及其他事项栏中。

（全文修订于 2008 年 3 月 21 日）

第 57b 条　存在占地权意旨的登记

1. 在建筑物的登记用纸上登记占地权的,应于该权利标的土地登记用纸适当区的事项栏中登记已存在占地权的意旨。

2. 在进行第 1 款登记情形,应记载哪一项权利为占地权的意旨,及登记该占地权并可标示一栋建筑物的事项及其年、月、日,并由登记官盖章。

3. 占地权的标的土地为其他登记所的管辖的,应立即向该登记所通知第 2 款所定登记事项。

4. 收到第 3 款通知的登记所,应于占地权标的土地登记用纸适当区的事项栏中登记通知事项。

（全文修订于 2008 年 3 月 21 日）

第 57c 条　占地使用权的取得

1.《集合建筑物所有与管理法》第 1 条或第 1b 条所定建筑物的人持有占地使用权,未进行占地权登记仅就区分建筑物进行所有权移转登记的,可与现区分所有人共同申请占地使用权的移转登记。

2. 第 1 款申请不适用第 40 条第 1 款第 2 项及第 6 项的规定。

3. 约定建造建筑物由出让人最终取得该建筑物占地使用权来移转的,准用第 1 款和第 2 款的规定。

4. 第 1 款及第 3 款所定登记,应与占地权的登记同时申请。

(全文修订于 2008 年 3 月 21 日)

第 58 条　共同人名簿的记载

1. 登记权利人为 2 人以上的,登记用纸中应记载申请书所载第 1 人的姓名或住所或办事处所在地、居民登录号或第 41b 条所定登记号及其他人,并可将登记权利人的姓名或名称、住所或办事处所在地及居民登录号或第 41b 条所定登记号载于共同人名簿。

2. 应将登记义务人的姓名或名称、住所或办事处载于登记用纸,登记义务人为 2 人以上的,准用第 1 款的规定。

(全文修订于 2008 年 3 月 21 日)

第 59 条　编号的记载

标示栏登记应于标示栏中记载其编号,事项栏登记应于顺位编号栏中记载其编号。

(全文修订于 2008 年 3 月 21 日)

第 60 条　附记登记的编号记载

记载附记登记顺位编号的,使用主登记编号,并于其编号正文载明附记号。

(全文修订于 2008 年 3 月 21 日)

第 61 条　假登记的记载

假登记应于登记用纸适当区的事项栏中记载,并于其下方留空白。

（全文修订于 2008 年 3 月 21 日）

第 62 条　假登记后本登记的记载

假登记后申请本登记的,应载于假登记下方空白处。

（全文修订于 2008 年 3 月 21 日）

第 63 条　权利变更登记的申请

关于权利变更登记,存在有利害关系的第三人的,仅限于申请书中附具其同意书或可以对抗的裁判节本情形为限,可以依附记进行登记。

（全文修订于 2008 年 3 月 21 日）

第 64 条　权利变更登记的记载

权利变更登记时,应用红线涂销变更前的登记事项。

（全文修订于 2008 年 3 月 21 日）

第 64b 条　买回登记等的记载

1. 买回特约的登记,附记于买受人的权利取得的登记。

2. 已进行买回的权利取得登记时,应涂销第 1 款登记。

3. 与登记标的权利消灭相关的约定的登记,准用第 1 款和第 2 款的规定。

（全文修订于 2008 年 3 月 21 日）

第 65 条　登记名义人变更登记的记载

1. 登记名义的变更或更正,应以附记为之。

2. 第 1 款登记,应用红线涂销变更或更正前的标示。

（全文修订于 2008 年 3 月 21 日）

第 66 条　行政区划的变更

行政区划或其名称变更的,视登记簿所载行政区划或其名称发生变更。非行政区划的原区划或名称发生变更时,亦同。

（全文修订于 2008 年 3 月 21 日）

第 67 条　登记毕证的发放

1. 登记官完成登记的,应于证明登记原因的文件或申请书的副本中记载申请书的接收年、月、日,收件号数,顺位编号及完成登记的意旨,并加盖登记所印章发给登记权利人。

2. 申请书所附登记毕证、第 49 条第 1 款但书所定确认文件中之一或公证材料的副本或同条第 2 款所定笔录的誊本,应记载完成登记的意旨并加盖登记所印章返还或发给登记义务人。但登记名义人为 2 人以上的,其一部分为登记义务人的,亦应载明登记义务人的姓名或名称。

(全文修订于 2008 年 3 月 21 日)

第 68 条　登记完毕通知

1. 于以下各项情形,登记完毕应告知登记权利人登记完毕的事实:

（1）第 29 条所定胜诉登记义务人的登记申请;

（2）第 52 条所定代位债权人的登记申请;

（3）第 134 条所定限制所有权处分的嘱托登记;

2. 于第 1 款第 1 项或第 2 项情形,应向胜诉登记义务人或代位债权人发放第 67 条第 1 款文件。

(全文修订于 2008 年 3 月 21 日)

第 68b 条　登记完毕的通知

登记官完成以下各项登记时,应立即通知该事实,土地时为地籍清册所管官厅,建筑物时为建筑物清册所管官厅:

（1）所有权的保留或移转;

（2）所有权登记名义人标示的变更或更正;

（3）所有权的变更或更正;

（4）所有权的涂销或涂销的恢复。

(全文修订于 2008 年 3 月 21 日)

第 68c 条　课税文件的寄送

登记官进行所有权保留或移转登记(包括假登记)的,应立即将该申请书的副本移送不动产所在地管辖税务署的长官。

（全文修订于 2008 年 3 月 21 日）

第 69 条　登记毕证灭失时对于登记义务人的通知

于第 49 条情形,登记官完成登记的,应通知登记义务人完成不动产标示,登记原因及其年、月、日,登记权利人的姓名或名称,住所或办事处,登记标的及完成登记的意旨。但登记义务人为 2 人以上的,通知其中 1 人即可。

（全文修订于 2008 年 3 月 21 日）

第 70 条　嘱托登记时的登记毕证的发放

官署为登记权利人而嘱托登记的,自登记所得到登记毕证的,应立即发给登记权利人。

（全文修订于 2008 年 3 月 21 日）

第 71 条　错误或遗漏的通知

登记官完成登记后发现该登记有错误或遗漏的,应立即将此事实通知登记权利人和登记义务人。但登记权利人或登记义务人为 2 人以上的,通知其中之一人即可。

（全文修订于 2008 年 3 月 21 日）

第 72 条　职权更正登记

1. 登记官发现登记的错误或遗漏是因登记官的错误引起时,应立即更正。但有登记上利害关系的第三人时,不在此限。

2. 登记官依第 1 款本文进行更正登记的,应将此意旨上报地方法院院长,并通知登记权利人与登记义务人。于此情形,登记权利人或登记义务人为 2 人以上的通知其中之一人即可。

（全文修订于 2008 年 3 月 21 日）

第 73 条　登记更正的通知

依第 52 条所定债权人的代位权进行登记情形,亦应向债权人作出第 71 条及第 72 条所定通知。

（全文修订于 2008 年 3 月 21 日）

第 74 条　更正登记的记载等

就登记事项的一部分更正进行登记的,准用第 63 条和第 64 条的规定。

(全文修订于 2008 年 3 月 21 日)

第 75 条　恢复登记的申请

申请已涂销登记的恢复的,如登记上有利害关系第三人,申请书中应附具其同意书或可以对抗的裁判的誊本。

(全文修订于 2008 年 3 月 21 日)

第 76 条　恢复登记

收到登记恢复申请而恢复登记的,恢复登记后应再进行与涂销登记相同的登记。但仅登记事项的一部分被涂销的,依附记重新登记该事项。

(全文修订于 2008 年 3 月 21 日)

第 77 条　废止(1991 年 12 月 14 日)

第 78 条　废止(1991 年 12 月 14 日)

第 79 条　灭失登记簿的恢复登记

发生第 24 条所定登记簿的灭失的,登记权利人可单独申请恢复登记。

(全文修订于 2008 年 3 月 21 日)

第 80 条　灭失登记簿的恢复登记

进行第 79 条的申请时,应在申请书中记载原登记的顺位编号,申请书接收年、月、日,收件号数,并附原登记的登记毕证。

(全文修订于 2008 年 3 月 21 日)

第 81 条　灭失登记的恢复登记

1. 收到第 79 条的申请进行登记时,应于登记用纸的登记编号栏中记载该土地的地号或建筑物占地的地号,于标示栏中标示不动产,在相关区顺位栏中记载登记编号,并在事项栏中记载原登记申请书的接收年、月、日和收件号数。

2. 登记官恢复登记时，发现原登记有职权记载事项的，亦应于恢复登记中记载该事项。

（全文修订于 2008 年 3 月 21 日）

第 82 条 申请书编缀部的编缀

1. 于第 24 条所定期间内接收的新的登记申请书、通知书以及许可证书，应按照收件号的顺序编缀于申请书的编缀部中。

2. 依第 1 款规定编缀的，视应登记事项与编缀时既有登记具有相同效力。

（全文修订于 2008 年 3 月 21 日）

第 83 条 编缀毕证

1. 登记官完成第 82 条第 1 款所定编缀的，准用第 67 条至第 70 条的规定。

2. 申请书中附具登记毕证的，可附具第 1 款所定登记毕证代替。

（全文修订于 2008 年 3 月 21 日）

第 84 条 申请书编缀部所定登记簿的记载

1. 第 24 条所定期间终止的，应立即按照第 82 条第 1 款所定文件资料载入登记簿。

2. 于第 1 款情形，在标示栏和事项栏登记的结尾处，依第 82 条第 1 款所定书面资料记录登记的意旨及其年、月、日，并由登记官签名盖章。

（全文修订于 2008 年 3 月 21 日）

第 85 条 登记毕证的发放

1. 依第 84 条第 1 款的规定载入登记簿的，应告知当事人发放登记毕证，如恢复登记与本款登记不一致的，同时亦应告知该意旨。

2. 当事人申请发放登记毕证的，应出具第 83 条第 1 款所定编缀毕证。

3. 收到第 2 款申请的，准用第 67 条的规定。

第 86 条　移载新登记簿

1. 登记用纸页数过多不便管理的,可将该登记移载于新登记用纸中。

2. 第 1 款情形,应于标题部及事项栏所移载登记的结尾处,载明第 1 款所定登记的移载及其年、月、日,并由登记官签名盖章。

3. 依第 1 款规定移载后,应封存登记用纸。

4. 标题部工各区的页数过多不便管理的,准用第 1 款和第 2 款的规定。

5. 依第 4 款规定移载登记的,视原标题部或各区用纸被封存。

(全文修订于 2008 年 3 月 21 日)

第 87 条　登记的移载、誊写

移载或誊写登记的,应只移载或誊写现实有效的登记。但于第 94 条第 1 款情形,为涂销或恢复部分土地登记而分批登记的,在该登记被涂销或恢复范围内誊写所有相关部分所有权及其他权利的登记。

(全文修订于 2008 年 3 月 21 日)

第 88 条　文字记载方式(修订于 2008 年 3 月 21 日)

1. 申请登记或拟制其他登记相关材料的,应字迹清晰。(修订于 2008 年 3 月 21 日)

2. 废止(1985 年 9 月 14 日)

3. 文字不得涂改。但丁正、增补或删除的,应将其字数记于栏外,文字前后附以括号并签名盖章。(修订于 2008 年 3 月 21 日)

第二节　所有权相关登记程序

(修订于 2008 年 3 月 21 日)

第 89 条　所有权的部分移转

申请所有权的部分移转登记的,申请书中应标明其持有份,如于登记原因中有《民法》第 268 条第 1 款但书所定约定时,应予记载。

（全文修订于 2008 年 3 月 21 日）

第 90 条 土地的灭失等

土地的分合、灭失、面积的增减或地目发生变更的,该土地所有权的名义人应于 1 个月内申请登记。

（全文修订于 2008 年 3 月 21 日）

第 90b 条 标示变更的职权登记

1. 登记所自地籍清册所管官署收到《地籍法》第 36 条第 3 款后段所定通知,于第 90 条期间内无登记申请的,登记官依职权于登记用纸的标示栏中依该通知书的记载内容进行变更登记。

2. 完成第 1 款的登记,登记所应立即将此意旨告知地籍清册所管官署和所有权的登记名义人。

（全文修订于 2008 年 3 月 21 日）

第 90c 条 土地的合宗登记

1. 关于所有权、地上权、传贳权、租赁权及供役地(供役地:提供便利的土地),对地役权登记外的有权利登记的土地不能合宗登记。但所有土地的登记原因及其年、月、日和收件号数已登记于同一抵押权上的,不在此限。

2. 驳回第 1 款的登记申请,登记官应立即通知所属官厅其事由。

（全文修订于 2008 年 3 月 21 日）

第 90d 条 土地合宗的特例

1. 完成地籍法所定土地合并程序之后于合宗登记之前,即使就合并土地的一部分已进行所有权移转登记,该土地所有人亦可附具利害关系人的同意书,共同申请共有合并土地的合宗登记。

2. 依地籍法完成土地合并程序后于合宗登记之前,即使就合并土地的一部分进行第 90c 条第 1 款所定符合限制理由的权利登记,该土地所有人亦可附具利害关系人的同意书,将该权利标的物作为合宗后土地折有份的合宗登记。但需役地(需役地:为便利所属必要的土地)有地役权登记的,应申请将合宗后的土地全体为地役权的合宗登记。

(全文修订于 2008 年 3 月 21 日)

第 91 条　土地灭失等的登记申请

依第 90 条规定申请登记的,应于申请书中记载土地的分割、灭失、增减面积和现有面积或新地目,并附具土地清册誊本或林地清册誊本。

(全文修订于 2008 年 3 月 21 日)

第 91b 条　土地分宗的登记申请

一宗土地的一部分上设有地上权、传贳权登记或供役地的地役权登记,申请该土地的分宗登记的,应于申请书中记载权利存续的土地并附具权利人的书面材料。于此情形,该权利存续于土地的一部分的,应于申请书中记载该土地部分,并附具标示该部分的图式。

(全文修订于 2008 年 3 月 21 日)

第 92 条　废止(1983 年 3 月 21 日)

第 93 条　土地的分宗

1. 如分割甲地,将其一部分作为乙地分宗登记的,应于登记用纸的登记编号栏中记载地号,并于标示栏中记载因分割自登记第几号土地登记用纸中移载的意旨。

2. 完成第 1 款程序的,应于甲地登记用纸的标示栏中标示剩余部分,记载因分割将其他部分移载登记第几号土地用纸的意旨,并将原有标示和其编号用红线涂销。

(全文修订于 2008 年 3 月 21 日)

第 94 条　土地的分宗

1. 于第 93 条第 1 款情形,应于乙地登记用纸相关区的事项栏移载甲地登记用纸的所有权及其他权利的登记,于所有权外权利的登记中记载甲地亦为该权利标的之意及申请书的接收年、月、日和收件号数,并由登记官签名盖章。

2. 自甲地登记用纸移载所有权以外的权利于乙地登记用纸的,于甲地登记用纸的权利相关登记中附记乙地亦为该权利标的的意旨。

3. 申请书中的所有权以外权利的登记名义人,就乙地附具证明同意该权利消灭的材料或可以对抗的裁判誊本的,应于甲地登记用纸中附记该权利相关登记中的权利消灭的意旨。

4. 申请书中的所有权以外权利的登记名义人,就甲地附具证明同意该权利消灭的材料或可以对抗的裁判誊本的,应于乙地登记用纸相应区的事项栏中移载与该权利相关的登记,记载申请书的收件年、月、日和收件号数,并由登记官签名盖章。于此情形,甲地登记用纸中该权利相关登记中应附记甲地上的相应权利消灭之意,并用红线涂销此登记。

5. 存在以第3款和第4款权利为标的的第三人的权利登记时,应于申请书中附具证明此人同意的书面文件或可以对抗的裁判誊本。

6. 附具第5款文件情形,关于该第三人的权利的登记准用第3款和第4款的规定。

（全文修订于2008年3月21日）

第95条 土地的分宗

1. 于第91款情形,仅甲地相应权利存续的,准用第94条第3款的规定,于第91b条情形,仅乙地相应权利存续的,准用第94条第4款的规定。

2. 于第91b条后段进行分宗登记的,应于甲地或乙地登记用纸中附记地上权、地役权、传贳权或租赁权相关登记中权利存续的部分。

（全文修订于2008年3月21日）

第96条 土地的分合宗

1. 分割甲地将其一部分合并于乙地进行合宗登记的,应于乙地登记的标示栏中记载因合并载自登记第几号土地的登记用纸的意旨,并用红线涂销原标示及其编号。

2. 于第1款情形,应于乙地登记的甲区事项栏中移载甲地登记用纸所有权相关登记,记载仅合并部分与甲地共同成为该权利标的的意旨,以及申请书的接收年、月、日和收件号数,并由登记官签名盖章。

3. 甲地登记用纸上存在地上权、地役权、传贳权或租赁权的登记的,应于乙地登记用纸的乙区事项栏中移载该权利相关登记,记载仅合并部分与甲地共同为该权利标的之意和申请书的接收年、月、日及收件号数,并由登记官签名盖章。

4. 移载所有权、地上权、地役权或租赁权相关登记的,登记原因及其年、月、日,登记标的和收件号数相同的,可在乙地登记中记载甲地号数及就该土地存在相同事项的登记意旨,以代替移载。

5. 于第1款情形,就所有的土地设有登记原因及其年、月、日,登记标的和收件号数相同的抵押权或传贳权的登记的,应于乙地登记用纸中附记该登记相应登记为合并后全部土地的登记的意旨。

6. 于第1款情形,准用第93条第2款、第94条第2款至第6款及第95条的规定。

(全文修订于2008年3月21日)

第97条 土地的合宗

1. 甲地合并为乙地进行合宗登记的,应于乙地登记用纸标示栏中记载因合并载自第几号土地登记用纸,用红线涂销原标示及其编号。

2. 完成第1款程序后,应于甲地登记用纸的标示栏中记载因合并载入登记第几号土地登记用纸的意旨,用红线涂销甲地标示和其编号及登记号后封存该登记用纸。

(全文修订于2008年3月21日)

第98条 土地的合宗

1. 于第97条情形,应于乙地登记用纸的甲区事项栏中记载移载甲地登记用纸中的所有权登记,及该登记仅与甲地部分有关的意旨并记载申请书的接收年、月、日和收件号数,由登记官签名盖章。

2. 甲地登记用纸上存在地上权、地役权、传贳权或租赁权的登记的,应于乙地登记用纸的乙区事项栏中移载该权利相关登记,记载仅甲地的部分为权利标的意旨,申请书的接收年、月、日和收件号数,并由登记官签名盖章。

3. 于第 1 款和第 2 款情形,准用第 96 条第 4 款的规定,就所有土地设有登记原因及其年、月、日,登记标的和收件号数相同的抵押权或传贳权的登记的,准用第 95 条第 5 款的规定。

(全文修订于 2008 年 3 月 21 日)

第 99 条　土地的增减

进行土地面积的增减登记时,应于标示栏中记载增减的原因,并用红线涂销原标示及其编号。

(全文修订于 2008 年 3 月 21 日)

第 100 条　地目或地号的变更

进行地目或地号的变更登记时,应用红线涂销原标示和地号。

(全文修订于 2008 年 3 月 21 日)

第 101 条　建筑物的标示及占地权的变更

1. 建筑物的分合、编号、种类、构造的变更、灭失、面积的增减或新建附属建筑物,该建筑物所有权的登记名义人应予 1 个月内申请登记。

2. 建筑物占地的地号变更或占地权的变更或消灭,亦相同。

3. 区分建筑物仅有其标示登记的建筑物相关第 1 款与第 2 款登记,应由符合第 131 条各项之一者申请。

4. 建筑物灭失,该所有权的名义人未于 1 个月之内申请登记的,可由建筑物占地的所有人代位申请此登记。

5. 于第 2 款情形,准用第 52 条规定;于第 4 款情形,准用第 131b 条第 2 款规定。

(全文修订于 2008 年 3 月 21 日)

第 101b 条　建筑物的不存在

1. 不存在的建筑物设有登记的,该所有权的登记名义人应立即申请该建筑物的灭失登记。

2. 该建筑物所有权的登记名义人未依第 1 款规定申请登记的,准用第 101 条第 4 款的规定。

(全文修订于 2008 年 3 月 21 日)

第 102 条 建筑物灭失等的登记申请

1. 依第 101 条与第 101b 条申请登记的,应于申请书中记载以下各项事项:

(1) 分合的面积;

(2) 新编号、新种类、新构造;

(3) 灭失、不存在、增减或新建面积及现有面积;

(4) 建筑物占地新地号及变更后的占地权或消灭的占地权;

2. 申请第 101 条第 1 款所定登记的,应于申请书中附具建筑物清册誊本。但建筑物编号的变更登记和灭失登记,不在此限。

3. 申请第 101 条第 1 款或第 101b 条所定灭失登记的,应于申请书中附具证明其灭失或不存在的建筑物清册誊本或其他可以证明的文件。

4. 申请占地权的变更、更正或消灭的登记时,应于申请书中附具与其相关的条款或公证书或其他可以证明的文件。于此情形,占地权标的土地为其他登记所管辖的,亦应附具登记簿的誊本。

(全文修订于 2008 年 3 月 21 日)

第 102b 条 占地权的变更等

1. 占地权的变更、更正或消灭的登记,准用第 99 条的规定。

2. 因占地权的变更或更正,于建筑物登记用纸中进行占地权的登记的,准用第 57b 条的规定。

3. 第 1 款登记中占地权变为非占地权,或进行占地权消灭之意的登记的,应于占地权标的土地的登记用纸相应区的事项栏中记载此意,并涂销存在占地权之意的登记。

(全文修订于 2008 年 3 月 21 日)

第 102c 条 占地权的变更等

1. 进行第 102b 条第 2 款登记情形,就建筑物有所有权保留登记和所有权移转登记外的所有权相关登记,或有所有权外相关权利的登记时,应附具记登记效力仅及于建筑物之意。但,该登记为抵押权相关登记,与占地权登记具有相同的登记原因,及其年、月、日和收件号数的,不在此限。

2. 于第 1 款但书情形,占地权的抵押权登记应予涂销。

(全文修订于 2008 年 3 月 21 日)

第 102d 条 占地权的变更等

1. 占地权变为非占地权进行第 102b 条第 3 款的登记的,应于该土地登记用纸相应区的事项栏中标示占地权及其权利人,记载随相同款的登记而登记之意及其年、月、日,并由登记官签名盖章。

2. 进行第 1 款的登记时,应于登记占地权的建筑物的登记用纸中,依第 135d 条(包括 165c 条准用情形)规定,作为对于占地权的登记而有效力的登记中如有占地权移转登记外的登记的,应自该建筑物的登记用纸移载至第 1 款土地登记用纸相应区的事项栏中。

3. 第 1 款土地登记用纸的相应区的事项栏中,有后于依第 2 款所定移载登记进行的登记的,可不拘于第 2 款的规定,在相应区新登记用纸的事项栏中,依第 2 款的规定移载应移载的登记后,移载该土地登记用纸相应区事项栏的登记。

4. 适用第 2 款和第 3 款程序的,准用第 86 条和第 95 条的规定。

5. 进行第 1 款登记时,占地权的标的土地为其他登记所管辖的,应立即通知该登记所已经登记的事实以及依第 1 款或第 2 款的规定记载或移载的事项。

6. 收到第 5 款通知的登记所,应适用第 1 款至第 4 款的程序。

(全文修订于 2008 年 3 月 21 日)

第 102e 条 占地权的变更等

1. 将非占地权登记变更为占地权的登记,已进行第 102b 条第 3 款登记,而在已登记的占地权的建筑物登记用纸中存在依第135d条(包括准用第165c条)规定,具有占地权移转登记效力的登记时,应将该建筑物登记用纸的全部内容移载至土地登记用纸相应区的事项栏中。

2. 于第1款情形,准用第102d条第2款至第6款的规定。

(全文修订于2008年3月21日)

第103条　建筑物合并的限制

1. 所有权、传贳权及租赁权登记外,建筑物有其他权利的登记的,不得合并登记。于此情形,准用第90c条第1款但书的规定。

2. 驳回违反第1款的登记申请,登记官应立即通知建筑物清册所管官厅此事实。

(全文修订于2008年3月21日)

第103b条　建筑物的分割、区分登记的申请

建筑物的一部分有传贳权或租赁权登记,申请该建筑物的分割或区分的登记的,准用第91b条规定。

(全文修订于2008年3月21日)

第104条　建筑物的分割

1. 自甲建筑物分割,其附属建筑物作为乙建筑物进行登记的,应于乙建筑物登记用纸的登记编号栏中记载编号,标示栏中记载因分割载自登记第几号建筑物的登记用纸之事实。

2. 完成第1款程序后,应于甲建筑物登记用纸的标示栏中标示剩余部分,记载因分割其他部分载入登记第几号建筑物登记用纸中之事实,原标示及其编号由红线涂销。

3. 于第1款情形,准用第94条与第95条的规定。但甲建筑物登记用纸的甲区事项栏中未载有分割后附属建筑物的登记原因的,除第94条与第95条程序外,于乙建筑物登记用纸的甲区事项栏中记载以下各项事项:

(1) 申请人的姓名或名称;

（2）住所或办事处所在地；

（3）居民登录号或第41b条所定登记号。

4. 因分割进行其所有权登记之意。

（全文修订于2008年3月21日）

第104b条　建筑物的区分

1. 区分甲建筑物作为建筑物进行登记的，应于新登记用纸的甲建筑物和乙建筑物登记编号栏中各自记载各自的编号，于其标示栏中记载因区分载自登记第几号建筑物登记用纸的事实。

2. 完成第1款程序后，应于原登记用纸标示栏中记载因区分载入登记第几号建筑物的登记用纸之事实，用红线涂销建筑物的标示及其编号、登记号后，封存该登记用纸。但甲建筑物为区分建筑物的，应于甲建筑物的登记用纸标示栏中标示剩余部分，记载因区分将其他部分载入登记第几号建筑物的登记之事实，用红线涂销原标示及其编号。

3. 于第1款本文情形，应于甲建筑物和乙建筑物登记用纸的相应区的事项栏中移载原登记的所有权及其他相关权利的登记，于所有权外的权利相关登记中，载入登记第几号的建筑物共同为该权利标的之意以及申请书的接收年、月、日及收件号数，并由登记官签名盖章。于此情形，准用第94条第3款至第6款的规定。

4. 于第1款但书情形，准用第4条与第95条的规定。

（全文修订于2008年3月21日）

第105条　建筑物的分割合并

1. 自甲建筑物分割其附属建筑物，作为乙建筑物的附属建筑物进行登记的，应于乙登记用纸的标示栏中记载因合并载自登记第几号建筑物的登记用纸之事实。

2. 于第1款情形，准用第104条第2款但书的规定。

（全文修订于2008年3月21日）

第106条　废止（1991年12月14日）

第 107 条　建筑物的分割合并、区分合并

　　于第 105 条和第 105b 条情形,准用第 96 条第 2 款至第 6 款(第 6 款中,准用第 93 条第 2 款的部分除外)的规定。但,关于甲建筑物登记用纸中分割为甲区事项的附属建筑物,未载有登记原因的,除进行第 96 条第 2 款至第 5 款所定程序外,应于乙建筑物登记用纸的甲区事项栏中记载以下各项事项:

　　(1)申请人的姓名或名称;

　　(2)住所或办事处所在地;

　　(3)居民登录号或第 41b 条所定登记号;

　　(4)因合并进行其所有权登记之意。

　　(全文修订于 2008 年 3 月 21 日)

第 108 条　建筑物的合并

　　1. 甲建筑物合并于乙或其附属建筑物,或作为乙建筑物的附属建筑物进行登记的,准用第 97 条和第 98 条的规定。但,将甲建筑物合并于乙建筑物的附属建筑物,或作为乙建筑物的附属建筑物的,无须用红线涂销乙建筑物及其他附属建筑物的原标示与其编号,甲建筑物作为区分建筑物,在相同登记用纸中除乙建筑物外还存在于其他建筑物的登记中的,不得封存此登记。

　　2. 因合并使乙建筑物变成非区分建筑物而进行登记的,应于新登记用纸的登记号栏中记载编号,标示栏中记载因合并自登记第几号和第几号建筑物的登记用纸移载的事实,并由登记官签名盖章。

　　3. 完成第 2 款程序后,应于甲建筑物和乙建筑物登记的标示栏中记载因合并载入登记第几号登记用纸之事实,用红线涂销甲建筑物和乙建筑物的标示、编号和登记号后,封存该登记用纸。

　　4. 于第 2 款情形,准用第 98 条的规定。

　　5. 登记为占地权的建筑物,因合并成为非区分建筑物,进行第 2 款登记的,准用第 102d 条规定。

　　(全文修订于 2008 年 3 月 21 日)

第 108b 条 建筑物区分合并登记的准用

非区分建筑物的建筑物,因建筑物区分外的理由成为区分建筑物的,准用第 104b 条的规定,区分建筑物因建筑物合并外的理由成为非区分建筑物的,准用第 108 条第 2 款至第 4 款的规定。

(全文修订于 2008 年 3 月 21 日)

第 109 条 面积的增减

1. 建筑物或附属建筑物面积增减的登记,准用第 99 条的规定。

2. 进行附属建筑物的新建登记的,应于主建筑物登记用纸的标示栏中记载附属建筑物的种类、构造及面积。

(全文修订于 2008 年 3 月 21 日)

第 110 条 编号、构造等的变更

建筑物编号的变更、建筑物或附属建筑物的种类或构造的变更,及建筑物占地地号变更的登记,准用第 100 条的规定。

(全文修订于 2008 年 3 月 21 日)

第 111 条 编号的变更

1. 因行政区域或非行政区域的区划的变更,使土地的编号或建筑物占地的地号发生变更的,地籍清册所管官厅或建筑物清册所管官厅应立即通知登记所此意旨。

2. 受第 1 款通知的登记所,应立即于登记用纸标示栏中进行变更登记。

(全文修订于 2008 年 3 月 21 日)

第 111b 条 建筑物的灭失

1. 收到第 101 条第 1 款或第 101b 条所定建筑物的灭失登记申请,有登记名义人外的登记上的利害关系人的,登记官应为该利害关系人定 1 个月以内期间,通知如不于该期间内声明异议将进行灭失登记。但,申请书中附具作为证明建筑物的灭失或不存在的材料,在申请书中附具建筑物清册誊本或登记上利害关系人的签名盖章的,不在此限。

2. 于第 1 款本文情形,准用第 175 条第 2 款、第 176 条及第 177 条的规定。

(全文修订于 2008 年 3 月 21 日)

第 112 条　不动产的灭失

1. 进行不动产的灭失登记,应于登记用纸的标示栏中记载灭失之意及其原因或不存在之意旨,用红线涂销不动产的标示和标示编号后,封存该登记用纸。但灭失的建筑物为区分一栋建筑物的,不得封存登记用纸。

2. 因登记占地权建筑物的灭失登记,封存该登记用纸的,准用第 102d 条的规定。

(全文修订于 2008 年 3 月 21 日)

第 112b 条　规约中共用部分的登记

1. 共用部分之意的登记,应于申请书中附具规定此意旨的规约或公证书,由所有权的登记名义人申请。于此情形,建筑物存在所有权外权利的登记的,应附具该登记名义人的同意书或可以对抗的裁判的誊本。

2. 收到第 1 款所定登记申请进行登记的,应于标题部中记载共用部分之意旨,并用红线涂销各区的所有权及其他权利的登记。于此情形,该共用部分为其他登记用纸所登建筑物的区分所有人共有时,亦应记载此意旨。

(全文修订于 2008 年 3 月 21 日)

第 112c 条　规约中共用部分的登记涂销

1. 废止记载为共用部分之意旨的规约时,共用部分的取得人应立即申请登记。

2. 第 1 款所定登记申请,应附证明废止规约的文件。

3. 存在第 1 款所定登记申请的,其登记仅以甲区进行所有权保留登记即可。于此情形,进行此登记的,用红线涂销记载为共用部分之意旨内容。

(全文修订于 2008 年 3 月 21 日)

第 113 条　不动产的灭失

1. 第 112 条情形灭失登记的不动产,与其他不动产共同成为所有权外权利的标的的,应于不同不动产登记用纸相应区的事项栏中标示灭失登记的不动产,附记该不动产灭失或不存在之意旨,与该不动产共同成为所有权外权利标的之意的登记中,灭失登记不动产的标示用红线涂销。

2. 依第 1 款规定进行的登记,如有共同担保目录的,依此目录。

3. 于第 1 款情形,该不同不动产的所在地为其他登记所管辖的,应立即通知该登记所不动产及灭失登记不动产的标示及申请书的接收年、月、日。

4. 受第 3 款所定通知书的登记所,应立即完成第 1 款或第 2 款所定程序。

(全文修订于 2008 年 3 月 21 日)

第 114 条　滩涂

1. 登记的土地变成滩涂时,相关官厅应立即委托登记所涂销此登记。

2. 第 1 款委托,必要时官厅可代替登记名义人或继承人嘱托土地的标示或变更、更正登记名义人的标示,或嘱托实行基于继承的所有权的移转登记。

3. 受第 1 款嘱托的登记所,应于登记用纸的标示栏中记载变为滩涂之意,用红线涂销土地的标示、标示编号和登记号后封存此登记用纸。于此情形,准用第 113 条规定。

(全文修订于 2008 年 3 月 21 日)

第 115 条　土地征收

1. 因土地征收引起的所有权移转登记,可由登记权利人单独申请。因土地征收委员会的裁决认定存续的权利,应于申请书中标明,并附具证明补偿或嘱托的文件。

2. 进行第 1 款申请时,必要时创业者可代替登记名义人或继承人,申请土地的标示或登记名义人标示的变更、更正,或申请因继承引起的所有权移转的登记。

3. 公署为创业者的,该公署应立即嘱托登记所进行第 1 款和第 2 款的登记。

(全文修订于 2008 年 3 月 21 日)

第 116 条　准用规定

第 101 条第 5 款、第 101b 条、第 114 条第 2 款及第 115 条第 2 款登记,准用第 52 条第 3 款、第 68 条和第 73 条。

(全文修订于 2008 年 3 月 21 日)

第 117 条　不动产的信托

关于不动产的信托登记,受托人为登记权利人,嘱托人为登记义务人。

(全文修订于 2008 年 3 月 21 日)

第 118 条　不动产的信托

1. 依《信托法》第 19 条规定属于信托财产的不动产的信托登记,可由受托人单独登记。

2. 恢复《信托法》第 38 条所定信托财产,准用第 1 款的规定。

(全文修订于 2008 年 3 月 21 日)

第 119 条　不动产的信托

1. 收益人或嘱托人,可代位受托人申请信托登记。

2. 申请有关第 1 款所定代位登记,准用第 52 条规定。于此情形,应于申请书中附具证明代位原因的材料,以及证明登记标的不动产为信托财产的文件。

(全文修订于 2008 年 3 月 21 日)

第 120 条　不动产的信托

1. 信托登记的申请,应使用与信托不动产所有权移转登记相同的书面材料。

2. 依《信托法》第 19 条所定信托财产的取得登记,及申请该法第 38

条所定信托财产的恢复登记,准用第 1 款的规定。

（全文修订于 2008 年 3 月 21 日）

第 121 条　不动产的信托

1. 受托人更替申请所有权移转登记的,应于申请书中附具证明此更替的书面文件。

2.《信托法》第 26 条第 2 款所定变更登记,准用第 1 款的规定。

（全文修订于 2008 年 3 月 21 日）

第 122 条　不动产的信托

受托人死亡、破产、禁治产、限定治产或因法院或主务官厅的解聘命令其结束任务的,可由新受托人或其他受托人单独申请第 121 条登记。作为受托人的法人因解散其任务结束的,亦同。

（全文修订于 2008 年 3 月 21 日）

第 123 条　不动产的信托

1. 申请信托登记的,应将符合以下各项事项的文件附于申请书中:

（1）委托人、受托人、收益人与信托管理人的姓名及住所(法人为其名称及办事处);

（2）信托的标的;

（3）信托财产的管理方法;

（4）信托终止的理由;

（5）其他信托条款。

2. 第 1 款文件应由申请人签名盖章。

（全文修订于 2008 年 3 月 21 日）

第 124 条　信托存根簿

1. 依第 123 条规定附于申请书上的书面文件为信托存根簿。

2. 信托存根簿为登记簿的一部分,其记载为登记。

（全文修订于 2008 年 3 月 21 日）

第 125 条　信托上的记载

法院选任或解聘信托管理人的,应立即嘱托登记所载于信托存根簿。主务官厅选任信托管理人时,亦同。

（全文修订于 2008 年 3 月 21 日）

第 126 条　信托存根簿上的记载

法院或主务官厅解聘受托人的,准用第 125 条的规定。

（全文修订于 2008 年 3 月 21 日）

第 127 条　信托存根簿上的记载

1. 法院变更信托财产的管理方法的,应立即嘱托载于信托存根簿。
2. 主务官厅变更信托条款的,准用第 1 款规定。

（全文修订于 2008 年 3 月 21 日）

第 128 条　信托存根簿上的记载

除第 125 条至第 127 条情形外,第 123 条第 1 款所定事项发生变更的,受托人应立即附具证明此变更的书面文件,应申请载于信托存根簿中。但第 121 条或第 122 条情形,如已进行登记的,登记官应依职权载于信托存根簿之中。

（全文修订于 2008 年 3 月 21 日）

第 129 条　信托存根簿上的记载

依第 126 条的规定载于信托存根簿时,登记官应依职权将此意载于登记簿之中。

（全文修订于 2008 年 3 月 21 日）

第 130 条　土地的保留登记

未登记土地的保留登记,可由符合以下各项条件之一的人申请：

（1）依土地清册誊本或林地清册誊本,证明自己或被继承人为土地清册或林地清册所载所有人的;

（2）依判决证明自己的所有权的;

（3）证明依征收取得所有权的。

（全文修订于 2008 年 3 月 21 日）

第 131 条　建筑物的保留登记

未登记建筑物的所有保留登记,可由符合以下各项条件之一的人申请:

(1)依建筑物清册誊本证明自己或被继承人为建筑物清册所载所有人的;

(2)依判决及其他市、区、县、乡长官书面文件证明自己的所有权的;

(3)证明因征收取得所有权的人。

(全文修订于 2008 年 3 月 21 日)

第 131b 条　区分建筑物标示相关登记

1. 仅就一栋建筑物区分建筑物中的一部分申请所有权保留登记的,就其剩余区分建筑物应一起申请标示登记。

2. 于第 1 款情形区分建筑物的所有人,可代位同属一栋建筑物的其他区分建筑物的所有人申请该建筑物的标示登记。

3. 因新建建筑物使非区分建筑物成为区分建筑物的,该新建建筑物的所有权保留登记与其他建筑物标示相关登记或标示变更登记同时申请。

4. 于第 3 款情形,建筑物的所有人可代位其他建筑物的所有人,申请建筑物标示相关的登记或标示的变更登记。

5. 第 2 款和第 4 款情形,准用第 52 条的规定。

(全文修订于 2008 年 3 月 21 日)

第 133 条　登记编号的记载

进行未登记不动产所有权的登记时,应于登记用纸的登记号栏中记载编号。

(全文修订于 2008 年 3 月 21 日)

第 134 条　未登记不动产的处分限制登记

1. 就未登记不动产,依据限制所有权处分的登记嘱托进行登记的,应于登记用纸的登记号栏中记载编号,并于事项栏中记载以下各项事项:

(1)所有人的姓名或名称;

（2）住所或办事处所在地；

（3）根据裁判的限制处分登记令,进行所有权登记的意旨。

2. 于第1款情形,准用第57条第1款和第2款的规定。

3. 于第1款情形,依据法院裁判起草的限制处分登记的嘱托办理登记建筑物的,不适用第131条规定。但,该建筑物为建筑法上应予得到使用承认的建筑物却未得到的情形,应于登记簿的标示栏中记载该事实。

4. 依第3款但书规定登记的建筑物,得到建筑法上的使用承认的,该建筑物所有权登记名义人,应于1个月内申请第3款但书所定记载的涂销登记。

5. 于第4款情形,准用第52条和第131b条第2款的规定。

6. 申请第4款所定涂销登记的,应于申请书中附具证明得到使用承认的建筑物清册誊本或可以证明的文件。

（全文修订于2008年3月21日）

第135条 废止（1991年12月14日）

第135b条 所有权移转登记的禁止

1. 实行土地所有权为占地权意旨的登记时,不得在该土地的登记用纸上进行所有权移转登记。

2. 登记占地权的登记用纸,不得仅就建筑物为所有权移转登记。

（全文修订于2008年3月21日）

第135c条 有占地权建筑物的登记

1. 就登记占地权的建筑物申请所有权登记的,应于申请书中记载占地权。但,仅就建筑物申请登记的,不在此限。

2. 依第1款但书的规定申请登记的,应于登记中附记仅与建筑物有关之意。

（全文修订于2008年3月21日）

第135d条 有占地权建筑物的登记

1. 对占地权登记后的建筑物进行的所有权登记,不存在仅与建筑物有关之意旨的附记的,作为对占地权的统一登记,具有效力。

2. 依第 1 款规定进行占地权登记而具有效力的登记,以及占地权标的土地登记用纸相应区事项栏中登记的顺序,依收件号数确定。

(全文修订于 2008 年 3 月 21 日)

第 3 节 所有权外权利的登记程序

(修订于 2008 年 3 月 21 日)

第 136 条 地上权

申请地上权的或移转的登记时,应于申请书中记载地上权设定的目的和范围,如果登记原因中有存续期间、地价及其支付时期,或就《民法》第 289b 条第 1 款后段进行约定的,应予记载。

(全文修订于 2008 年 3 月 21 日)

第 137 条 地役权

进行地役权的设定登记的,应于申请书中标示需役地,记载地役权设定的目的和范围,地役权设定范围为供役地的一部分时,应附具标示其范围的图式。但,登记原因中有关于《民法》第 292 条第 1 款但书、第 297 条第 1 款但书或第 298 条的约定的,应于记载。

(全文修订于 2008 年 3 月 21 日)

第 138 条 地役权

1. 进行地役权的设定登记的,应于需役地不动产登记用纸相应区的事项栏中标示供役地的不动产,并记载该不动产为地役权的标的之意和地役权设定的目的及范围。

2. 需役地为其他登记所的管辖时,应立即通知该登记所供役地,需役地,地役权设定的目的和范围,申请书的接收年、月、日。

3. 收到第 2 款通知的登记所,应立即于供役地不动产的登记用纸相应区的事项栏中记载接收通知事项。

(全文修订于 2008 年 3 月 21 日)

第 139 条 传贳权

1. 申请设定传贳权或转传贳登记的,应予申请书中记载传贳金额。但,登记原因中有存续期间、违约金或赔偿金或《民法》第 306 条但书所定约定的,应予记载。

2. 于第 1 款情形,传贳权的标的为不动产的一部分时,应附具其图式。

3. 于传贳权情形,准用第 145 条至第 147 条和第 149 至第 155 条的规定。

(全文修订于 2008 年 3 月 21 日)

第 140 条 抵押权

1. 申请抵押权的设定登记的,应于申请书中记载债权额和债务人。于此情形,应于登记原因中记载清偿期、利息及其发生期、本金或利息的给付地点、因债务不履行引起的损害赔偿约定,或有《民法》第 358 条但书约定或债权附条件时,应予记载。

2. 第 1 款抵押权的内容为最高额抵押的,应于申请书中记载登记原因为最高额抵押契约的事实和债权的最高额及债务人。于此情形,登记原因中有《民法》第 358 条但书所定约定的,应予记载。

(全文修订于 2008 年 3 月 21 日)

第 141 条 所有权外权利上的抵押权

申请抵押权的设定登记,该权利标的为所有权外权利时,应于申请书中标示该权利。

(全文修订于 2008 年 3 月 21 日)

第 142 条 抵押权的移转

申请抵押权的移转登记的,应于申请书中记载抵押权与债权共同移转之意。

(全文修订于 2008 年 3 月 21 日)

第 142b 条　抵押权的权利质权

申请《民法》第 348 条所定质权的附记登记的,应于申请书中标示作为质权标的的担保债权的抵押权,并记载以下各项事项:

(1) 债务人的标示;

(2) 债权价额;

(3) 有清偿期及约定利息时,其内容。

(全文修订 2008 年 3 月 21 日)

第 143 条　被担保债权的价格

不以一定金额为标的,申请作为债权担保的抵押权的设定登记时,应于申请书中记载该债权的价格。

(全文修订于 2008 年 3 月 21 日)

第 144 条　废止(1991 年 12 月 14 日)

第 145 条　共同担保

申请以数个不动产相关权利为标的的抵押权的设定登记时,应于申请书中标示各不动产相关权利。

(全文修订于 2008 年 3 月 21 日)

第 146 条　共同担保目录

1. 于第 145 条情形,不动产为 5 个以上的,应于申请书中附具共同担保目录。

2. 第 1 款目录中应标示各不动产相关权利,并由申请人签名盖章。

(全文修订于 2008 年 3 月 21 日)

第 147 条　追加共同担保

以 1 个或数个不动产权利为标的进行抵押权设定登记后,就同一债权申请以另一个或数个不动产权利为标的的抵押权的设定登记的,应予申请书中记录充分标示原登记的事项。

(全文修订于 2008 年 3 月 21 日)

第 148 条　基于债权的部分转让或代位清偿的抵押权的移转

申请债权的部分转让或因代位清偿引起的抵押权的移转登记的,应于申请书中记载转让或代位清偿标的债权价格。

(全文修订于 2008 年 3 月 21 日)

第 149 条　共同担保登记的记载

依第 145 条所定登记,申请各不动产相关权利的登记的,应于该不动产登记用纸相应区的事项栏中标示其他不动产权利,并记载与该权利共同为担保标的之意旨。

(全文修订于 2008 年 3 月 21 日)

第 150 条　共同担保目录的记载

申请书中附具共同担保目录,就各不动产相关权利进行登记的,应于该不动产登记用纸相应区的事项栏中,记载共同担保目录所载其他不动产相关权利共同为担保标的之意旨。

(全文修订于 2008 年 3 月 21 日)

第 151 条　共同担保目录的性质

视共同担保目录为登记簿的一部分,其记载视为登记。

(全文修订于 2008 年 3 月 21 日)

第 152 条　追加共同担保登记的记载

1. 依第 147 条所定登记申请登记的,于其登记和原登记中记载各不动产权利共同为担保标的之意旨。

2. 于第 1 款情形,准用第 138 条第 2 款、第 3 款、第 149 条及第 150 条的规定。

(全文修订于 2008 年 3 月 21 日)

第 153 条　废止(1983 年 12 月 31 日)

第 154 条　共同担保的部分消灭或变更

1. 数不动产权利为抵押权标的,涂销以其中 1 个不动产权利为标的的抵押权的登记的,应将该事实附记于其他不动产权利依第149条和第152条规定所实行的登记中,并用红线涂销消灭事项。就1个不动产权利的标示进行变更登记时,亦相同。

2. 于第1款情形,准用第138条第2款和第3款的规定。

第155条 共同担保的部分消灭或变更

依第154条第1款规定登记的,如有共同担保目录则依此目录。

(全文修订于2008年3月21日)

第156条 租赁权

1. 申请租赁权的设定或租赁物的转借登记的,应于申请书中记载租金。于此情形,登记原因中就存续期间、租金的先行支付及其支付时期或租赁保证金有约定,或就承租权的转让或承租物的转租出租人同意的,应予记载,租赁人无处分能力或无权限的,亦应记载此意旨。

2. 就承租权的转让或承租物的转租无出租人同意之意的登记,申请租赁权的移转或承租物转租登记申请的,申请书中应附具出租人的同意书。

(全文修订于2008年3月21日)

第156b条 所有权外权利移转登记的记载

所有权外权利的移转登记,以附记形式进行。

(全文修订于2008年3月21日)

第157条 其他物权的征服或信托

因土地相关所有权外权利的征收而引起权利的移转登记的,准用第115条和第116条的规定,不动产相关所有权外权利的信托登记则准用第117至第129条的规定。

(全文修订于2008年3月21日)

第158条 废止(1983年12月31日)

第159条 废止(1983年12月31日)

第 160 条　废止(1983 年 12 月 31 日)

第 161 条　废止(1983 年 12 月 31 日)

第 162 条　废止(1983 年 12 月 31 日)

第 163 条　废止(1983 年 12 月 31 日)

第 164 条　废止(1983 年 12 月 31 日)

第 165 条　废止(1983 年 12 月 31 日)

第 165b 条　抵押权设定登记的禁止

1. 进行占地权登记的土地登记用纸,不得以占地权为标的进行抵押权设定登记。

2. 登记占地权的建筑物登记用纸,不得仅以该建筑物为标的进行抵押权设定登记。

3. 地上权或租赁权为占地权的,准用第 135b 条第 1 款的规定。

(全文修订于 2008 年 3 月 21 日)

第 165c 条　有占地权建筑物的权利登记

1. 就登记占地权的建筑物申请所有权外的权利登记时,准用第 135c 条的规定。

2. 作为登记占地权的建筑物所有权外权利的登记,如无仅对于建筑物之意的附记登记的,准用第 135d 条的规定。

(全文修订于 2008 年 3 月 21 日)

第 4 节　与涂销相关的登记程序

(全文修订于 2008 年 3 月 21 日)

第 166 条　因死亡引起的权利的消灭

登记权利因某一人的死亡而消灭的,申请书中附具证明其死亡的市、县、乡、街道长官出具的书面文件及其他公证证书时,可由登记权利人单独申请登记的涂销。

第 167 条　登记义务人的行踪不明

1. 登记权利人因登记义务人的行踪不明无法与其共同申请登记的涂销的,可根据民事诉讼法申请公示催告。

2. 第 1 款情形有除权判决的,可于申请书中附其誊本由登记权利人单独申请登记的涂销。

3. 于第 1 款情形,申请书中附具传贳契约和传贳金返还证明或债权证书、债权及最后 1 年利息的发票时,可由登记权利人单独申请传贳或抵押权相关登记的涂销。

第 168 条　信托登记的涂销

1. 因依托不动产相关权利的移转,使该权利不属于信托财产的,信托登记涂销的申请应与移转登记申请使用同一纸面。

2. 因信托终止,信托财产相关不动产权利发生移转的,准用第 1 款的规定。

第 169 条　假登记

1. 假登记的涂销,可由假登记名义人申请。

2. 申请书中附具假登记名义人的同意书或可以对抗的裁判誊本时,登记上的利害关系人可申请涂销假登记。

第 170 条　预告登记的涂销

1. 驳回第 4 条所定诉讼的裁判,或对提起诉讼者宣告败诉的裁判已经确定,或提出撤回诉讼、放弃请求或请求和解的,一审法院应立即在嘱托书中附具裁判誊本、节本或诉讼的撤回书、证明放弃请求或请求和解的法院书记官、法院事务官、法院主事或法院主事辅出具的书面文件,并嘱托登记所涂销预告登记。

2. 对第 1 款提起诉讼者宣告胜诉的裁判(包括请求同意或和解)已经确定,该诉讼的提起者将该裁判正本和不再依该裁判申请登记之意的书面材料一起提交的,一审法院应立即于嘱托书中附具上述材料和裁判正本。

3. 尽管有第 2 款裁判,登记的涂销或无法恢复登记已被其他裁判(包括请求的允诺或和解)认定的,即使登记上的利害关系人提出该裁判誊本,亦与第 2 款相同。于此情形,嘱托书中应附每一裁判的誊本。

4. 依第 2 款或第 3 款的规定涂销预告登记的,不能申请第 2 款所定裁判的登记。

第 170b 条 预告登记的涂销

登记官因登记原因的无效或撤销而涂销或恢复登记时,应涂销预告登记。

第 171 条 有利害关系第三人

申请涂销登记,对该涂销有登记上利害关系第三人的,应于该申请书中附其同意书或可以对抗的裁判誊本。

第 172 条 涂销方法

1. 涂销登记时,应以红线涂销应涂销的登记。

2. 于第 1 款情形,存在第三人以被涂销权利为目的的登记时,于登记用纸的相应区的事项栏中记载该第三人的权利,并记载因涂销某种权利的登记而被涂销的意旨。

第 173 条 废止(1991 年 12 月 14 日)

第 174 条 关于土地征用的涂销登记

依第 115 条规定,因土地征收申请或嘱托所有权移转登记的,该不动产的登记用纸或有所有权外的权利登记,应予涂销。但,为该不动产存在的地役权登记或作为土地征用委员会的裁决承认存续的权利的登记,不在此限。

第 175 条 存在违反管辖登记时的涂销的通知

1. 登记官完成登记后,发现该登记违反第 55 条第 1 款或第 2 款时,可对登记权利人、登记义务人和登记上有利害关系人的第三人规定,于1个月之期间内,通知其如不于该期间内声明异议则涂销登记之意的通知。

2. 应受通知者的住所或居所不明的,可代替第1款的通知于第1款期间内公示于登记所的公告栏中。

第176条 对于涂销的异议

如有对涂销声明有异议的人,登记官应对其异议作出裁定。

第177条 职权涂销

无第176条所定异议声明者或被驳回异议的,登记官应依职权涂销。

第4b章 使用电算信息处理系统的登记事务处理特例

(全文修订于2008年3月21日)

第177b条 依电算信息处理系统处理登记事务等

1. 由大法院院长指定、告示登记所(以下称为"指定登记所")的登记事务的全部或一部分,可使用电算信息处理系统处理。于此情形,登记事项所载辅助记忆装置(包括磁盘、磁带及其他与此类似方法可确实记录、保管一定登记事项的电子信息储存媒介。以下亦同)为登记簿。

2. 第1款登记簿,可不拘于第23条第1款的规定保管于大法院规则所定场所,除为预防战争、天灾地变及其他类似事态外,不得持出其场所之外。

第177c条 誊本或节本的发放和登记簿的阅览

1. 依第177b条规定处理登记事务时,证明登记簿事项的全部或一部分的书面材料为登记簿的誊本或抄本。

2. 依第177b条规定处理登记事务时,登记簿的阅览可通过登记簿所载事项中记载必要事项的书面资料,或电子方法阅览其内容。

3. 依第177b条规定处理登记事务时,对大法院院长指定、告示的其他指定登记所管辖的不动产,亦可依第1款和第2款的规定出具登记簿的誊本或节本或阅览登记簿。

第177d条 登记事务处理的特例

1. 依第177b条规定处理登记事务的,不适用第14条第2款、第17条、第58条、第61条、第88条第3款及第102d条第3款及第16条第1款及第2款、第81条第1款、第93条、第96条第1款及第4款、第97条、第104条第1款及第2款、第104b条第1款至第3款、第105条、第105b条、第108条第1款至第3款、第108b条、第114条第3款、第133条及第134条第1款中与登记编号或登记编号栏相关的内容。

2. 依第177b条处理登记事务的,该法"登记用纸"或"用纸"视为"登记记录","记载"视为"记录","登记官应签名盖章"为"应采取体现处理登记事务的登记官的措施","需用红线涂销"为"记录涂销记录","页数多"为"记录事项多","事项栏"为"权利人及其他事项栏"。

第177e条 电算信息辅助资料的交换等

1. 依第177b条处理登记事务的,第68b条及第68c条所定登记完毕的通知或申请书副本的寄送,可邮寄记载大法院事项规则所定事项的辅助记忆装置或其书面文件,或可用电算通信网传送其内容的方式代替。

2. 大法院行政处长官,可从国家机关或地方自治团体得到与登记事务处理相关的电算信息资料。

3. 利用或使用与第177b条所定登记簿上所载登记事项相关电算信息资料(以下称为"登记电算信息资料")者,需经中央行政机关长官的审查并得到法院行政处长官的许可。

4. 第3款所定登记电算信息资料的利用或使用费等必要事项,依大法院规则确定。

第 177f 条　关于电算移载的特例

1．指定登记所应将指定当时现有登记用纸的登记,依大法院规则的规定使用电算信息处理系统记载于辅助记忆装置之中(以下称为"电算移载")。

2．于第 1 款情形,受大法院院长指定的人,可不拘于第 12 条的规定于代替登记官移载登记的登记记录中以自己的名义,一并采取体现电算移载于原登记用纸的措施。

3．依第 1 款规定电算移载的登记记录,自原登记用纸封存时起,视为依第 177b 条所进行的登记簿的登记记录。

4．进行第 1 款所定电算移载时,可换成电算移载当时的登记名义人的姓名或名称、住所或办事处、居民登录号或第 41b 条所定登录号。

第 177g 条　资金保证

法院行政处长官,可使依电算处理系统处理登记事务的登记官及第 177f 条第 2 款规定受大法院院长指定的人,运营财政保证相关事项。

第 177h 条　关于登记申请的特例

1．登记申请的当事人或代理人可利用电算信息处理系统申请登记。于此情形,该当事人或代理人,应事先进行使用人注册。

2．依电算信息系统处理登记事务的,可以以电子文书或其他方法代替第 40 条第 1 款各项所定书面材料,于电子文书情形,申请人、制作人或发行人的签名盖章或署名,可以以电子签名代替。

3．依第 1 款规定申请登记的,不适用第 55 条第 3 款的规定。

4．依 1 款所定登记申请,仅适用于法院行政长官指定、告示的登记所或登记类型。

第 177i 条　关于登记毕证的特例

1．依电算信息处理系统完成登记的,登记官可代替登记毕证发出信息(以下称为"登记完毕信息")通知,代替第 67 条第 1 款所定登记毕证的发放。

2. 依第177h条第1款规定申请登记的,登记申请当事人或代理人可提供登记完毕信息代替第40条第1款第3项所定登记毕证的提出。

第177j条 登记接收时期

依电算信息处理系统处理登记事务的,大法院规则所定登记申请信息以数据形式记录于电算信息处理系统时,视为接收登记申请书。

第177k条 大法院规则的援引

依第177b条规定处理登记事务时的登记簿的管理和登记事务的处理,及第177h条所定登记申请和第177i条所定登记完毕信息必要的事项,依大法院规则确定。

第5章 异 议

（全文修订于2008年3月21日）

第178条 异议申请及其管辖

对登记官的决定或处分有异议的人,可向管辖地方法院申请异议。

第179条 异议程序

申请异议应向登记所提出异议申请书。

第180条 新事实的异议禁止

不得依据新事实或新证据申请异议。

第181条 登记官的措施

1. 登记官认为异议无理由的,应于3日内附具意见送达案件管辖地方法院。

2. 登记官认为异议有理由的,应进行相应处分。

3. 登记完毕的应告知登记上的利害关系人该登记有异议申请的事实,并于3日内附具意见送达案件管辖地方法院。

第 182 条　执行不停止

异议无停止执行效力。

第 183 条　异议的裁定和复议

1. 管辖地方法院就异议,应附具理由作出裁定。于此情形,认为异议有理由的,应令登记官进行与此相应的处分,并将此意旨告知异议申请人和登记上的利害关系人。

2. 第 1 款裁定可依非讼事件程序法进行复议。

第 184 条　处分前的假登记及附记登记的命令

管辖地方法院就异议进行裁定之前,可令登记官进行假登记或进行存在异议之意的附记登记。

第 185 条　依管辖法院命令的登记方法

登记官依管辖地方法院的命令登记的,应记载下令地方法院、命令年、月、日,依命令进行登记的意旨,并由登记官签名盖章。

第 186 条　送达

送达准用民事诉讼法,异议的费用准用非讼事件程序法。

第 6 章　补　　则

（全文修订于 2008 年 3 月 21 日）

第 186b 条　罚款

第 101 条所定登记义务人怠于其登记申请的,处以 5 千万韩元以下罚款。

第 186c 条　登记完毕信息的安全保护

1. 登记官为防止登记完毕信息的泄漏、灭失或毁损及其他登记完毕信息的安全管理,应采取必要且妥当的措施。

2. 登记官及其他地方法院及其分院,或者从事或曾从事登记所不动产登记事务的人,不得泄漏因职务所知登记完毕信息的拟制或管理。

第186d条　罚则

符合以下各项之一者,处以2年以下有期徒刑或1千万韩元以下罚金:

(1) 违反第186c条第2款的规定,泄漏登记完毕信息的拟制或管理相关信息者;

(2) 在登记簿上登载不实记载,以申请或嘱托登记为目的取得登记完毕信息者或知道该事实而提供登记完毕信息者;

(3) 不当取得登记完毕信息,按第2项所定目的进行保管的人。

第187条　大法院规则

本法施行所必要的事项依大法院规则确定。

附则　第536号　1960年1月1日

第188条　过渡规定

本法施行前接收的登记事件,按原规定处理。

第189条　同上

原有永佃权或先取特权已经丧失其效力登记的,可依职权或登记上利害关系人的申请涂销。

第190条　同上

1. 本法施行前依原规定进行的登记,视依本法的规定。
2. 本法施行前制作的登记簿,本法施行后继续使用。

第191条　法律的废止

朝鲜不动产登记令,将予以废止。

第192条　施行日期

本法自1960年1月1日起施行。

附则 第 2170 号 1970 年 1 月 1 日

1. 施行日

本法自公布之日起施行。

2. 过渡规定

本法施行当时国有不动产的管理厅应立即嘱托登记所进行管理厅名称附记登记。

附则 第 3692 号 1983 年 12 月 31 日

1. 施行日

本法自公布后经过 6 个月之日起施行。

2. 登记用纸转换后的过渡措施

本法施行当时登记用纸未转换为卡的不动产,可不拘于第 9 条、第 16 条第 2 款、第 17 条、第 177 条、第 78 条及第 86 条的修改规定,至转换为登记用纸之前依原规定。

3. 地目的过渡措施

本法施行当时依原规定登记的地目中视"池沼"为"溜池","坟墓地"为"墓地","铁道线路"为"铁路用地","水道线路"为"水道用地","公园地"为"公园","城堞"为"史迹地"。

4. 面积单位的过渡措施

本法施行当时,依原规定面积的标示登记为畔别或坪数的,至换算登记为平米之前继续使用。但,登记公务员知道依地籍清册誊本或住宅清册誊本,该土地或建筑物的面积标示换算登记为平米的,依职权进行换算登记。

附则 第 3726 号 1984 年 4 月 10 日

第 1 条 施行日

本法自公布后经过 1 年之日起施行。

第 2 条　过渡措施

1. 本法施行当时依集合建筑物法所定区分所有权标的建筑物的登记用纸,自本法施行之日起 2 年内依大法院规则的规定改为第 15 条第 1 款但书所定登记用纸。

2. 本法施行当时集合建筑物法所定专有部分区分所有权人,自本法施行之日起 6 个月内,未向登记所提出可与其所有的专有部分分离处分占地使用权的规定的,登记公务员应依职权自本法施行之日起 2 年内进行第 57 条、第 57b 条所定登记。

3. 登记公务员依职权所实施的第 2 款的登记程序,依大法院规则确定。

附则　第 3859 号　1985 年 9 月 14 日

本法自公布之日起施行。

附则　第 3859 号　1986 年 12 月 23 日

1. 施行日

本法自 1987 年 3 月 1 日起施行。但第 41b 条第 1 款第 2 项的修改规定(包括与此相关的第 40 条第 1 款第 7 项、第 41 条第 2 款、第 57 条第 2 款后段及第 134 条后段修改规定),在本法施行之日起未超过 6 个月的范围内,自大法院规则规定之日起施行。

2. 过渡措施

本法施行前接收的登记事件,依原规定。

3. (发放非法人社团或财产登记编号的适用例)第 41b 条第 1 款第 3 项的修改规定,自本法施行后最先进行所有权保留或移转登记的开始适用。

附则　不动产登记特别措施法　第 4244 号　1990 年 8 月 1 日

第 1 条　施行日

本法自公布后经过 1 个月之日起施行。

第 2 条至第 3 条　省略

第 4 条　其他法律的修改

1. 不动产登记法修改如下：

第 40 条第 2 款中"检认"改为"检印"。

2. 省略

附则　第 4422 号　1991 年 12 月 14 日

第 1 条　施行日

本法自 1992 年 2 月 1 日起施行。

第 2 条　分合登记的过渡措施

1. 本法施行当时土地清册或林地清册或住宅清册上已经合并的土地、建筑物的合笔或合并登记，不拘于本法修改规定，仍依原规定。

2. 本法施行当时以 1 宗土地或一栋建筑物的一部分为标的的设有地役权外的地上权、传贳权、租赁权等相关权利的登记的，就该分割或区分登记，适用本法有关所有权外权利的相关规定。

第 3 条　灭失建筑物登记用纸的封存

1. 登记公务员发现在 1950 年 1 月 1 日以后登记用纸中的登记事项未发生变动的，应令该所有权的登记名义人及其他登记上利害关系人，定 1 个月期间发出如不于该期间内申报该建筑物现实存在将封存该登记用纸的通知，同时应调查住宅清册所管官厅，该建筑物是否备置住宅清册。

2. 第 175 条第 2 款的规定，准用第 1 款通知的规定。

3. 第 1 款所定期间内无建筑物现实存在的申报，且有住宅清册所管官厅就该建筑物未备置于住宅清册的通知的，登记公务员应封存该登记用纸。

4. 所有权的登记名义人及其他登记上的利害关系人或其继承人,可随时附具建筑物存在的证明,依第 3 款的规定申请已封存登记用纸的复用。

第 4 条 整理抵押权等登记的特别措施

至 1968 年 12 月 31 日之前载于登记簿的以下各项登记,自本法施行日起 90 日内无利害关系人申报权利存续的,应予涂销。但抵押权的登记,于 1969 年 1 月 1 日后以该抵押权为标的的假处分登记,或其抵押权登记涂销的预告登记,或抵押权拍卖申请登记登载于登记簿的,不在此限。

(1) 抵押权;

(2) 质权;

(3) 扣押;

(4) 假扣押;

(5) 假处分;

(6) 预告登记;

(7) 破产;

(8) 拍卖。

第 5 条 其他法律的修改等

1. 地籍法修改如下:

第 18 条第 3 款修改如下:3. 于第 1 款及第 2 款情形,欲合并土地的地号、地目或所有人不同,或存在就该土地所有权、地上权、传贳权进行的地役权登记之外的登记(就合并土地的全部,已有登记原因及其年、月、日和收件号数登记于同一抵押权外)及其他总统令规定,可以合并申请。

2. 共有土地分割特例法修改如下:

删除第 38 条第 4 款及第 5 款,同条第 6 款中"第 5 款"修改为"第 3 款"。

3．工厂抵押法修改如下：

第 38 条中的"第 41 条第 3 项"修改为"第 41 条第 1 款第 3 项"。

4．船舶登记法修改如下：

删除第 5 条中的"第 135 条"，同条中的"第 156 条"修改为"第 156b 条"，第 158 条修改为"第 166 条"。

5．除第 1 款至第 4 款外，其他法律引用不动产登记法的规定，本法有与其相应的规定的，视代替原规定引用本法相应条款。

附则　出入国管理法　第 4522 号　1992 年 12 月 8 日

第 1 条　施行日

本法自 1993 年 4 月 1 日起施行。

第 2 条至第 5 条　省略

第 5 条　其他法律的修改

1．省略。

2．不动产登记法修改如下：

第 41b 条第 1 款第 4 项中"居留地"改为"滞留地"。

3 及 4 省略。

附则　出入国管理法　第 4592 号　1993 年 12 月 10 日

第 1 条　施行日

本法自 1994 年 7 月 1 日起施行。

第 2 条　省略

第 3 条　其他法律的修改

不动产登记法修改如下：

第 41b 条第 1 款第 4 项"出入国管理事务所长"改为"出入国管理事务所长或出入国管理事务所派出所长"。

附则 第 5205 号 1996 年 12 月 30 日

本法自 1994 年 7 月 1 日起施行。但第 27 条第 3 款及第 55 条第 3 项的修改规定自 1997 年 7 月 1 日起施行。

附则 第 5592 号 1998 年 12 月 28 日

第 1 条 施行日

本法自公布之日起施行。

第 2 条 其他法律的修订

1.《共有土地分割特别法》修改如下：

第 10 条第 2 款第 3 项、第 17 条第 1 款及第 39 条中的"登记公务员"各改为"登记官"。

2.《工厂抵押法》修改如下：

第 40 条第 1 款、第 41 条第 1 款、第 45 条第 1 款、第 46 条第 1 款、第 49 条第 4 款、第 50 条第 4 款、第 52 条第 1 款及第 55 条第 2 款中的"登记公务员"各改为"登记官"。

3.《民事诉讼法》修改如下：

第 611 条、第 612 条及第 651 条中的"登记公务员"各改为"登记官"。

4.《不动产登记特别措施法》修改如下：

第 12 条第 7 款中的"登记公务员"改为"登记官"。

5.《不动产实际权利人登记法》修改如下：

第 3 条第 2 款及第 14 条第 1 款中的"登记公务员"各改为"登记官"。

6.《非讼事件程序法》修改如下：

第 3 编第 4 章第 1 节的题目、第 132 条、第 157 条、第 158 条、第 159 条各项外的部分、第 171 条第 2 款、第 174 条第 4 款、第 199 条第 3 款、第 214 条第 1 款至第 3 款、第 233 条、第 235 条至第 237 条、第 238 条第 2 款及第 3 款，第 239 条、第 242 条的题目、第 242 条第 1 款及第 2 款，第 244

条后段及第 245 条的"登记公务员"各改为"登记官"。

7.《有关收复地域所有人未复旧土地的复旧登记和保留登记的特别措施法》修改如下：

第 15 条第 2 款中的"登记公务员"改为"登记官"。

8.《立木法》修改如下：

第 18 条第 2 款及第 19 条中的"登记公务员"各改为"登记官"。

9.《集合建筑物所有与管理法》修改如下：

第 62 条、第 53 条及第 64 条第 1 款中的"登记公务员"各改为"登记官"。

10.《惩罚财产整顿特别措施法》修改如下：

第 14 条第 2 款、第 4 款及第 16 条第 2 款中的"登记公务员"各改为"登记官"。

第 3 条 与其他法律之间的关系

本法施行当时其他法律引用"登记公务员"的,视为引用"登记官"。

附则 第 6525 号 2001 年 12 月 19 日

第 1 条 施行日

本法自 2002 年 1 月 1 日起施行。

第 2 条 有关登记官指定的过渡措施

1. 本法施行当时,在职法院事务职种普通公务员,可依原规定指定登记官。

2. 本法施行当时,依原规定被指定为登记官的,视为依第 12 条修改规定指定。

附则 第 6631 号 2002 年 1 月 26 日

本法自 2002 年 7 月 1 日之日起施行。

附则　第6926号　2003年7月18日

本法自公布后6个月之日起施行。

附则　律师法　第7357号　2005年1月27日

第1条　施行日

本法自公布后6个月之日起施行。(但书省略)

第2条至第8条　省略

第9条　其他法律的修订

1.《不动产登记法》修改如下：

第28条但书中"法务法人"改为"法务法人(韩语标记)①、法务法人(有限)、法务组合"。

2. 省略

附则　第7764号　2005年12月29日

1. 施行日

本法自2006年6月1日起施行。

2. 一般适用例

本法的修改规定自2006年1月1日以后订立交易契约,于本法施行后最先申请登记的人开始适用。

附则　第7954号　2006年5月10日

第1条　施行日

本法自2006年6月1日起施行。

第2条　整理抵押权等登记的特别措施

---

① 译者标引。

1. 于1980年12月31日之前登记的以下各项登记,自本法施行日的90日内如无利害关系人申报权利存续的,应予涂销:

(1) 抵押权;

(2) 质权;

(3) 扣押;

(4) 假扣押;

(5) 假处分;

(6) 预告登记;

(7) 破产;

(8) 拍卖。

2. 不拘于第1款的规定,作为抵押权登记符合以下各项之一的,视为例外:

(1) 1981年1月1日以后以其抵押权为标的的假处分登记、该抵押权登记的涂销预告登记或抵押权拍卖申请登载于登记簿;

(2) 抵押权人为《金融实名交易及秘密保护法》第2条第1款所定的金融机构。

附则 关于亲属关系登记的法律 第8435号 2007年5月17日

第1条 施行日

本法自2008年1月1日起施行。(但书省略)

第2条至第7条 省略

第8条 其他法律的修订

1至13省略。

14.《不动产登记法》的一部分修改如下:

第13条第1款修改如下:

1. 登记官于本人或四亲等以内亲属为登记申请人时,作为在登记所中进行所有权登记的成年人,如无2名以上非四亲等以内的亲属列席,不能登记。关于亲属,亲属关系结束后亦同。

15 至 39 省略。

第 9 条　省略

附则　政府组织法　第 8852 号　2008 年 2 月 29 日

第 1 条　施行日

本法自公布之日起施行。但,……在依附则第 6 条修改的法律中,修改公布于本法施行前,但未届施行日的法律,自各相关法律施行日起施行。

第 2 条至第 5 条　省略

第 6 条　其他法律的修订

1 至 168 省略。

169.《不动产登记法》的一部分修改如下:

第 41b 条第 1 款第 1 项中的"行政自治部长官"改为"国土海洋部长官"。

170 至 760 省略。

第 7 条　省略

附则　第 8922 号　2008 年 3 月 21 日

本法自公布之日起施行。

韩国集合建筑物所有与管理法[①]

（部分修订于 2005 年 5 月 26 日　法律第 7502 号）

第 1 章　建筑物的区分所有

第 1 节　总　　则

第 1 条　建筑物的区分所有

一栋建筑物构造上区分为数个部分，并可作为独立建筑物使用的，各部分可依本法规定各自作为所有权的标的。

第 1b 条　商业建筑的区分所有

1. 一栋建筑物中以符合下列各项方式依其用途分为数栋建筑物时，该区分建筑物部分（以下称为"区分店铺"）可依本法规定，各自作为所有权的标的。

（1）区分店铺的用途为建筑法第 2 条第 2 款第 6 项所定买卖以及经营设施；

（2）一栋建筑物中，包括区分店铺在内的符合买卖以及经营设施用途的地面面积之合为 1 千平方米以上；

（3）地面设置坚固且可明确识别疆界的标志；

[①]　本法原文载于韩国"法制处"网站，http://klaw.go.kr/。

(4)牢固粘贴按区分店铺赋予的建筑物编号标志。

2. 有关第1款所定疆界标志及建筑物编号标志的必要事项,由总统令规定。

(本条新设于2003年7月18日)

第2条 定义

本法所使用用语的定义如下:

(1)"区分所有权"是指以第1条或第1b条所定建筑物部分(依第3条第2款及第3款的规定,作为共用部分的除外)为标的的所有权。

(2)"区分所有人"是指享有区分所有权的人。

(3)"专有部分"是指区分所有权标的建筑物部分。

(4)"共用部分"是指专有部分外的建筑物部分、不属于专有部分的建筑物的附属物及依第3条第2款及第3款的规定,成为共用部分的附属建筑物。

(5)"建筑物占地"是指属于专有部分的、一栋建筑物所在的土地及依第4条规定建筑物成为建筑物占地的土地。

(6)"占地使用权"是指区分所有人为所有专有部分,而对建筑物的占地享有的权利。

(本条新设于2003年7月18日)

第3条 共用部分

1. 通向数专有部分的走廊、楼梯及其他构造上用于区分所有人的电源或其部分用于共用的建筑物部分,不得成为区分所有权的标的。

2. 第1条或第1b条所定建筑物部分和附属建筑物部分,可由规约确定为共用部分。(修订于2003年7月18日)

3. 所有第1条或第1b条建筑物全部或附属建筑物的人,可由公证书确定相当于第2款规约的规定。(修订于2003年7月18日)

4. 第2款和第3款情形,应登记共用部分之意旨。

第4条 基于规约的建筑物占地

1. 通路、停车场、庭园、附属建筑物的占地,及其他专有部分所属的一栋建筑物及作为与建筑物所在土地为一体而管理或使用的土地,可由规约规定为建筑物的占地。

2. 第3条第3款的规定,准用于第1款情形。

3. 建筑物所在土地因建筑物的部分灭失而成为非建筑物所在土地时,视依第1款规定由规约将土地确定为占地。建筑物所在土地的一部分,因分割而成为非建筑物所在土地时,亦相同。

第5条　区分所有人的权利义务等

1. 区分所有人,不得实施有害于建筑物保存的行为及其他与建筑物的管理与使用相关的、违反区分所有人共同利益的行为。

2. 专有部分分割为居住用途时,区分所有人无正当理由不得将此部分用于居住以外的用途,或实施移除或毁损内墙的增改建行为。

3. 区分所有人为保存或改良其专有部分或共用部分,于必要范围内可请求使用其他区分所有人的专有部分,或不属于自己共有的共用部分。于此情形,造成其他区分所有人损害的,应予赔偿。

4. 第1款至第3款的规定,准用于作为专有部分的占有人而非为区分所有人(占有人)的情形。

第6条　建筑物的设置、保存上瑕疵的推定

因属于专有部分的一栋建筑物的设置或保存的瑕疵,对他人造成损害的,推定该瑕疵存在于共用部分。

第7条　区分所有人转让请求权

存在无占地使用权的区分所有人时,具有请求移除该专有部分的权利人,可请求该区分所有人按市价转让区分所有权。

第8条　占地共有人的禁止请求分割

占地上存在属于区分所有权标的建筑物的一栋建筑物时,该占地的共有人不得请求分割就使用该建筑物必要范围内的占地。

第9条　担保责任

1. 建筑并分售第 1 条或第 1b 条所定建筑物之人的担保责任,准用第 667 条至第 671 条的规定。(修订于 2003 年 7 月 18 日)

2. 关于第 1 款分售者的担保责任,与民法的规定比较不利于买受人的特约,不产生其效力。

第 2 节　共用部分

第 10 条　共用部分的归属

1. 共用部分属于区分所有人全体共有。但明确提供给一部分区分所有人的共用部分(以下称为"部分共用部分"),属于上述区分所有人共有。

2. 关于第 1 款的共有,依第 11 条至第 18 条的规定。但与第 12 条、第 17 条规定相关的事项,可由规约另行规定。

第 11 条　共有人的使用权

各共有人可依其用途使用共用部分。

第 12 条　共有人的持份权

1. 各共有人的持份,依其所有的专有部分所占面积的比例。

2. 于第 1 款情形,存在部分共用部分面积的,该共用部分的面积依共用区分所有人所占专有部分面积的比例分配,并算入各区分所有人的专有部分面积。

第 13 条　专有部分与共用部分持份的整体性

1. 共有人对共用部分的持份,依其享有的专有部分而处分。

2. 共有人不得与其享有的专有部分分离,处分对于共用部分的持份。

3. 共用部分相关物权的得丧变更,无须登记。

第 14 条　部分共用部分的管理

与部分共用部分管理相关的事项中,作为与区分所有人全体有利害关系的事项,及第 29 条第 2 款中的规约规定的事项,以全体会议决议,其他事项则以共用区分所有人的会议决议分别决定。

第 15 条　共用部分的变更

1. 共用部分变更相关事由,以区分所有人及议决权 3/4 以上多数人的会议决议确定。但为共用部分的改良无须花费过多费用时,可由日常会议决议确定。

2. 于第 1 款情形,共用部分的变更对其他区分所有人的权利产生特别影响时,应征得该区分所有人的同意。

第 16 条　共用部分的管理

1. 共用部分的管理相关事项,除第 15 条第 1 款本文的规定外,由日常会议决议决定。但保存行为可由各共有人实施。

2. 第 1 款规定,可由规约另行规定。

3. 第 15 条第 2 款的规定,准用第 1 款本文情形。

第 17 条　共用部分的负担、收益

如规约无另行规定,各共有人依其持份比例负担共用部分的管理费用及其他义务和取得共用部分产生的利益。

第 18 条　共用部分相关债权的效力

共有人就共用部分对其他共有人享有的债权,亦可对其特别承继人行使。

第 19 条　准用共用部分相关规定

建筑物的占地或共用部分外的附属设施(包括对于其享有的权利),属于区分所有人共有时,第 15 条至第 17 条规定,准用于该占地及附属设施。

第 3 节　占地使用权

第 20 条　专有部分与占地使用权的整体性

1. 区分所有人的占地使用权,依其享有的专有部分的处分。

2. 区分所有人不得与其享有的专有部分分离,处分占地使用权。但以规约另行规定时,不在此限。

3. 第 2 款本文的分离处分禁止,如未登记该意旨,则不得以善意对抗取得物权的第三人。

4. 第 3 条第 3 款规定,准用于第 2 款但书情形。

第 21 条　基于专有部分处分的占地使用权的比例

1. 区分所有人所有 2 个以上专有部分时,基于各专有部分处分的占地使用权,依据第 12 条规定的比例。但可由规约另行规定。

2. 第 3 条第 3 款规定,准用于第 1 款但书情形。

第 22 条　《民法》第 267 条的排除适用

于第 20 条第 2 款本文情形,《民法》第 267 条(包括准用同法第 278 条情形)的规定,不适用于占地使用权。

第 4 节　管理团与管理人

第 23 条　管理团的当然设立等

1. 就建筑物成立区分所有关系的,由区分所有人的全体以建筑物及其占地和附属设施的管理等相关事业的执行为目的组成管理团。

2. 存在部分共用部分时,该部分区分所有人依第 28 条第 2 款所定规约,可组成以该共用部分的管理等相关事业的执行为目的的管理团。

第 24 条　管理人的选任等

1. 管理人具有实施下列行为的权利和义务:

(1) 区分所有人为 10 人以上时,应选任管理人;

(2) 管理人依管理团会议的决议选任或解任;

(3) 管理人有不当行为及其他不适合执行其职务的情形时,各区分所有人可请求法院将其解任;

（4）其他由规约规定的行为。

2. 管理人的代表权可以限制。但不得以此对抗善意第三人。

第 26 条 管理人的报告义务等

1. 管理人应每年一次于一定时期，向区分所有人汇报其工作。

2. 关于本法或规约中未规定的管理人的权利义务，准用民法关于委托的规定。

第 27 条 区分所有人对管理团债务的责任

1. 管理团无法以其财务清偿债务的，区分所有人负有依第 12 条所定持份比例，清偿管理团债务的责任。但可由规约另行规定其负担比例。

2. 区分所有人的特别承继人，亦对承继前发生的管理团的债务承担责任。

第 5 节　规约与会议

第 28 条 规约

1. 区分所有人之间关于建筑物和占地或与附属设施的管理或使用相关的事项，本法未规定的事项可由规约规定。

2. 作为部分共用部分相关事项与区分所有人全体无关系的事项，如区分所有人全体规约中未另行规定，可由共用区分所有人的规约决定。

3. 于第 1 款及第 2 款情形，不得损害非区分所有人的权利。

第 29 条 规约的设定、变更、废止

1. 规约的设定、变更及废止，由管理团会议区分所有人及议决权 3/4 以上赞成而行使。于此情形，规约的设定、变更及废止对部分区分所有人的权利产生特别影响时，应征得该区分所有人的同意。

2. 与第 28 条第 2 款所定事项相关的区分所有人全体规约的设定、变更或废止，共用该部分共用部分区分所有人的 1/4 以上的人，或超过议决权 1/4 以上的议决权人反对时，不得为之。

第 30 条 规约的保管与阅览

1. 规约应由使用建筑物的管理人,或区分所有人或其代理人中的 1 人保管。

2. 依第 11 款规定保管规约的区分所有人或其代理人,如规约无另行规定,以管理团会议决议决定。

3. 利害关系人可依第 1 款规定,请求保管规约的人阅览规约,或以自己的费用请求交付誊本。

第 31 条 会议的权限

管理团的事务除本法或规约委托于管理人的事项外,由管理团会议决议。

第 32 条 定期管理团会议

管理人应每年一次于一定时期,召集定期管理会议。

第 33 条 临时管理团会议

1. 管理人认为必要时,可召集管理团会议。

2. 区分所有人 1/5 以上,具有 1/5 以上议决权的人,可以召集管理团会议。此人数可由规约另行规定。

第 34 条 会议召集通知

1. 召集管理团会议时,应于管理团会议前一个星期,明确会议目的事项并通知于各区分所有人。但该期间可由规约另行规定。

2. 专有部分属于数人共有时,第 1 款通知应向第 37 条第 2 款所定行使议决权的人(无规定的人时,为共有人中的 1 人)作出。

3. 第 1 款通知,由区分所有人向管理人提出另一地点时为其地点,未提出时为送达区分所有人所有的专有部分所在地。于此情形,第 1 款通知,视其于正常达到期间内到达。

4. 对于建筑物内有住所的区分所有人,或未提出第 3 款通知地点的区分所有人的第 1 款通知,可由规约规定于建筑物内的相应地点作出公告,而代替召集通知。于此情形,第 1 款通知于公告时,视为到达。

5. 会议目的事项为第 15 条第 1 款、第 29 条第 1 款、第 47 条第 1 款、第 50 条第 4 款时,应于该通知中记载其议案及计划内容。

第 35 条　召集程序的省略

　　管理团会议如有区分所有人全体的同意时,可不经召集程序而召集。

第 36 条　决议事项

　　1. 管理团会议可依第 34 条规定,仅就通知事项进行决议。

　　2. 第 1 款规定,除本法对管理团会议的决议有特别人数规定的事项之外,可由规约另行规定。

　　3. 第 1 款与第 2 款的规定,不适用于第 35 条所定的管理团会议。

第 37 条　议决权

　　1. 各区分所有人的议决权,除规约无特别规定外,依第 12 条所定的持份比例行使。

　　2. 专有部分属于数人共有时,共有人可于管理团会议中确定 1 人行使议决权。

第 38 条　议决的方法

　　1. 管理团会议的议事除本法或规约无特别规定外,依区分所有人及议决权的过半数议决。

　　2. 议决权可以书面或由代理人行使。

第 39 条　会议主席与会议记录

　　1. 管理团会议主席,由管理人或召集会议的区分所有人中年长者担任。但规约有特别规定或管理团会议作出其他决议时,不在此限。

　　2. 关于管理团会议的议事,应制作会议记录。

　　3. 会议纪录中应记载议事的经过与其结果,并由主席和区分所有人 2 人以上签名盖章。

　　4. 第 30 条规定,准用于会议记录。

第 40 条　占有权人的意见陈述权

1. 征得区分所有人的同意占有专有部分的人,就会议目的事项有利害关系时,可出席会议陈述意见。

2. 于第 1 款情形,召集会议者应依第 34 条规定发出召集通知后,立即将会议日期、地点及会议目的事项公告于建筑物内相应场所。

第 41 条　书面决议等

1. 依本法或规约,决定在管理团会议中决议的事项,有区分所有人及议决权各 4/5 以上书面合意时,视为有管理团会议决议。

2. 区分所有人事先将其中一人确定为代理人申报管理团时,该代理人可代理该区分所有人出席管理团会议,或依书面行使议决权。

3. 第 30 条规定,准用于第 1 款书面决议。

第 42 条　规约及会议的效力

1. 规约及管理团会议的决议,对区分所有人的特别承继人亦产生效力。

2. 就建筑物、占地或附属设施的使用,占有人与区分所有人相同,依规约或管理团会议决议承担义务。

第 6 节　对于违反义务的人的措施

第 43 条　违反共同利益行为的停止请求权

1. 于第 43 条第 1 款情形,第 5 条第 1 款所定行为明显成为共同生活上的障碍,以第 43 条第 1 款所定请求无法排除该障碍确保共用部分的利用,或难以维持区分所有人的共同生活时,被数管理人或管理团会议的决议指定的区分所有人,可基于管理会议决议,通过诉讼方式于相应期间内请求该区分所有人停止使用专有部分。

2. 第 1 款决议,应有区分所有人及议决权 3/4 以上多数人的管理团会议决议。

3. 第 2 款决定,应事先给予该区分所有人申辩机会。

4. 依第 1 款所定请求命令拍卖的判决确定时,提出该请求者可申请拍卖。但自该判决确定之日起经过 6 个月时,不在此限。

5. 第 1 款中的区分所有人,不得成为基于第 4 款本文所定拍卖中的中标人。

第 46 条 对于专有部分占有人的交付请求

1. 占有人违反第 45 条第 1 款所定义务的结果,造成共同生活难以维持的,可由管理人或管理团会议决议指定的区分所有人,请求以该专有部分为标的的契约的解除及该专有部分的交付。

2. 第 44 条第 2 款及第 3 款的规定,准用于第 1 款情形。

3. 依第 1 款规定得到专有部分交付的人,应立即将其交付于对该专有部分具有占有权源的人。

第 7 节 重建与复建

第 47 条 重建决议

1. 建造建筑物后经过相当期间,建筑物毁损或部分灭失,或因其他原因,与建筑物的价格相比,修缮、复建费或管理费用过多,或附近土地的利用状况发生变化,或因其他原因重建时,与其所需费用相比价值会明显增加的,管理团会议可决议移除该建筑物,将该占地作为区分所有权标的新建筑物的占地。但重建内容对占地内的其他建筑物区分所有人产生特别影响时,应征得该区分所有人的同意。

2. 第 1 款决议,依区分所有人及议决权占 4/5 以上的多数决议。

3. 作出重建决议时,应确定下列事项:

(1) 新建筑物的设计概要;

(2) 建筑物的移除及新建筑物的建设所需费用的估算额;

(3) 第 2 项所定费用的分担事项;

(4) 新建筑物区分所有权归属相关事项。

4. 第 3 款第 3 项及第 4 项事项,其规定应维持各区分所有人之间的平衡。

5. 为第 1 款决议的管理团会议记录,应记载各区分所有人是否赞成决议。

第 48 条　区分所有权等的出卖请求权

1. 作出重建决议时,会议召集人应立即书面催告未赞成该决定的区分所有人(包括其承继人),作出是否参加该决议内容所定重建的答复。

2. 受到第 1 款催告的区分所有人,自受领催告之日起 2 个月内答复。

3. 第 2 款期间内未答复的,视该区分所有人答复不参加重建。

4. 第 2 款期间届满的,赞成重建决议的各区分所有人、答复参加重建决议内容所定重建的各区分所有人(包括其承继人),或依上述人的全体合意被指定买受区分所有权及占地使用权的人(以下称为"指定买受人"),对自第 2 款期间届满后 2 个月内答复不参加重建的区分所有人(包括其承继人),可请求按市价出卖区分所有权与占地使用权。对重建决议后,自该区分所有人处仅取得占地使用权者的占地使用权,亦相同。

5. 发生第 4 款所定请求时,答复不参加重建的区分所有人,因交付建筑物使生活明显发生困难,且对重建的执行不产生严重影响的,法院可依该区分所有人的请求,自支付或提供价款之日起不超过 1 年的范围内,就建筑物的交付许以相当期间。

6. 自重建决议之日起 2 年内移除建筑物的工程未开工的,依第 4 款规定转让区分所有权或占地使用权的人,可于该期间届满之日起 6 个月内,将与买受人支付的价款相应的金额,支付给具有该区分所有权或占地使用权之人,并请求出卖上述权利。但,就移除建筑物的工程未开工有充分理由的,不在此限。

7. 第 6 款本文的规定,准用于同款但书所定建筑物的移除工程未开工理由消失之日起 6 个月内未开工的情形。于此情形,同款本文中的"该期间届满之日起 6 个月内",视为"自知道移除建筑物工程未开工的理由消失之日起 6 个月,或其理由消失之日起 2 年中先到之日"。

第 49 条　重建合意

赞成重建的各区分所有人、答复参加重建决议内容的各区分所有人,以及买受区分所有权或占地使用权的各指定买受人(包括他们的承继人),视为依重建决议内容合意重建。

第 50 条　建筑物部分灭失的复建

1. 相当于 1/2 以下价格的建筑物部分灭失的,各区分所有人可复建灭失的共用部分和自己的专有部分。但,于共用部分的复建开始前已有第 47 条第 1 款决议,或关于共用部分的复建决议时,不在此限。

2. 依第 1 款规定恢复共用部分者,可向其他区分所有人,依第 12 条所定持份比例请求偿还恢复所需费用。

3. 第 1 款及第 2 款的规定,可由规约另行规定。

4. 建筑物部分灭失的,除第 1 款本文规定之外,管理团会议可依区分所有人及议决权占 4/5 以上的多数决议复建共用部分。

5. 第 47 条第 5 款规定,准用于第 4 款的决议。

6. 有第 4 款决议时,赞成该决议的区分所有人(包括其承继人)以外的区分所有人,可向赞成决议的区分所有人(包括其承继人)请求按市价买受建筑物及其占地相关权利。

7. 于第 4 款情形,自建筑物的一部分灭失之日起 6 个月内,无同款或第 47 条第 1 款决议时,各区分所有人可向其他区分所有人按市价买受建筑物及其占地相关权利。

8. 第 2 款、第 5 款及第 7 款情形,法院可依收到清偿或买受请求的区分所有人的请求,就清偿金或价款的支付许以相应期间。

第 2 章　住　宅　区

第 51 条　住宅区管理团

1. 一个住宅区内有数栋建筑物,该住宅区内的土地或附属设施(包括对于其权利)属于该建筑物的所有人(有专有部分的建筑物则为区分所有人)共同所有时,所有人可为该住宅区内的土地或附属设施的管理组成一个团体,依本法规定召集会议,规定规约并设管理人。

2. 一个住宅区内有数栋建筑物,住宅区内的附属设施(包括对于其权利)属于该建筑物所有人(有专有部分的建筑物则为区分所有人)的一部分共同所有时,所有人可为该住宅区内的土地或附属设施的管理组成一个团体,依本法规定召集会议,规定规约并设管理人。

3. 第1款的住宅区管理团,可将住宅区管理团成员所属各管理团工作的全部或一部分作为其事业目的。但,此情形应有各管理团的成员及议决权 3/4 以上多数管理团会议的决议。

第 52 条　准用于住宅区

第 3 条、第 24 条至第 42 条的规定,准用于第 51 条。

第 3 章　区分建筑物的建筑物清册

(修订于 2003 年 7 月 18 日)

第 53 条　建筑物清册的编制(修订于 2003 年 7 月 18 日)

1. 市长、郡守或区厅长应对适用本法的建筑物配备本法所定建筑物清册和建筑物图式及各层平面图。(修订于 2003 年 7 月 18 日)

2. 清册由标示一栋建筑物的用纸以及标示属于该栋建筑物的专有部分的建筑物用纸组成。

3. 一栋建筑物使用 1 页用纸,专有部分建筑物则每个区分建筑物使用 1 页用纸。

4. 属于一栋建筑物的区分建筑物清册编缀于一册,标示一栋建筑物的用纸之后编缀标示区分建筑物的用纸。

5. 于第 4 款情形,编缀用纸过多时,可分为数册编缀。

第 54 条　建筑物清册的登记事项(修订于 2003 年 7 月 18 日)

1．标示一栋建筑物的用纸，应登记下列事项：(修订于 2003 年 7 月 18 日)

（1）专有部分的编号；

（2）有一栋建筑物编号时，其编号；

（3）建筑物的结构和面积(有区分店铺的建筑物，包括相应于买卖与经营设施的地面面积之合)；

（4）属于一栋建筑物的专有部分的编号；

（5）其他由建设交通部令所定事项。

2．标示专有部分的用纸，应登记下列事项：(修订于 2003 年 7 月 18 日)

（1）专有部分的编号；

（2）专有部分所属建筑物的编号；

（3）专有部分的种类、结构和面积；

（4）有附属建筑物时，附属建筑物的种类、结构、面积；

（5）所有人的姓名或名称和住所或办事处，于此情形，所有人为 2 人以上时，其持有份；

（6）其他由建设交通部令所定事项。

3．于第 2 款第 4 项情形，附属建筑物为与其专有部分不同的建筑物或另一建筑物的区分时，应登记该栋建筑物的所在与地号、建筑物的编号及其种类、结构、面积。

4．于第 3 款情形，登记建筑物的标示及所有人标示相关事项时，应记载原因及其年、月、日和登记年、月、日。

5．关于第 3 条第 2 款及第 3 款所定共用部分的登记，准用第 2 款及第 4 款的规定。但，此时应于该建筑物的标示栏中记载共用部分之意旨。

6．于区分店铺情形，应于专有部分用纸的结构栏中记载无疆界壁之意旨。(新设于 2003 年 7 月 18 日)

第 55 条 建筑物清册的登记程序(修订于 2003 年 7 月 18 日)

建筑物清册的登记，依所有人的申请或所管厅的调查决定。(修订于

2003年7月18日)

第56条 建筑物清册的新登记申请(修订于2003年7月18日)

1. 新建适用本法的建筑物者,应于1个月内就属于一栋建筑物专有部分的全部,同时申请建筑物清册登记。(修订于2003年7月18日)

2. 第1款申请书应记载第54条所载事项,并应附建筑物的图式、各层平面图(于区分店铺情形,为依建筑师法第23条规定进行申报的建筑师,或测量法第2条第15项所定测量技术人员,记载区分店铺疆界标示相关测量结果后制作的平面图)和证明申请人所有的书面材料,申请书所载事项中载有应附具规约或相当于规约的公证书的,应附具该规约或公证文件。(修订于2003年7月18日)

3. 第1款和第2款的规定,亦适用于未适用本法规定的建筑物,因建筑物的区分或新建等而适用本法的情形。

4. 于第3款情形,建筑物的所有人可代位其他建筑物的所有人,进行第1款申请。

第57条 建筑物清册的变更登记申请(修订于2003年7月18日)

1. 建筑物清册登记的事项发生变更的,所有人应于1个月内进行变更登记申请。(修订于2003年7月18日)

2. 标示一栋建筑物的事项和共用部分标示相关事项的变更登记,可由专有部分所有人中的1人或数人,于第1款期间内申请变更登记。

3. 第1款和第2款的申请书中应记载变更事项和充分标示一栋建筑物的事项,并应附具证明此变更的书面材料,建筑物的所在、构造、面积发生变更或新建附属建筑物时,应附建筑物图式或各层平面图。

4. 区分店铺不得变更为第1b条第1款第1项规定用途之外的用途。(新设于2003年7月18日)

第58条 申请义务的承继

所有人发生变更的,前所有人应申请的第56条和第57条第1款的登记,自所有人发生变更之日起1个月以内由新所有人申请。

第 59 条 所管厅的职权调查

1. 有第 56 条或第 57 条的申请,或所管厅依职权登记于建筑物清册时,可令所属公务员调整建筑物标示相关事项。(修订于 2003 年 7 月 18 日)

2. 就区分店铺有第 56 条或第 57 条的申请时,所管厅应调查申请内容是否符合第 1b 条第 1 款各项,以及是否与建筑物的实际情况一致。(新设于 2003 年 7 月 18 日)

3. 进行第 1 款与第 2 款调查时,该公务员可于日出后至日没前出入该建筑物,并可询问或要求占有人及其他利害关系人出示文件。于此情形,应向相关人出具证明其身份的证件。(修订于 2003 年 7 月 18 日)

第 60 条 调查后的处理

1. 于第 56 款情形,依相关公务员的调查结果,所管厅认为其申报内容不当时,应令记载其意旨并加以更正,认为即使更正其申报内容,建筑物情况亦不符合第 1 条或第 1b 条规定时,应拒绝此登记,将该建筑物的整体作为一个建筑物,登记于普通建筑物清册。(修订于 2003 年 7 月 18 日)

2. 于第 1 款情形,自登记于普通建筑物清册之日起 7 日内,应向申报人书面通知该拒绝登记事由。(修订于 2003 年 7 月 18 日)

第 61 条 拒绝登记时的登记申请

1. 所管厅拒绝本法所定清册的登记时,该申请人自收到第 60 条第 2 款通知之日起 14 日内,可附其材料向管辖登记所申请登记。

2. 不动产登记法第 55 条第 10 项及第 56 条第 1 款、第 2 款的规定,不适用于第 1 款登记的申请。

第 62 条 登记完毕的通知

登记官认为第 61 条的登记申请有理由进行登记时,应立即通知所管厅其意旨。(修订于 2003 年 7 月 18 日)

第 63 条 基于通知的登记与封存

所管厅自登记官处收到第62条所定通知的，应将该建筑物登记于本法所定建筑物清册，原建筑物清册则应予封存。（修订于1998年12月28日、2003年7月18日）

第64条　通知的更正与封存

1. 所管厅自登记官处收到依不动产登记法第56条第3款规定，该建筑物清册不符合第1条或第1b条规定的通知的，应调查其实际情况并重新制作清册。（修订于1998年12月28日、2003年7月18日）

2. 第1款的再调查结果认为该建筑物的实际情况与第1条或第1b条不相符的，应封存该清册。（修订于2003年7月18日）

3. 依第2款规定封存清册时，应通知当事人其意旨，并将该建筑物登记于普通建筑物清册。（修订于2003年7月18日）

第4章　罚　　则

第65条　罚金

1. 毁损、移动或移除第1b条第1款所定疆界标志或建筑物编号标志，或以其他方法使无法识别疆界者，应处以3年以下有期徒刑或1000万韩元以下罚金。（新设于2003年7月18日）

2. 建筑师或测量技术人员，将第56条第2款所定平面图的测量结果记载成与事实不符的，处以2年以下有期徒刑或500万韩元以下罚金。（新设于2003年7月18日）

3. 拒绝或妨碍或规避第59条所定调查者，将被处以20万韩元以下罚金。此时未提示材料或提示虚假材料，或就询问未作陈述，或作虚假陈述者，亦相同。

第66条　罚款

符合以下各项之一时，实施该行为的管理人、主席、保管规约、会议记录或文件的人，将被处以5万韩元以下罚款：

（1）违反第 30 条第 1 款、第 39 条第 4 款、第 41 条第 3 款（包括准用于第 52 条的情形）的规定，未保管规约、会议记录或文件的；

（2）违反第 30 条第 1 款、第 39 条第 4 款、第 41 条第 3 款（包括准用于第 52 条的情形）的规定，无正当理由拒绝提供第 1 项所定文件的阅览或拒绝交付誊本的请求的；

（3）违反第 39 条第 2 款及第 3 款（包括准用于第 52 条的情形）的规定，未制作会议记录或未记载应记载于会议记录的事项，或虚假记载时；

（4）违反第 26 条第 1 款（包括准用于第 52 条的情形）的规定，未报告或虚假报告的；

（5）第 56 条第 1 款、第 57 条第 1 款、第 58 条所定申报义务人怠于其登记申请的。

附则　第 3725 号　1984 年 4 月 10 日

第 1 条　施行日

本法自公布后经过 1 年之日起施行。

第 2 条　现有住宅清册改制相关过渡措施

1. 本法施行当时现有区分建筑物的住宅清册，应于本法施行后 1 年内改为本法所定样式的清册。于此情形，无住宅清册的，视依建筑物法所定建筑物清册为住宅清册。

2. 依第 1 款后段规定改制的建筑物清册，视依本法所定住宅清册。

第 3 条　共用部分持份相关过渡措施

本法施行当时现有共用部分，属于区分所有人全体或其一部分人的共有，各共有人的持份不符合第 12 条规定时，其持份视为依第 10 条第 2 款但书所定的规约确定。

第 4 条　过渡措施

本法施行当时现有的专有部分和占地权相关第 20 条至第 22 条规定，自本法施行日起经过 2 年之日起施行。但依法律第 3726 号不动产登记法修订法的附则第 2 条第 2 款规定完成登记的建筑物,自完成该登记之日的翌日起适用本法第 20 条至第 22 条的规定。(修订于 1986 年 5 月 12 日)

第 5 条　取得共有持份等的过渡措施

1. 本法施行当时被登记为区分建筑物的建筑物,因不符合第 1 条规定其登记用纸被封存,该建筑物的所有人无法知道转让价格时,视依鉴定机构的鉴定比例取得该建筑物所属一栋建筑物的共有持份。

2. 于第 1 款情形,被登记于该区分建筑物的所有权登记外的权利相关登记的效力,当然及于其持份。

第 6 条　与《住宅法》之间的关系(修订于 2005 年 5 月 26 日)

《集合建筑物所有与管理法》有关住宅法的特别规定,其未与本法相抵触且未侵害区分所有人基本权利的,发生效力。但关于共同住宅担保责任及瑕疵保修,依《住宅法》第 46 条的规定。(修订于 2005 年 5 月 26 日)

附则　第 3826 号　1986 年 5 月 12 日

本法自公布之日起施行。

附则　不动产登记法　第 5592 号　1998 年 12 月 28 日

第 1 条　施行日

本法自公布之日起施行。

第 2 条　其他法律的修订

1 至 8 省略。

9.《集合建筑物所有与管理法》修改如下:

第 62 条、第 63 条及第 64 条第 1 款中的"登记公务员"各改为"登记官"。

10. 省略。

第 3 条　与其他法律之间的关系

本法施行当时其他法律引用"登记公务员"时,视为引用"登记官"。

附则　第 6925 号　2003 年 7 月 18 日

1. 施行日

本法自公布后经过 6 个月之日起施行。

2. 过渡措施

本法施行当时被登记为区分建筑物的建筑物,即使不符合第 1 条规定,于本法施行后 2 年内具备第 1b 条第 1 款所定区分店铺条件,并附具第 56 条第 2 款的平面图,完成第 54 条第 1 款第 3 项和同条第 6 款相关建筑物清册变更登记时,视登记为区分建筑物时,按照不同区分店铺成为所有权的标的。

附则　第 7502 号　2005 年 5 月 26 日

本法自公布之日起施行。

韩国假登记担保法[①]

（部分修订于2008年3月21日　法律第8919号）

第1条　目的

关于返还借用物，出借人事先约定以其他财产权的移转代替借用物的返还的，在预约该财产当时的金额超过借用额及其利息相加的数额情形，本法以规定担保契约和作为担保进行的假登记，或以规定所有权移转登记的效力为目的。

（全文修订于2008年3月21日）

第2条　定义

本法使用用语的意思如下：

（1）"担保契约"是指被包含或并存于《民法》第608条所定失去效力的代物返还约定（包括回购、让与担保等，全部名目在内）或并存的债权担保契约。

（2）"债务人"等是指下列各目之人：

① 债务人；

② 假登记担保标的不动产的物上保证人；

③ 假登记担保后取得所有权的第三人。

（3）"假登记担保"是指以债权担保为目的的假登记。

[①]　本法原文载于韩国"法制处"网站，http://klaw.go.kr/popup.html。

（4）"强制拍卖等"是指为强制拍卖和实现担保权进行的拍卖。

（5）"后顺位权利人"是指假登记担保后登记的抵押权人、传贯权人及假登记担保权人。

（全文修订于 2008 年 3 月 21 日）

第 3 条　实行担保权的通知与清算期间

1. 债权人实行担保契约所定担保权，为取得该担保标的不动产的所有权，应于该债权清偿期后将第 4 条所定清算款的估价额通知于债务人等，且为该通知到达债务人等之日起经过 2 个月（以下称为"清算期间"）。于此情形，认为无清算款的，应通知此意。

2. 第 1 款所定通知中应写明通知当时的担保标的不动产的估价额与民法第 360 条所定债权额。于此情形，不动产为 2 个以上的，应写明各不动产所有权的移转消灭的债务及其费用。

（全文修订于 2008 年 3 月 21 日）

第 4 条　清算金的支付与所有权的取得

1. 债权人应从第 3 条第 1 款所定通知所载担保标的不动产的价款扣除其债权额后的金额（以下称为"清算金"）中，支付债务人。于此情形，担保标的不动产上存在先顺位担保权等权利时，应包括计算该债权时被先顺位担保的债权额。

2. 债权人就担保标的不动产完成所有权移转登记的，在清算期间届满后向债务人等支付清算金时，取得担保标的不动产的所有权，已完成假登记担保的，清算期间届满才能请求假登记中的本登记。

3. 关于清算金的支付债务和不动产所有权移转登记及债务交付义务的履行，准用《民法》第 536 条关于同时履行抗辩权的规定。

4. 违反第 1 款至第 3 款规定的特约，不利于债务人等的，不发生其效力。但清算期间届满后的特约，未侵害第三人权利时，不在此限。

（全文修订于 2008 年 3 月 21 日）

第 5 条　后顺位权利人的权利行使

1. 后顺位权利人对依其顺位支付于债务人等的清算金,于第3条第1款所定通知的范围内,到支付清算金时止可行使其权利,有后顺位权利人的要求时,债权人应支付清算金。

2. 后顺位权利人行使第1款权利时,应于该被担保债权范围内向债权人交付其债权的明细和证明。

3. 债权人收到第2款的明细和证明,向后顺位权利人支付清算金时,此范围内的清算金债务消灭。

4. 欲阻止第1款的权利行使者,应扣押或临时扣押清算金。

5. 假登记担保后取得有对抗力的租赁权的人,于清算金范围内准用《民法》第536条关于同时履行抗辩权的规定。

(全文修订于2008年3月21日)

第6条　对于债务人等以外权利人的通知

1. 第3条第1款所定通知到达债务人时,债权人应立即通知后顺位权利人该通知的事实、内容及到达之日。

2. 第3条第1款所定通知到达债务人,如存在假登记担保后登记的第三人(包括第1款所定受通知者以外的,具有对抗力的租赁权人)的,债权人应立即通知该第三人已作出第3条第1款所定通知的事实及其债权额。

3. 第1款和第2款所定通知,因向受通知者登记簿上的住所发出而发生其效力。但对于具有对抗力的租赁权人,则应发送至该担保标的不动产的所在地。

(全文修订于2008年3月21日)

第7条　清算金的处分限制

1. 债务人于清算期间届满前,对于清算金作出的权利转让及其他处分,不得以此对抗后顺位权利人。

2. 债权人于清算期间届满前支付清算金,或未发出第6条第1款所定通知而支付清算金时,亦相同。

（全文修订于 2008 年 3 月 21 日）

第 8 条　清算金的提存

1．清算金债权被扣押或假扣押时，债权人可于清算期间届满后，向管辖债务履行地的地方法院或分院提存相应清算金，在提存范围内免除债务。

2．有第 1 款所定提存时，债务人等的提存金交付请求权视为被扣押或假扣押。

3．债权人于第 14 条所定情形外，不得请求提存金的收回。

4．债权人依第 1 款规定寄存时，债务人等和扣押债权人或假扣押债权人应立即通知寄存。

（全文修订于 2008 年 3 月 21 日）

第 9 条　通知的拘束力

债权人不得就依第 3 条第 1 款所定清算金的金额发生争议。

（全文修订于 2008 年 3 月 21 日）

第 10 条　法定地上权

土地与其地上建筑物属于相同所有人，就该土地或建筑物取得第 4 条第 2 款所定所有权，进行假登记担保的本登记时，视为以该建筑物的所有为目的于该土地上设定地上权。于此情形，其存续期间和地费依当事人的请求由法院确定。

（全文修订于 2008 年 3 月 21 日）

第 11 条　债务人等的涂销请求权

债务人等在清算金债权得到清偿之前，可向债权人支付其债务额（包括到返还为止的利息和赔偿金）后，请求以该债权担保为目的而进行所有权移转登记的涂销。但自该债务清偿期届满之时起经过 10 年，或善意第三人取得所有权时，不在此限。

（全文修订于 2008 年 3 月 21 日）

第 12 条　拍卖请求

1．假登记担保权利人可依其选择请求实行第 3 条所定担保权，或拍卖担保标的不动产。于此情形,视拍卖相关假登记担保权利为抵押权。

2. 后顺位权利人限于清算期内,即使于该被担保债权清偿期届满前,亦可请求担保标的不动产的拍卖。

(全文修订于 2008 年 3 月 21 日)

第 13 条　优先清偿请求权

就已完成假登记担保的不动产开始实行强制拍卖的,假登记担保权利人具有优先于其他债权人就自己债权受偿的权利。此情形时的顺位,视该假登记担保权利为抵押权,如已完成假登记担保时,视已完成抵押权的设定登记。

(全文修订于 2008 年 3 月 21 日)

第 14 条　强制拍卖等情形时的假登记担保

就已完成假登记的不动产,存在强制拍卖等的开始决定,在支付清算金之前申请拍卖(无清算金时为清算期间届满前)的,假登记担保权利人不得请求该假登记的本登记。

(全文修订于 2008 年 3 月 21 日)

第 15 条　假登记权利的消灭

强制拍卖已完成假登记的不动产时,假登记权利因该不动产的售出而消灭。

(全文修订于 2008 年 3 月 21 日)

第 16 条　强制拍卖等相关特则

1. 就已有所有权移转相关假登记的不动产,有强制拍卖等开始决定时,法院应许以合理期间催告假登记权利人到法院申报下列各项区分事项。

(1) 相应假登记为假登记担保时,为其内容和债权(包括利息及其他附带债权)存在与否、原因及金额;

(2) 相应假登记非为假登记担保时,为其相应内容。

2. 扣押前形成的假登记权利因转让而消灭的,仅限于进行第 1 款债权申报情形,该债权人始能得到转让价款或清偿金。于此情形,关于该假登记担保的涂销,准用《民事执行法》第144条第1款第2项关于涂销买受人未受领不动产上所载负担之登记的规定。

3. 所有权移转的相关假登记权利人,视为强制拍卖等程序的利害关系人。

(全文修订于2008年3月21日)

第17条 破产等情形的假登记担保

1. 属于破产财团不动产之上设定的假登记担保权利,准用《债务人复苏与破产法》中抵押权相关规定。

2. 不属于破产财团的,破产人的不动产上设定的假登记担保权利人,准用《债务人复苏与破产法》第414条关于准别除权人的规定。

3. 假登记担保权利适用《国税基本法》、《国税征收法》、《地方税法》、《债务人复苏与破产法》时,视为抵押权。

(全文修订于2008年3月21日)

第18条 准用以其他权利为标的的契约

以可登记或可登载的不动产所有权以外权利(质权、抵押权及传贳权除外)的取得为目的的担保契约,准用第3条至第17条的规定。

(全文修订于2008年3月21日)

附则 第3681号 1983年12月30日

1. 施行日

本法自1984年1月1日起施行。

2. 过渡措施

对于本法施行前成立的担保契约,不适用本法。

附则 基于政府部处名称变更的建筑物法的完善法
第5454号 1997年12月13日

本法自1998年1月1日起施行。(但书省略)

附则　民事执行法　第 6627 号　2002 年 1 月 26 日

第 1 条　施行日

本法自 2002 年 7 月 1 日起施行。

第 2 条至第 5 条　省略

第 6 条　其他法律的修订

1. 《假登记担保法》修改如下：

第 16 条第 2 款但书中"《民事诉讼法》第 661 条第 1 款第 2 项"改为"《民事执行法》第 144 条第 1 款第 2 项"。

2 至 5 省略。

第 7 条　省略

附则　债务人复苏与破产法　第 7428 号　2005 年 3 月 31 日

第 1 条　施行日

本法自公布后经过 1 年之日起施行。

第 2 条至第 4 条　省略

第 5 条　其他法律的修订

1. 《假登记担保法》修改如下：

第 17 条第 1 款中《破产法》改为《债务人复苏与破产法》，同条第 2 款中的"《破产法》第 88 条"改为"《债务人复苏与破产法》第 414 条"，同条第 3 款中的《公司整顿法》改为债务人复苏与破产法。

2 至 145 省略。

第 6 条　省略

附则　第 8919 号　2008 年 3 月 21 日

本法自公布之日起施行。

韩国工厂抵押法[①]

(部分修订于2002年1月26日 法律第6627号)

第1章 总 则

第1条 宗旨

本法通过合理规定工厂所属土地或建筑物上抵押权的设定、工厂财团的组成、财团抵押权的设定及登记等各种关系,使各工业生产企业的资金得以确保,达到维持和健康发展企业的目的。

第2条 工厂的定义

1. 本法所指工厂是指为经营而制造或加工产品,或用于印刷或摄影的场所。

2. 经营用于传播或供给电力或煤气的场所,视为工厂。

第3条 工厂财团的定义

本法所称工厂财团是指由工厂所属一定企业财产组成的一个企业财产群体,其依本法将成为所有权和抵押权标的。

[①] 本法原文载于韩国"法制处"网站。

第 2 章　工厂的土地与建筑物的抵押

第 4 条　工厂所属土地的抵押权

工厂所有人设定于工厂所属土地上的抵押权的效力,及于建筑物之外的土地以及与此构成一体的物和设置于该土地上的机械、器具及工厂其他供给物。但就设定行为有特别约定,以及依《民法》第 406 条规定债权人可以撤销债务人的行为时,不在此限。

第 5 条　工厂所属建筑物的抵押权

前条规定,准用于工厂所有人设定于工厂所属建筑物上的抵押权。

第 6 条　特约登记

有第 4 条但书所定特别约定时,应于抵押权设立登记申请书中记载。

第 7 条　抵押权标的物的目录

1. 申请工厂所属土地或建筑物的抵押权设立登记时,应提交该土地或建筑物上设置的机械、器具及其他作为工厂所属供给物,并依第 4 条和第 5 条的规定成为抵押权标的的目录。

2. 第 39 条第 2 款、第 47 条和第 53 条至第 58 条的规定,准用于前款目录。

第 8 条　抵押权标的物的分离

1. 工厂所有人经抵押权人的同意,与土地或建筑物附合成为一个整体的物,与土地或建筑物分离出来时,该物的抵押权消灭。

2. 工厂所有人经抵押权人的同意,将设置于土地或建筑物上的机械、器具及其他物分离出来时,该物的抵押权消灭。

3. 工厂所有人为抵押权人的利益,在扣押、假扣押或假处分之前,以正当理由请求同意前 2 款时,抵押权人不得拒绝此同意。

第 9 条　抵押权的追及力

1. 依第 4 条和第 5 条规定成为抵押权标的之物,即使于交付第三取得人之后,亦可就该物行使抵押权。

2. 前款规定,不影响《民法》第 249 条至第 251 条的适用。

第 10 条　扣押的范围

1. 对于抵押权标的土地或建筑物的扣押、假扣押或假处分,依第 4 条和第 5 条规定及于抵押权标的物。

2. 依第 4 条和第 5 条规定可为抵押权标的之物,如不与土地或建筑物一起,则不得成为扣押、假扣押或假处分的标的。

第 3 章　工厂财团的抵押

第 11 条　工厂财团的设定

1. 工厂所有人可将 1 个或数个工厂设为工厂财团作为抵押权的标的。数个工厂各属于不同所有人时,亦相同。

2. 属于工厂财团的,不得同时属于其他财团。

第 12 条　财团的设立登记

工厂财团,于工厂财团登记簿中进行所有权保存登记而设立。

第 13 条　财团设立登记的效力

工厂财团的所有权保存登记,如未于其登记后 10 个月内进行抵押权设立登记,丧失其效力。

第 14 条　财团的单一性、以财团为标的的权利

1. 工厂财团,视其为 1 个不动产。

2. 工厂财团不得成为所有权和抵押权以外权利的标的。但经抵押权人的同意时,可以租赁。

第 15 条　财团的组成

工厂财团可由以下物的全部或一部分组成:

（1）属于工厂的土地或工作物；

（2）机械、器具、电线杆、电线、配置管、轨道及其他附属物；

（3）地上权及传贳权；

（4）经出租人同意的物的租赁权；

（5）工业所有权。

第16条　同上

属于工厂的土地或建筑物未登记的,应于设立工厂财团之前进行所有权保存登记。

第17条　他人权利标的等的排除

他人权利的标的物或扣押、假扣押、假处分标的物,不属于工厂财团。

第18条　转让的禁止

属于工厂财团之物不得转让,或作为所有权以外的权利、扣押、假扣押或假处分的标的。但经抵押权人同意时,可以租赁。

第19条　处分的禁止

被登记或记载为工厂财团所属之物,于第40条记载之后,不得转让或作为所有权以外权利的标的。

第20条　中标决定的保留

于第40条记载之后,即使有中标申请登记或记载,如于所有权保全的登记申请未被驳回的期间,以及未丧失其效力期间,不得作出许可中标的决定。

第21条　申请保全登记后的扣押登记的效力

于第40条记载之后,扣押、假扣押或假处分的登记,如有抵押权设立登记时丧失其效力。

第22条　保全登记后扣押命令等的撤销

依前条规定,扣押、临时扣押或临时处分登记失去其效力的,法院应依利害关系人的申请撤销扣押、临时扣押或临时处分的命令。

第 23 条　动产处分的禁止

1. 将属于工厂财团的动产,于第 41 条第 1 款公告之后,不得转让或作为所有权以外的权利的标的。

2. 于第 41 条第 1 款公告之后扣押的,准用第 20 条的规定。

3. 于第 41 条第 1 款公告之后扣押、假扣押或假处分,有抵押权的设立登记的,扣押、假扣押或假处分丧失其效力。

第 24 条　财团的分立与合并

1. 工厂所有人可使数个工厂设立的一个工厂财团分立,作为数个工厂财团。但作为抵押权标的的工厂财团,限于该抵押权人同意时,可以分立。

2. 工厂所有人可将数个工厂财团合并作为一个工厂财团。但将合并的工厂财团的登记用纸上有所有权和抵押权登记以外的登记,或欲合并的数个工厂财团中,就 2 个以上的工厂财团有已设有抵押权时,不在此限。

第 25 条　分立、合并与登记

前条分立或合并,因登记而发生效力。

第 26 条　分立、合并的效力

1. 将设有抵押权的工厂财团分立,将其一部分作为其他工厂财团时,就新成立的工厂财团,其抵押权消灭。

2. 合并工厂财团的,抵押权及于合并后工厂财团的全部。

第 27 条　财团组成物的分立

1. 工厂所有人经抵押权人的同意,将属于工厂财团的组成物从财团中分立出来的,就该分立之物,抵押权消灭。

2. 第 8 条第 3 款的规定,准用前款情形。

第 28 条　财团的消灭

工厂财团于抵押权消灭后的 10 个月内未设立新抵押权,或进行第 61 条所定登记时,财团将消灭。

第 29 条 财团扣押等的管辖

1. 工厂财团的扣押、假扣押、假处分,由工厂所在地的地方法院管辖。

2.《民事诉讼法》第 28 条的规定,准用于工厂跨越多个地方法院的管辖区域,或组成工厂财团的数个工厂处于数地方法院的管辖区域内的情形。

(修订于 2002 年 1 月 26 日)

第 30 条 工厂的部分拍卖、竞拍

工厂财团由数个工厂组成的,法院可依抵押权人的申请,命令拍卖或投标组成该工厂财团的部分工厂。

第 31 条 准用规定

1. 第 4 条、第 5 条和《民法》第 359 条、第 365 条及第 366 条的规定,准用于土地或建筑物属于作为抵押权标的的工厂财团情形。

2.《民法》第 292 条的规定,准用于需役地属于作为抵押权标的的工厂财团情形。

3.《民法》第 371 条第 2 款的规定,准用于地上权、传贳权属于作为抵押权标的的工厂财团情形。

第 4 章　工厂财团登记

第 32 条 管辖登记所

1. 关于工厂财团登记,工厂所在地的地方法院及其分院以及登记所为管辖登记所。

2. 工厂跨越数登记所的管辖区域,或组成工厂财团的数工厂处于数登记所的管辖区域内时,由管辖登记所的上一级法院指定管辖登记所。

第 33 条 财团的分立和文件的移送

1. 第 32 条第 2 款规定,准用于工厂财团属于数登记所管辖的情形。但将要合并的数工厂财团中存在已登记的抵押权的标的时,管辖该工厂

财团登记的登记所为管辖登记所。

2. 于前款情形,有合并登记申请时,管理登记所应将此意旨通知另一登记所。

3. 收到前款通知的登记所,应立即将合并工厂财团相关登记用纸及其附属文件,或其誊本和工厂财团目录移送管辖登记所。但登记用纸上存在所有权登记以外的登记时,则不在此限。

4. 于前款但书情形,应立即将其意旨通知管辖登记所。

第 35 条 工厂财团登记簿

各登记所应备置工厂财团登记簿。

第 36 条 同上

工厂财团登记簿,1 个工厂财团配备 1 页用纸。

第 37 条 同上

1. 工厂财团登记簿,其 1 页用纸分为标题部和甲、乙 2 区,标题部设标示栏、标示编号栏,各区设事项栏、顺位编号栏。

2. 标示栏记载工厂财团的标示及其变更相关事项,标示编号栏记载标示栏中的登记事项的记载顺序。

3. 甲区事项栏记载所有权相关事项。

4. 乙区事项栏记载抵押权相关事项。

5. 顺位编号栏记载事项栏中记载的登记事项的顺序。

第 38 条 登记的申请

登记申请书中除应记载《不动产登记法》第 41 条第 1 款第 3 项至第 8 项所载事项外,亦应记载以下事项:(修订于 1991 年 12 月 14 日)

(1) 工厂的名称和位置;

(2) 主办事处;

(3) 经营种类。

第 39 条 工厂财团目录

1. 就工厂财团申请所有权保全登记的,除提交《不动产登记法》第

40条第1款所载文件外,亦应提交工厂财团目录。

2. 前款目录,应记载组成工厂财团的标示,并由申请人签名盖章。

3. 数工厂设立工厂财团时,每个工厂均应制作第1款目录。

第40条 所有权保留登记的申请

1. 有所有权保留登记的申请,就属于该财团的登记,登记官可依职权,于该登记用纸相应区的事项栏中记载将来属于工厂财团,且该财团存在所有权保留登记的意旨,以及记载受理申请的年、月、日和受理编号。(修订于1998年12月28日)

2. 前款记载属于其他登记所管辖时,应立即通知管辖登记所依前款规定应予记载的事项。

3. 收到前款通知的登记所,应办理第1款手续,并将登记簿誊本移送通知登记所。但不要求该誊本记载涂销相关事项。

4. 前3款规定,准用于工业所有权属于工厂财团的情形。但通知应向专利局发出。

第41条 对于利害关系人的公告

1. 于前条情形,登记官应以官报公告,对将属于工厂财团的动产具有权利的人或扣押、假扣押或假处分债权人,应于一定期间内申报其权利。但该期间应为1个月以上3个月以下。(修订于1998年12月28日)

2. 前款公告于所有权保留登记申请期间届满前被驳回的,应立即撤销。

第42条 利害关系人的权利申报

于前条第1款期间内无权利申报的,视该权利不存在。扣押、临时扣押或临时处分,失去其效力。但所有权保全登记申请被驳回,或登记丧失效力的,不在此限。

第43条 同上

第41条第1款期间内有权利申报人的,应将此意旨通知所有权保留登记的申请人。

第 44 条 所有权保留登记申请的驳回

所有权保留的登记申请,除《不动产登记法》第 55 条所定情形外,以下情形亦应予驳回:

(1)依登记簿或其誊本或依据登记相关原本的誊本,应属于工厂财团却明显为他人权利的标的,或为扣押、假扣押或假处分的标的时;

(2)载于工厂财团目录中的标示,与登记簿及其誊本或登记相关原本相抵触时;

(3)对将属于工厂财团的动产享有权利的人,或扣押、假扣押或假处分的债权人申报其权利时,于第 41 条第 1 款期间届满后的 1 个星期内无相关申报的撤销,或不存在此申报无理由的事实证明的。

第 45 条 同上

1. 登记官驳回所有权保全登记的申请时,应涂销第 40 条第 1 款所定记载。(修订于 1998 年 12 月 28 日)

2. 向其他登记所或专利厅通知存在所有权保留登记申请通知的登记所,于前款情形,应立即发出驳回该申请之意旨的通知。(修订于 1997 年 12 月 13 日)

3. 收到前款通知的登记所或专利厅,应涂销第 40 条第 3 款和第 4 款所定记载。

第 46 条 财团所属事实的登记

1. 登记官进行所有权保留登记时,应予该财团登记用纸相应区的事项栏中记载属于工厂财团之意。(修订于 1998 年 12 月 28 日)

2. 第 40 条第 1 款至第 2 款的规定,准用前款情形。但,无须寄送登记簿或登记相关原本的誊本。

第 47 条 财团目录的效力

有所有权保留登记的,视工厂财团目录为登记簿的一部分,其记载视为登记。

第 48 条　财团的分立登记

1. 工厂财团的分立或合并登记申请书中,应记载工厂财团的分立或合并的事实。

2. 申请既有登记的抵押权标的工厂财团的分立登记时,应标示分立后抵押权消灭的工厂财团,并附具第 24 条第 1 款但书所定抵押权人同意的书面证明。

第 49 条　财团分立的登记

1. 分立甲工厂财团,将其一部分作为乙工厂财团,登记分立时应于登记用纸的标示栏中记载因分立载自甲工厂财团登记用纸的事实。

2. 于前款情形,应从甲工厂财团目录中将属于乙工厂财团的工厂目录分立出来,作为乙工厂财团目录。

3. 完成前 2 款手续时,应于甲工厂财团登记用纸的标示栏中完成剩余工厂的标示,并记载因分立将其他工场移载至乙工厂财团登记用纸的事实,并涂销原标示与其编号。

4. 于第 1 款情形,应于乙工厂财团登记用纸的甲区事项栏中移载甲工厂财团登记用纸中所有权的相关登记,并记载受理申请书的年、月、日和受理编号,并由登记官签名盖章。(修订于 1998 年 12 月 28 日)

第 50 条　财团合并的登记

1. 合并甲工厂财团和乙工厂财团,进行合并登记时,应于甲工厂财团(欲合并的工厂财团中存在已有登记的抵押权标的时,为其工厂财团)登记用纸的标示栏中记载因合并载自乙工厂财团登记用纸的事实,并应涂销原有标示及其编号。

2. 于前款情形,应将甲工厂财团的目录和乙工厂财团的目录作为合并后的工厂财团目录。

3. 乙工厂财团的登记用纸的标示栏中,应记载因合并移载至甲工厂财团登记用纸的事实,并涂销乙工厂财团的标示与其编号,并应封存该登记用纸。

4. 在甲工厂财团登记用纸中的甲区事项栏中,移载乙工厂财团登记用纸的所有权相关登记,并应记载该登记仅关于曾为乙工厂财团之意、受理申请书的年、月、日及受理编号,并由登记官签名盖章。(修订于 1998 年 12 月 28 日)

第 51 条　抵押权设立登记的驳回

工厂财团的抵押权设立登记申请,除不动产登记法第 55 条所载情形外,如超过第 13 条期间的应予驳回。

第 52 条　同上

1. 登记官登记抵押权设立的,应涂销依第 21 条规定丧失效力的登记。(修订于 1998 年 12 月 28 日)

2. 第 40 条第 2 款至第 4 款规定,准用前款情形。但无须送达登记簿或登记相关原本的誊本。

第 53 条　变更登记

1. 工厂财团目录所载事项发生变更的,所有人应立即申请工厂财团目录记载的变更登记。

2. 前款登记的申请中应附具抵押权设定的同意书或可以代替的裁判誊本。

第 54 条　同上

第 33 条规定,准用于进行前条第 1 款登记时组成工厂财团的工厂,不在该登记所管辖区域内的情形。

第 56 条　同上

工厂财团所属发生变更引起变更登记申请时,应于前款目录的标示旁边记载变更事实,受理申请书的年、月、日和受理编号。

第 57 条　同上

因其他新物归属于财团而有变更登记申请的,应于原目录末尾记载其他新物归属为财团之意,及受理申请书的年、月、日和受理编号。

第 58 条 同上

属于工厂财团之物灭失或因不属于财团而有变更登记的申请时,应于目录中标示登记目的的一侧记载其灭失或被财团除外之意,以及受理申请书的年、月、日和受理编号,并涂销其标示。

第 59 条 同上

第 19 条至第 23 条、第 40 条至第 46 条和第 52 条的规定,因将其他新物归属于财团而发生变更登记申请。

第 60 条 同上

1. 因属于工厂财团之物灭失,或因物不属于财团而申请变更登记时,应于该物登记用纸中的相应区的事项中记载该意旨,并涂销第 40 条和第 46 条的记载。

2. 前款记载属于其他登记所的管辖的,应立即将其灭失或不属于财团的意旨通知管辖登记所。

3. 收到前款通知的登记所,应办理第 1 款手续。

4. 前 3 款规定,准用于属于工厂财团的工业所有权消灭或不属于财团的情形。但通知应向专利厅作出。(修订于 1997 年 12 月 13 日)

第 61 条 财团消灭的登记

以工厂财团为标的设立的抵押权消灭的,所有人可申请工厂财团的消灭登记。但该工厂财团的登记用纸中有所有权以外的登记时,不在此限。

第 62 条 登记的委托

依《民事执行法》第 144 条规定应委托登记,工厂财团的抵押权因中标而消灭的,法院应同时对属于工厂财团的土地、建筑物、船舶或工业所有权,嘱托管辖登记所或专利局涂销第 40 条和第 46 条的记载,并就中标人取得的权利进行登记或记载。

(修订于 1997 年 12 月 13 日、2002 年 1 月 26 日)

第 63 条 财团登记的封存

1. 所有权保留登记失去其效力,或依第 28 条规定工厂财团消灭的,应封存工厂财团登记用纸。

2. 第 60 条规定,准用于前款情形。

第 63b 条 不动产登记法的准用

关于工厂财团登记,除本法有特别规定外,准用《不动产登记法》。

（本条新设于 1996 年 11 月 23 日）

第 5 章　罚　　则

第 64 条 标的物处分的罚则

1. 工厂的所有人依本法规定将依本法规定成为抵押权标的的、组成工厂财团的动产转让或以设定质权为目的交付于第三人时,处以 1 年以下的有期徒刑或每日刑期 50 万韩元以下的罚金。

2. 法人的代表人、代理人、使用人及其他职员,就法人的业务或财产实施违反前款行为时,除处罚行为人外,并科以法人前款罚金刑。

第 65 条 前条罪名应有指控。

附则　第 749 号　1961 年 10 月 17 日

第 1 条 施行日

本法自公布之日起施行。

第 2 条 旧法的废止

废除 1961 年制令第 8 号《朝鲜财团抵押令》中的第 1 条。

第 3 条 过渡规定

1. 本法施行当时基于旧法的工厂财团及工厂财团抵押权,视为依据本法。

2. 依本法施行前的原规定进行的登记,视为依据本法。

3. 本法施行前调整的登记簿,于本法施行后继续使用。

附则　不动产登记法　第4422号　1991年12月14日

第1条　施行日

本法自公布之日起施行。

第2条　其他法律的修改

1. 省略

2. 工厂抵押法修改如下：

第40条第1款、第41条第1款本文、第45条第1款、第46条第1款、第49条第4款、第50条第4款、第52条第1款及第55条第2款中的"登记公务员"各改为"登记官"。

3至10省略。

第3条　与其他法律的关系

本法施行当时其他法律引用"登记公务员"的，视为引用"登记官"。

附则　民事诉讼法　第6626号　2002年1月26日

第1条　施行日

本法自2002年7月1日起施行。

第2条至第5条　省略

第6条　其他法律的修订

1至2省略。

3. 工厂抵押法修改如下。

第29条第2款中的"《民事诉讼法》第25条"修改为"《民事诉讼法》第28条"。

4至29省略。

第7条　省略

附则 民事执行法 第6627号 2002年1月26日

第1条 施行日

本法自2002年7月1日起施行。

第2条至第5条 省略

第6条 其他法律的修订

1至6省略。

7. 工厂抵押法修改如下：

第62条中的"《民事诉讼法》第662条"改为"《民事执行法》第144条"。

8至55省略。

第7条 省略

韩国建设机械抵押法[①]

(部分修订于 2005 年 11 月 8 日　法律第 7694 号)

第 1 条　宗旨

本法通过加强建设机械的动产安全,以达到建设事业的顺利发展的目的。(修订于 1993 年 6 月 11 日)

第 2 条　定义

本法所指"建设机械"是指依建设机械管理法登记的建设机械。(修订于 1993 年 6 月 11 日、2005 年 11 月 8 日)

第 3 条　抵押权的标的物

建设机械可为抵押权的标的物。(修订于 1993 年 6 月 11 日)

第 4 条　抵押权的内容

抵押权人有从债务人或第三人未移转占有,作为债务担保提供的建设机械的折价款中,先于其他债权人将自己债权优先受偿的权利。(修订于 1993 年 6 月 11 日)

第 5 条　抵押权的登记

1. 抵押权的得丧变更未登记于《建设机械管理法》第 7 条第 1 款所定建设机械登记底册的,不发生其效力。(修订于 1993 年 6 月 11 日、2005 年 11 月 8 日)

[①] 本法载于韩国法制处网站,http://klaw.go.kr/。

2. 对于设定抵押权的建设机械的扣押、临时处分等的权利执行,因登记于建设机械登记底册而发生其效力。(修订于 1993 年 6 月 11 日)

3. 第 1 款及第 2 款所定登记,由总统令规定。(修订于 2005 年 11 月 8 日)

第 6 条　抵押权的行使

1. 抵押权人收到建设机械管理法第 6 条第 3 款所定通知的,就该建设机械可立即行使其权利。(修订于 1993 年 6 月 11 日、2005 年 11 月 8 日)

2. 抵押权人欲依第 1 款规定行使抵押权的,应于收到该通知之日起 3 个月内行使。(修订于 2005 年 11 月 8 日)

3. 建设机械登记官厅在抵押权的行使终止前,不得涂销该建设机械登记。(修订于 1993 年 6 月 11 日、1997 年 12 月 13 日、2005 年 11 月 8 日)

4. 许可竞拍的决定确定时,依建设机械管理法第 6 条第 1 款规定申请涂销登记的建设机械,视为无该申请。(修订于 1993 年 6 月 11 日、2005 年 11 月 8 日)

第 6b 条　质权设定的禁止

建设机械不得为质权的标的。

(本条新设于 2005 年 11 月 8 日)

第 7 条　毁损等的禁止

建设机械的所有人,不得以加害抵押权人为目的毁损或拆解作为抵押权标的物的建设机械。(修订于 1993 年 6 月 11 日)

第 8 条　准用规定

关于建设机械抵押权,除本法规定外,准用《民法》中抵押权的规定。

(本条新设于 2005 年 11 月 8 日)

第 9 条　罚则

违反第 7 条规定者,处以 1 年以下有期徒刑或 1000 万韩元以下罚金。

(全文修订于 2005 年 11 月 8 日)

附则 第 1855 号 1966 年 12 月 23 日

本法自 1967 年 1 月 1 日起施行。

附则 建设机械管理法 第 4561 号 1993 年 6 月 11 日

第 1 条 施行日

本法自 1994 年 1 月 1 日起施行。

第 2 条至第 8 条 省略

第 9 条 其他法律的修订

1 至 12 省略。

13．重机抵押法修改如下：

题名"重机抵押法"改为"建设机械抵押法"。

第 1 条至第 5 条中"重机"各改为"建设机械"，"重机管理法"各改为"建设机械管理法"，"重机登记底册"各改为"建设机械登记底册"。

第 6 条第 1 款中"重机管理法第 5 条第 2 款"改为"建设机械管理法第 6 条第 3 款"，"重机"改为"建设机械"，同条第 3 款中的"重机"改为"建设机械"，同条第 4 款中"依重机管理法第 5 条第 1 款规定申请撤销登记的重机"改为"依建设机械管理法第 6 条第 1 款规定申请涂除登记的建设机械"。

14 至 20 省略。

附则 基于政府部处名称变更的建筑法的完善法
第 5454 号 1997 年 12 月 13 日

本法自 1998 年 1 月 1 日起施行。（但书省略）

附则 第 7694 号 2005 年 11 月 8 日

本法自公布之日起施行。

韩国公益法人设立、运营法[①]

(部分修订于2008年3月14日 法律第8895号)

第1条 本法通过补充民法关于法人设立、运营的规定,以维持法人的公益性和开展健康的活动为目的。

(全文修订于2008年3月14日)

第2条 适用范围

本法适用于作为财团法人或社团法人,为社会普遍利益并补助或支付学费、奖学金或研究经费,或以学术、慈善相关事业为目的的法人(以下称为"公益法人")。

(全文修订于2008年3月14日)

第3条 章程的规定等

1. 公益法人应于章程中记载下列事项:

(1) 目的;

(2) 名称;

(3) 办事处所在地;

(4) 设立当时资产的种类、状态与估价额;

(5) 资产的管理方法与会计相关事项;

(6) 理事及监事的人数、任期及其任免相关事项;

[①] 本法原文载于韩国法制处网站,http://klaw.go.kr/。

(7) 理事议决权的行使及代表权相关事项;

(8) 章程变更相关事项;

(9) 公告以及公告方法相关事项;

(10) 规定存续时期和解散事由时,其时期和事由及剩余财产的处理方法;

(11) 业务监查和会计检查相关事项。

2. 第1款所定章程的记载事项及其他必要事项,由总统令规定。

(全文修订于2008年3月14日)

第4条 设立许可的标准

1. 主务官厅收到《民法》第32条所定设立许可申请的,应调查相关事实,认为财团法人以捐赠财产的收入,社团法人以会费、捐款等组成的财源的收入(以下称为"基本财产")可以顺利进行目的事业时,许可设立。

2. 主务官厅许可设立公益法人时,可依总统令的规定附具会费征收、受惠对象相关事项及其他必要条件。

3. 公益法人为达到目的从事收益事业者,应根据章程的规定每项事业均应得到主务官厅的同意。变更时,亦相同。

(全文修订于2008年3月14日)

第5条 委员等

1. 公益法人应设5人以上15人以下的理事和2名监事,经主务官厅的同意可增减其数额。

2. 委员经主务官厅的同意后就任。

3. 理事与监事的任期由章程规定,理事不得超过4年,监事不得超过2年以上。但,可以连任。

4. 理事的过半数应为大韩民国国民。

5. 组织理事会时,总统令所定特别关系人的人数不得超过理事实际人数的1/5。

6. 下列各项之一者,不得成为公益法人的委员:

(1) 未成年人；

(2) 禁治产人或限定治产人；

(3) 受破产宣告且未复权的人；

(4) 被科以有期徒刑以上的刑罚执行终止,或确定不予执行后未经过 3 年的；

(5) 依第 14 条第 2 款规定撤销委员就任的同意后,未经过 2 年的；

7. 理事或监事中缺员的,应于 2 个月内补充。

8. 监事与理事非为第 5 款所定特别关系人,其中 1 人可依总统令的规定,由主务官厅从有法律和会计知识和相关经验的人中推荐。

9. 公益法人经主务官厅的同意,确定常勤职员数并向常勤职员支付报酬。

（全文修订于 2008 年 3 月 14 日）

第 6 条　理事会

1. 公益法人设理事会。

2. 理事会由理事组成。

3. 理事长根据章程规定,从理事中互选。

4. 理事长召集理事会,成为理事会的主席。

（全文修订于 2008 年 3 月 14 日）

第 7 条　理事会的职能

1. 理事会审议决定下列事项：

(1) 公益法人的预算、决算、借款及财产的取得、处分相关事项；

(2) 章程变更相关事项；

(3) 公益法人的解散相关事项；

(4) 委员的任免相关事项；

(5) 收益事业相关事项；

(6) 其他依法律或章程规定属于其权限的事项。

2. 理事长或理事与公益法人的利害关系相反时,不得参与该事项的议决。

（全文修订于 2008 年 3 月 14 日）

第 8 条　理事会的召集

1. 理事长认为必要时，可召集理事会。

2. 如有下列各项之一的召集要求时，理事长应于要求召集之日起 20 日内召集理事会：

（1）在籍理事的过半数提示会议的目的，要求召集时；

（2）依第 10 条第 1 款第 5 项规定，监事要求召集的。

3. 召集理事会时，至少于会议的 7 日前通知各理事会议的具体目的。但，全体理事会集，且全员要求召集理事会时，不在此限。

4. 应召集理事会的，召集权人空缺或规避理事会召集，使得在会议 7 日以前召集理事会成为不可能时，以在籍理事过半数的赞成，经监督厅的同意，可以召集理事会。于此情形，章程中规定的理事主持理事会。

（全文修订于 2008 年 3 月 14 日）

第 9 条　议决最低人数等

1. 理事会的议事，如章程无特别规定，以出席理事的过半数赞成议决。

2. 理事具有平等的议决权。

3. 理事会的理事，不得依书面决议处理。

4. 理事会的议决大韩民国国民的理事应占出席理事的过半数。

（全文修订于 2008 年 3 月 14 日）

第 10 条　监事的职务

1. 监事履行下列各项职务：

（1）监查公益法人的业务和财产状况，以及要求理事提出为监查必要的资料或意见，并于理事会中发言；

（2）于理事会的会议记录中签名盖章；

（3）就公益法人的业务和财产状况，向理事陈述意见；

（4）监查公益法人的业务和财产状况的结果,发现有非法或不当之处时,向理事会报告;

（5）为进行第4项报告,必要时召集理事会。

2. 监事监查公益法人的业务和财产状况的结果,发现有非法或不当之处时,应立即向主务官厅报告。

3. 理事实施公益法人目的范围外的行为,及实施其他违反本法或本法所定命令或章程的行为,造成公益法人显著损害之虞时,可请求法院停止该理事的职务执行。

（全文修订于2008年3月14日）

第11条　财产

1. 公益法人的财产,依总统令的规定,可分为基本财产和普通财产。

2. 基本财产,应将其目录和估价额记载于章程中,估价额有变动时,应立即办理章程变更手续。

3. 公益法人将基本财产转让、赠与、租赁、交换或变更用途,或作为担保,或长期贷款总统令所定一定金额以上时,须经主务官厅的许可。

4. 公益法人为执行目的事业,应以善良管理人的注意管理其财产。

（全文修订于2008年3月14日）

第12条　预算与决算等

1. 公益法人的会计年度依政府的会计年度。

2. 公益法人依总统令的规定于每会计年度开始前,向主务官厅提出下一年的事业实施计划和预算,并于每会计年度结束后报告事业业绩和决算。于此情形,可令决算报告中附总统令所定公认会计师的监查证明。

3. 公益法人应将结算上的结余转入基本财产,或结转下一年用于目的事业。

4. 公益法人的财产管理、预算编制、会计等相关事项,由总统令规定。

（全文修订于2008年3月14日）

第 13 条　剩余财产的归属

1. 解散公益法人的剩余财产,依章程的规定归属于国家或地方自治团体。

2. 如有下列各项之一事由,自要求更正该事由之日起 1 个月仍未回应的,主务官厅可撤销理事的同意就任:

（1）违反本法或章程时;

（2）因委员之间的纠纷、会计腐败、财产的不当损失、显著的不当行为等,将无法达到设立目的时;

（3）执行或将执行目的事业外的事业时。

3. 主务官厅认为从事公益事业的公益法人存在下列各项事由的,可责令该公益法人更正或停止其事业:

（1）收益用于目的事业外的用途的;

（2）继续相应事业,被认为违背公益法人的目的的。

（全文修订于 2008 年 3 月 14 日）

第 15 条　税收减免等

捐助公益法人的资金或财产的继承税、赠与税、所得税与地方税,依《税收特例限制法》的规定减免。

（全文修订于 2008 年 3 月 14 日）

第 16 条　设立许可的撤销

1. 许可设立的主务官厅认为公益法人存在符合下列各项事项之一的事由时,可撤销对于该公益法人的许可。但公益法人的目的事业为 2 个以上,其部分目的事业有相应事由时,亦相同。

（1）利用欺骗或其他不当方法取得设立许可的;

（2）违反设立许可条件的;

（3）不可能完成目的的;

（4）从事目的事业外的事业的;

（5）违反本法或本法所定命令或章程的;

（6）实施危害公益的行为的；

（7）无正当理由，自得到设立许可之日起 6 个月内，未开始目的事业或一年以上无事业业绩的。

2. 第 1 款所定公益法人设立许可的撤销，限于以其他方法无法达到监督目的，或监督厅命令更正后经过 1 年仍无回应的。

（全文修订于 2008 年 3 月 14 日）

第 16b 条　听证

主务官厅依第 16 条撤销公益法人的设立许可时，应予听证。

（全文修订于 2008 年 3 月 14 日）

第 17 条　监事等

1. 主务官厅在监督上认为必要时，可责令公益法人提交其业务报告书，或通过监查业务财产管理与会计，令其改正并指导其顺利开展目的事业。

2. 主务官厅为有效监督公益法人，必要时可令公认会计师及其他相关专业机构，依总统令的规定实施第 1 款所定监督。

（全文修订于 2008 年 3 月 14 日）

第 18 条　权限的委托

主务官厅可将本法所定权限的一部分，依总统令的规定委托于下级官厅或地方自治团体。

（全文修订于 2008 年 3 月 14 日）

第 19 条　罚则

1. 违反第 4 条第 3 款或第 11 条第 3 款或第 12 条第 3 款的，将被处以 3 年以下有期徒刑或 1 千万韩元以下的罚金。

2. 符合下列各项之一者，处以 1 年以下有期徒刑或 300 万韩元以下罚金：

（1）违反第 14 条第 3 款命令的；

（2）违反第 12 条第 2 款或谎报的；

（3）拒绝或规避第17条所定监查的；

（4）监事无正当理由拒绝或执行职务或放弃职务的。

3．理事或监事犯第1款及第2款罪名时，不仅处罚其行为人，亦对该公益法人科以第1款及第2款的罚金刑。但法人为防止其违反行为，就相应业务尽相应注意或未怠于监督，主务官厅推荐的监事实施的行为，则不在此限。

（全文修订于2008年3月14日）

第20条 废止

（全文修订于2008年3月14日）

附则 第2814号 1975年12月31日

1．施行日

本法自公布后经过3个月起施行。

2．对于现有公益法人的过渡措施

本法施行当时经主务官厅的许可设立的公益法人，视为依本法设立。

3．同上

附则第2款的公益法人，应于6个月内依本法采取必要的措施和申请章程中的变更许可。

4．同上

依附则第3款规定主务官厅许可变更的，可于第4条第2款规定中附条件。

附则 第4932号 1995年1月5日

1．施行日

本法自公布后经过3个月起施行。

2．理事的过渡措施

主务官厅对本法施行后，对第5条第5款修订规定所定特别关系理事人数超过现任理事的1/5的公益法人，已同意理事就任的，至满足第5

条第 5 款修订规定条件时止,限于无特别关系者,可同意理事就任。

附则　第 4932 号　1995 年 1 月 5 日

1. 施行日

本法自 1998 年 1 月 1 日起施行。(但书省略)

2. 第 2 条　省略

附则　第 7228 号　2004 年 10 月 16 日

本法自公布之日起施行。

附则　债务人复苏与破产法　第 7428 号　2005 年 3 月 31 日

第 1 条　施行日

本法自公布后经过 1 年之日起施行。

第 2 条至第 4 条　省略

第 5 条　其他法律的修订

1 至 7 省略。

8. 公益法人的设立、运营法的一部分修改如下:

第 5 条第 6 款第 3 项中的"破产人"改为"受破产宣告的人"。

9 至 145 省略。

第 6 条　省略

附则　第 8895 号　2008 年 3 月 14 日

本法自公布之日起施行。

朝鲜亲属法[1]

(1991年4月11日最高人民会议第9届第2次会议采纳)

[主体82(1993)年9月23日最高人民会议常设会议决定第35号修订补充]

[主体93(2004)年12月7日最高人民会议常务委员会政令第808号修订补充]

第1章 亲属法的基本

第1条 亲属法的使命

朝鲜民主主义人民共和国亲属法以巩固和发展社会主义婚姻、家族制度,为全社会形成和睦、团结的社会主义大家庭作出贡献。

第2条 保护婚姻的原则

1. 婚姻是形成家庭的基础。
2. 国家依法保护婚姻。

第3条 巩固家庭的原则

1. 家庭是社会的基本生活单位。
2. 国家十分关心家庭的巩固。

第4条 保护无行为能力公民的原则

---

[1] 本法原文载于以下网页:http://nk.joins.com/dic/view.asp? idx = 20001227230310。

1. 保障人的尊严和权利,是最关爱人的社会主义制度的本质要求。
2. 国家通过监护制度,保护无行为能力公民的权利和利益。

第 5 条 保护继承权的原则
1. 继承是依法保护个人财产的延续。
2. 国家保护个人财产的继承权。

第 6 条 保护儿童和母亲的原则
1. 特别保护儿童和母亲的利益是朝鲜民主主义人民共和国的一贯政策。
2. 国家优先关注母亲为健康养育和教育儿童所需条件的保障。

第 7 条 亲属法的规制对象
朝鲜民主主义人民共和国亲属法规制社会主义婚姻关系和家庭、亲属之间的人身和财产关系。

第 8 条 结婚自由与一夫一妻制
1. 公民具有自由结婚的权利。
2. 结婚只能于一个男性和一个女性之间进行。

第 9 条 结婚年龄
1. 朝鲜民主主义人民共和国男性自 18 岁、女性自 17 岁起可以结婚。
2. 国家鼓励青年为祖国和人民、社会和集体从事有意义的工作后结婚的社会风气。

第 10 条 结婚亲等
八亲等以内的血亲、四亲等以内的姻亲之间不得结婚。

第 11 条 结婚登记
1. 结婚因登记于身份登记机关之后,才能得到法律的认可和国家的保护。
2. 未经结婚登记,不得有夫妻生活。

第 12 条　在外公民的结婚登记

居住于国外的朝鲜人民之间的结婚可于朝鲜民主主义人民共和国领事代表机构登记,无领事代表机构的,可于该国相应机构进行。

第 13 条　婚姻的无效

1. 违反本法第 8 条至第 10 条的婚姻无效。
2. 婚姻的无效认定由裁判所进行。

第 14 条　无效婚姻中的子女抚养

被认定为无效的婚姻,视为自始无效。但子女抚养问题依本法第 22 条、第 23 条解决。

第 3 章　家　　庭

第 15 条　家庭的巩固

1. 巩固家庭是社会健康发展的重要保证。
2. 公民应把家庭经营得和睦而幸福。

第 16 条　丈夫与妻子关系的成立

丈夫与妻子的关系,因结婚而成立。

第 17 条　丈夫与妻子的自由活动事项

丈夫和妻子可保留自己的姓和名,并根据理想和才能选择职业和参加社会政治生活。

第 18 条　丈夫与妻子的平等权

家庭生活中丈夫和妻子具有相同的权利。

第 19 条　配偶的抚养义务

丈夫和妻子负有扶养丧失劳动能力的配偶的义务。

第 20 条　丈夫与妻子关系的解除

1. 丈夫和妻子的关系因离婚而消灭。

2．离婚只能依裁判。

3．离婚判决，自确定时起 3 个月内发生效力。

第 21 条　离婚的条件

配偶严重背叛夫妻之间的爱情和信任，或因其他理由使夫妻生活无法继续的，可以离婚。

第 22 条　离婚时当事人关于子女抚养的决定

1．丈夫和妻子离婚时，抚养子女的当事人应从子女利益的立场上，由当事人协商决定。

2．协商不成时，由裁判所决定。

3．无不得已事由的，未满 3 岁的子女由母亲抚养。

第 23 条　子女抚养费

1．抚养子女的当事人可向未抚养子女的当事人，请求子女达到工作年龄之前的抚养费。

2．抚养费根据子女人数，在月薪的 10%—30% 范围内由裁判所决定。

第 24 条　抚养费免除申请

支付抚养费的当事人丧失劳动能力或抚养子女的当事人再婚，该子女受继父或继母的抚养时，利害关系人可请求裁判所免除抚养费。

第 25 条　父母与子女之间的关系

1．父母和子女的关系为血缘关系。

2．未婚男女之间出生的子女与其父母的关系，与婚姻期间出生的子女与父母之间的关系相同。

第 26 条　子女的姓

子女随父亲的姓。无法随父亲姓时，随母亲的姓。父母不明的子女的姓，由居民行政机关决定。

第 27 条　子女的教育义务

1. 教育子女是父母的重要义务。

2. 父母应教育好子女,将他们培养为坚强的革命家和共产主义新人。

第 28 条　未成年子女的代理

1. 父母应养育子女,并为未成年子女的代理人。

2. 子女应爱护和尊敬父母,负责照顾丧失劳动力的父母的生活。

第 29 条　继父母与继子女之间的关系

1. 继父母与继子女之间的关系,与亲生父母与亲生子女之间的关系相同。

2. 形成继父或继母与继子女之间的关系时,继子女与亲生父亲或亲生母亲之间的关系消灭。

第 30 条　收养的权利

1. 公民可以收养他人的未成年子女。

2. 被剥夺选举权的人、患有可危害养子女健康的疾病的人,及其他不具有抚养教育养子女能力的人不得收养。

第 31 条　收养的同意

1. 欲收养子女的公民,应取得将成为养子女者的亲生父母或监护人的同意。

2. 养子女为 6 岁以上时,亦应取得其同意。

第 32 条　收养的登记

收养应依收养人的申请,得到相应居民行政机关的承认并登记于身份登记机关。

第 33 条　养父母与养子女之间的关系

1. 养父母与养子女之间的关系与亲生父母与亲生子女之间的关系相同。

2. 养父母与养子女之间的关系形成的,收养前的亲生父母与亲生子女之间的关系消灭。

第 34 条 废养

1. 废养由养子女与养父母或养父母与养子女的亲生父母或监护人协商,得到相应居民行政机关的承认后登记于身份登记机关而形成。

2. 就废养达不成合意的,由裁判所解决。

第 35 条 祖父母与孙子女之间的关系

1. 祖父母应为无父母的孙子女的健康成长而抚养和教育。

2. 达到成年年龄的孙子女,应负责照顾无子女祖父母的健康和生活。

第 36 条 兄弟姐妹关系

1. 兄弟姐妹作为嫡亲,应互相爱护、尊敬和扶持。

2. 对于无人照顾的兄弟姐妹,有抚养能力的兄弟姐妹负有抚养义务。

第 37 条 未成年人、无劳动能力人的扶养

1. 未成年人和无劳动能力人的扶养,由有扶养能力的家庭成员扶养。

2. 不存在有扶养能力的家庭成员时,由分开居住的父母或子女、祖父母或孙子女、兄弟姐妹扶养。

第 38 条 国家的扶养对象

本法第 37 条所定无扶养人的未成年人和无劳动能力人,由国家照顾。

第 39 条 财产分割

1. 因离婚或其他事由家庭成员分离出去的,进入家庭时带来或继承、受赠及其他具有个人性质的个人财产由各自持有,为用于共同生活而取得的家庭财产,依当事人的合意分开持有。

2. 未达成合意的,由裁判所解决。

第 4 章 监 护

第 40 条 监护人的选定条件

为无法得到父母照顾的未成年人,以及因身体上缺陷而不具有行为能力的人指定监护人。

第 41 条 监护人的资格

1. 未成年人的监护人,可以为祖父母或兄弟姐妹。

2. 因身体上的缺陷而不具有行为能力的人的监护人,可以为配偶、父母或子女、祖父母或孙子女、兄弟姐妹。

3. 可为监护人的人为数人时,由被认为最适合履行监护义务的人作监护人。

第 42 条 居民行政机关的监护人的选定

未成年人和因身体上的缺陷而不具有行为能力的人,无本法第 41 条所定监护人或就监护人的选定有分歧的,由居民行政机关确定监护人。

第 43 条 监护人的权利

监护人管理被监护人的财产,并为其代理人。

第 44 条 监护人的义务

监护人应抚养和教育被监护人,并照顾其生活和健康。

第 45 条 对于监护义务执行的监督

监督监护义务执行情况的工作,由居民行政机关实施。

第 5 章 继 承

第 46 条 继承顺位

1. 公民死亡的,其财产由配偶、子女、父母继承。

2．无配偶、子女、父母的,由孙子女和祖父母、兄弟姐妹继承。

3．无前款所定继承人的,按照相近亲属顺位继承。

第 47 条　继承份额

1．相同顺位继承人为数人时,其份额相同。

2．继承人中一部分人拒绝继承的,其份额由剩余继承人继承。

第 48 条　继承权的剥夺

即使为法定继承人,如果其在被继承人生前严重虐待被继承人或有意识未加照顾,故意创造继承条件的,不赋予其继承权。

第 49 条　继承权人死亡时的继承

继承人先于被继承人死亡的,由其子女取得继承人的继承顺位。

第 50 条　遗嘱继承

1．公民可以通过遗嘱形式使自己的财产得以继承。但遗嘱侵害受扶养公民的利益时,无效。

2．遗嘱的无效认定依利害关系人或检察官的申请,由裁判所解决。

第 51 条　对于死者债务的责任

继承人于继承财产范围内,就死者所负债务承担责任。

第 52 条　继承期间

1．公民应于 6 个月内承认或放弃继承。

2．6 个月内未出现继承人或继承人全部放弃继承权的,该项财产归入国库。

3．继承人未出现的,裁判所可依利害关系人的申请,通过裁决将继承的承认、放弃期间延长 6 个月。

第 53 条　继承纠纷的解决

继承相关纠纷,由裁决所解决。

第 6 章　制　　裁

第 54 条　行政或刑事制裁

1. 对违反本法的个别公民,依正常程序追究行政或刑事责任。
2. 行政或刑事责任的追究为裁判所的裁决或判决。

朝鲜损害补偿法[①]

(2001年8月22日最高人民会议常任委员会政令第2513号)
(2005年4月19日最高人民会议常任委员会政令第1083号修改补充)

第1章 损害补偿法的基本内容

第1条 损害补偿法的使命

朝鲜民主主义人民共和国损害补偿法,通过对侵害财产或人身引起的损害补偿建立严格的制度和秩序,为保护机关、企业、团体和公民的民事权利和利益而作出贡献。

第2条 过错人的损害补偿原则

对侵害机关、企业、团体和公民财产或人身有过错的人,国家令其补偿相应损失。

第3条 完全补偿原则

对因侵害机关、企业、团体和公民的财产或人身而减少或未能增加的损失,国家使之得到完全补偿。

第4条 防止损失扩大的原则

1. 尽可能防止财产或人身侵害引起的损害扩大,是被害人的义务。对违反此义务而增加的损害,被害人的补偿请求权应受到相应程度的

---

① 本法原文载于以下网页:http://root.or.kr/ho/ds.htm。

限制。

　　2. 被害人为防止损害扩大而支出的费用,可附加于损害补偿额中。

第 5 条　　保管管理人的损害补偿原则

　　对猛兽或易爆、易燃、放射性物质等需要高度注意和保管管理的对象造成的损害,即使负有保管管理义务的人无过错的,亦应承担补偿责任。

第 6 条　　财产担保处分的原则

　　1. 财产或人身受到侵害的人,为担保损害补偿,可请求裁判机关担保处分侵害人的财产。

　　2. 财产的担保处分被认为无根据的,请求人应补偿因担保处分引起的损害。

第 7 条　　以行政、刑事责任人为对象的损害补偿原则

　　侵害他人财产或对他人人身造成损害的人,即使负行政或刑事责任,被害人亦可请求损害补偿。

第 8 条　　法律的规制对象

　　1. 朝鲜民主主义人民共和国损害补偿法规制非法侵害机关、企业、团体和公民的财产或人身引起的损害补偿原则和秩序。

　　2. 基于契约的民事交易中发生的损害补偿,依相应法规。

第 2 章　　损害补偿关系的当事人

第 9 条　　损害补偿关系当事人的资格

　　1. 对财产或人身侵害具有损害补偿请求权的人,以及负有损害补偿义务的人属于损害补偿关系的当事人。

　　2. 损害补偿请求权人为受害的机关、企业、团体和公民,或为该权利的继承人时,负有损害补偿义务的人为造成损害的机关、企业、团体和公民或该义务的继承人。

第 10 条 解散、合并、分立的损害补偿请求权人

1. 已解散机关、企业、团体的损害补偿请求权人为清算人,合并、分立的机关、企业、团体的损害补偿请求权人为接受其权利的机关、企业、团体。

2. 死亡或失踪公民的损害补偿请求权由其继承人或财产管理人享有。

第 11 条 代理人的损害补偿请求权

1. 损害补偿请求权人可通过代理人行使请求权。

2. 无行为能力人的损害补偿请求权由父母或监护人行使。

第 12 条 损害补偿请求权的放弃、转让,债务相抵

1. 损害补偿请求权人可放弃、转让请求权,或减少请求额,或与自己的债务相抵。

2. 损害补偿请求权人为机关、企业、团体时,不适用前款规定。

第 13 条 无行为能力人的损害补偿

1. 无行为能力人因侵害财产或人身引起的损害补偿义务,由父母或监护人承担。于此情形,监护人以自己财产或以所管无行为能力人的财产补偿。

2. 脱离父母或监护人控制的无行为能力人的损害补偿义务,由负责控制的机关、企业、团体承担。

第 14 条 部分行为能力人的损害补偿

侵害财产或人身的部分行为能力人,对发生的损害负有补偿义务。但对于超出支付能力范围的损害的补偿义务,由父母或监护人承担。

第 15 条 失踪人、死亡人的损害补偿

失踪或死亡的人的损害补偿义务,由财产管理人或继承人承担。于此情形,从管理或继承的财产范围内补偿损害。

第 16 条 职务执行人的损害补偿

1. 机关、企业、团体的成员,于其固定或临时执行职务过程中侵害财产或人身发生的损害补偿义务,由其所属机关、企业、团体负责。

2. 机关、企业、团体可于补偿损害后,以自己的成员为对象,依过错程度请求损害补偿。

第 17 条　基于家畜致害的损害义务

对于家畜侵害他人财产或人身引起的损害补偿义务,由所有人或管理人承担。但被害人有过错时,可减少或不予补偿。

第 18 条　无法区分损害补偿份额时的损害补偿

1. 因各加害人的连贯行为无法区分损害补偿份额的,损害补偿请求权人可请求任一加害人承担损害的全部。

2. 补偿损害的人,可以以其他加害人为相对人,请求补偿相应份额。

第 3 章　对于财产侵害的补偿责任

第 19 条　对于财产侵害补偿责任的基本要求

1. 对于财产侵害的补偿责任,限于可以以金额计算的财产上的损害。

2. 无法以金额计算的对象,由裁判机关的确定。

第 20 条　侵害土地的补偿

1. 农地等土地的侵害人,应恢复原状并对因此引起的损害负补偿责任。

2. 被侵害土地的原状恢复范围和损害补偿的计算,由国土监督机构或农业指导机关进行。

第 21 条　侵害森林的补偿

1. 滥伐森林或引起山火者,应补偿森林资源的价格和培育新森林资源所必要的费用。

2．森林资源的价格和培育新森林资源必要的费用,由森林经营指导机关确定。

第22条 侵害被禁止对象的补偿

1．在被禁止期间或区域内狩猎或采摘被禁止的动植物,或使其减少的,应补偿相应的损失。

2．损害补偿额由国土监督机构确定。

第23条 侵害农作物的补偿

1．侵害农作物者,应补偿耕作所支付的费用。

2．损害补偿额由农业指导机构确定。

第24条 名胜地、天然纪念物毁损的补偿

1．毁损名胜地、天然纪念物者,应补偿相应的损失。

2．损害补偿额由名胜地、天然纪念物保护指导机构确定。

第25条 侵害地下资源的补偿

1．非法开采地下资源的人,应补偿其价格。

2．地下资源的价格由开采工业指导机构确定。

第26条 侵害水产资源的补偿

1．侵害养鱼、养殖水产资源者,应补偿水产资源的价格,或养鱼、养殖所支付的费用。

2．在被禁止水域从事打捞作业,或违反规定鱼种、打捞量、打捞期间、打捞方法者,应补偿相应损失。

3．损害补偿额由水产指导机构或国土监护机构确定。

第27条 环境污染的补偿

1．超过关于环境保护标准的规定,排放尾矿、废水、有害气体等,或外溢油类污染大气、水、土壤者,应补偿相应损失。

2．损害补偿义务人与损害补偿额,由环境保护监督机构确定。

第28条 建筑物、设施毁损的补偿

1．毁损或妨害建筑物或设施的利用的，应补偿恢复原状所需费用及其他损失。

2．恢复原状所需费用，由城市经营指导机构确定。

第29条 导电装置、机械设备毁损的补偿

1．毁损导电装置、机械设备、运输手段等财产者，应补偿恢复原状所需费用和因其侵害对第三人所造成的损失。

2．损害补偿额由监督机构确定。

第30条 文化遗物毁损的补偿

1．毁损文化遗物或盗掘、私售、偷窃者，应补偿相应损失。

2．损害补偿额由文化遗物保存指导机构确定。

第31条 侵害原料、材料的补偿

1．破坏、挪用、盗窃原料、材料、半成品等的人，应补偿财产价格和因其侵害造成的经营上的损失。

2．损害补偿额由价格制定机构确定。

第32条 侵害商品、备用品等财产的补偿

1．侵害商品、备用品、图书、土特产、家畜等财产者，应补偿相应损失。

2．损害补偿额为财产被侵害前的零售或收购价格，或可能出售的价格。

第33条 侵害保险财产的补偿

1．投保财产被侵害者，对未被保险金赔付的损失，可请求加害人补偿。

2．支付保险金的保险机构，可从加害人处得到相应金额的补偿。

第34条 剩余补偿财产的所有

补偿侵害财产之全部价格的加害人，对该财产剩余部分的价值享有所有权。

第35条　侵害债权证券、信用结算证券的补偿

1．侵害或伪造储蓄、保险等债权证券或支票、票据等信用结算证券的交易者,应补偿相应损失。

2．对证券侵害造成的损失,被害人有过错的,其损害补偿请求权受到相应限制。

第36条　侵害著作权的补偿

1．侵害著作权造成财产上损失者,应补偿相应的损失。

2．对审阅、编辑作品所知晓的内容,以自己的名义发表或被证明剽窃的,应补偿相应损失。

3．损害补偿额由著作权指导机构确定。

第37条　侵害发明、专利权的补偿

1．侵害发明、专利权,造成财产损失者,应补偿相应损失。

2．盗用他人科学技术发明材料以自己名义发表,或被证明转让给第三人,使之得到发明、专利权的,应补偿损失。

3．损害补偿额由发明指导机构确定。

第38条　侵害商标权、工业图案、企业名称的补偿

侵害商标权、工业图案、企业名称等相关权利造成损害者,应补偿相应损失。于此情形,商标或工业图案、企业名称等,应于相应机关登记。

第39条　不可避免的财产侵害的补偿

为救援机关、企业、团体和公民的财产,不得已侵害财产的,应依被救援财产的比例由其所有人补偿。于此情形,被救援财产数额应大于被侵害财产数额。

第4章　人身侵害的补偿责任

第40条　人身侵害补偿责任的基本要求

1. 人身侵害补偿责任,是对于侵害人身健康或生命造成损害的责任。

2. 拘束人的自由或侵犯人格、名誉,造成精神上的痛苦时,亦承担损害补偿责任。

第41条　侵害健康的补偿

1. 侵害他人健康者,应补偿治疗费或未参加劳动造成的收入的损失额。

2. 恢复健康的治疗由医疗机构无偿进行的,治疗费由相应机构接受后归入国库。

第42条　丧失劳动能力的补偿

造成他人丧失一部分或全部劳动能力者,应补偿恢复健康的治疗费和收入损失费、受被害人扶养的人的扶养费。

第43条　收入损失费、扶养费的补偿

1. 收入损失费的损害补偿至被害人的劳动能力恢复时止。

2. 对于扶养费的补偿,如为未成年人,至其具有劳动能力时止,需要继续扶养的人,则为死亡时止。

第44条　死亡补偿

因人身侵害致使被害人死亡的,应补偿其生前治疗费、丧葬费、扶养费等。

第45条　不得转让的损害补偿请求权

因人身侵害发生的损害补偿请求权,不得转让。

第46条　不予补偿的人身损害

为保护自己或第三人的健康、生命,对侵害人造成人身伤害的,不予补偿损害。于此情形,目的应为直接防止自身或第三人的人身受到侵害,且在防卫范围内。

第 5 章　损害补偿额的确定和补偿方法

第 47 条　损害补偿额的确定和补偿方法的基本要求

1. 机关、企业、团体和公民,其财产或人身被侵害的,应及时固定损失。

2. 损失的固定,可由加害人口头确认或拟制确认书。拒绝推迟拟制确认书时,可向人民安保机关提出,或在第三人列席下拟制确认书。

第 48 条　基于合意的损害补偿额的确定

公民财产侵害的损害补偿额,依当事人的合意。当事人之间合意不成时,损害补偿额由裁判机关依被侵害财产的零售价或买受价确定。

第 49 条　损害补偿额的计算

因财产侵害使机关、企业、团体的财产未能增加的损害补偿额的计算,为侵害前 3 年的年利润的平均。于此情形,可申请财政银行机构等专业机构计算损害补偿额。

第 50 条　损失额未被证明的补偿额的计算

无法证明侵害财产引起的损害量时,损害补偿额的计算为被侵害财产额的 5%。

第 51 条　人身侵害损害补偿额的计算

1. 人身侵害损害补偿额的计算,以保健机构等相关机构的确认文件为标准。

2. 健康受侵害者的收入损失额计算,可为被侵害前正常工作 6 个月生活费的平均。

第 52 条　损害补偿额再核定的提起

损害补偿相关当事人,于人身侵害相关补偿额确定后,劳动能力丧失程度发生变化的,可请求裁判机关再次确定损害补偿额。

第 53 条 损害补偿请求权的时效

财产或人身被侵害者,应于时效期间内提起损害补偿请求。但财产或人身严重受侵害的,可不拘于时效,请求补偿损害。

第 54 条 损害补偿义务

1. 损害损害义务人应及时补偿。

2. 无补偿能力时,能力恢复后应立即补偿。

3. 损害补偿请求权人随损害补偿义务人补偿能力的恢复,可再次请求裁判机关补偿损害。

第 55 条 损害补偿额的形式

1. 损害补偿为金额形式。

2. 亦可依相应法律或经当事人的合意,使被侵害财产恢复原状,或以同种类或其他种类财产补偿。

第 56 条 意见不同的解决方法

1. 对于财产或人身侵害的损害补偿相关意见不一致的,可通过协商的方式解决。

2. 不能以协商方式解决时,可请求裁判机关解决。